POCHES ODILE JACOB

DES BIENFAITS
DE LA DÉPRESSION

PIERRE FÉDIDA

DES BIENFAITS DE LA DÉPRESSION

Éloge de la psychothérapie

Odile Jacob
poches

« Ce que j'essaye, c'est un renouvellement continu, vraiment continu, et ce n'est pas facile. Ma peinture, je sais ce qu'elle est sous ses apparences, sa violence, ses perpétuels jeux de force, c'est une chose fragile dans le sens du bon, du sublime. C'est fragile comme l'amour. Je crois, pour autant que je puisse me contrôler, je cherche toujours à faire plus ou moins une action décisive de mes possibilités de peintre et lorsque je me rue sur une grande toile de format, lorsqu'elle devient bonne, je sens toujours atrocement une trop grande part de hasard, comme un vertige, une chance dans la force qui garde malgré tout son visage de chance, son côté de virtuosité à rebours, et cela me met toujours dans des états lamentables de découragement. Je n'arrive pas à tenir [...].

Je sais que ma solitude est inhumaine. »

Nicolas de Staël, *À Jacques Dubourg, Antibes, fin décembre 1954*. (*In* Françoise de Staël, *Nicolas de Staël. Catalogue cartonné de l'œuvre peint*, Ides et Calendes, 1997).

15, RUE SOUFFLOT, 75005 PARIS

www.odilejacob.fr

ISBN : 978-2-7381-1244-6
ISSN : 1621-0654

Avant-propos

L'expérience commune de l'état déprimé pourrait tenir en une seule sensation : celle, quasi physique, d'*anéantissement.* Cette sensation est à peine un affect qu'on éprouve, et elle paraît très éloignée de la perception d'une souffrance vécue par le sujet. Elle s'apparente plutôt à une immobilisation, à un empêchement de ressentir les moindres mouvements de la vie interne et extérieure, à l'abolition de toute rêverie et de tout désir. La pensée, l'action et le langage semblent *pris en masse* par une violence du vide. Du reste, la plainte du déprimé – quand elle parvient à s'exprimer – est pauvre et répétitive : c'est encore de la parole, mais comme éloignée de la parole. La vie est vide ; il n'y a de goût ni d'intérêt pour rien, et une incapacité à faire quoi que ce soit. Cette plainte est triste, mais d'une tristesse presque détachée, sans affect. Ce n'est pas une lamentation manifestant et animant une intériorité : c'est une voix qui constate une disparition en cours.

Depuis bien longtemps, les traités de médecine, puis ceux de psychiatrie, ont soigneusement décrit cette *douleur morale*, qu'elle soit plus ou moins aiguë, critique ou chronique, qu'elle soit imputable aux organes, aux substances du corps ou aux accidents de la vie. Le mal dont souffrait le déprimé s'appelait humeur et, dès lors, il n'y a pas lieu de s'étonner que, durant des siècles, les recommandations thérapeutiques aient rejoint les consignes et les règles de l'hygiène et de la morale. Soigner l'humeur triste qui retire le goût de vivre, qui affaiblit les hommes et leur fait courir de vrais risques mortels, n'est-ce pas chercher d'abord à les initier à prendre soin d'eux-mêmes par leurs manières de s'alimenter, de boire, de dormir aussi bien que dans leurs commerces privés et publics avec les autres ? Avant même qu'il soit question de dépression, les descriptions des malades procédaient d'une véritable éthique de conduites dont l'inobservance pouvait inéluctablement entraîner un affaiblissement de la vie.

Cela ne saurait nous surprendre. Car dans les expressions les plus anodines de l'humanité quotidienne, l'état déprimé est, somme toute, commun et familier : c'est celui du déshumain. Cet état ne se résume pas à un isolement des autres ou encore au retrait de la communication la plus simple. *C'est l'apparence humaine elle-même qui s'efface* – simple geste ou visage, tonalité de la voix dans les mots, simple impression d'un sentiment ou d'un souvenir. La dépression prend l'aspect violent de l'anéantissement du vivant humain.

En retour, ce qu'on nomme *vie psychique,* ne serait-ce pas précisément cette apparence humaine essentielle à laquelle se reconnaît l'humanité de tous les jours et qui assure au vivant inanimé une subjectivité ? L'état déprimé révélerait en creux cette vie psychique, dès lors qu'elle vient à faire défaut.

Mais comment la penser, puisqu'elle ne saurait être objectivée ? Les *signes* de la dépression entrent aisément dans des « échelles » ; on peut les reconnaître facilement et les nommer, afin de parvenir à un diagnostic. Mais il n'est pas du tout certain que le clinicien qui reconnaît les signes puisse aussi s'interroger sur ce qu'ils signifient. Nous sommes aujourd'hui confrontés à un étrange paradoxe : les états de dépression se banalisent et se généralisent, au moment où la psychiatrie n'a plus guère de temps à consacrer à l'observation et à l'écoute des malades. Certes, on a appris à déceler une dépression sous l'hyperactivité, ou encore derrière certains comportements instables. On ne refuse plus d'admettre l'idée que les maladies somatiques empruntent des formes symptomatiques de douleurs corporelles qui peuvent être l'expression d'un état déprimé. Mais on peut dire aussi que le dépressif est un peu comme un corps empêché d'entreprendre et d'agir, qu'il se réfugie dans l'arrêt inerte ou se traîne dans la sensation de lassitude et de fatigue. Si, de nos jours, nous sommes beaucoup moins enclins à distinguer différents types de dépression (réactionnelles, névrotiques, endogènes, évolutives, d'épuisement, etc.), c'est sans doute en raison d'une autre avancée diagnostique – la prescription des antidépresseurs, dont le résultat thérapeutique attesterait que la dépression a bien des composantes neurochimiques.

La recherche clinique et thérapeutique de Roland Kuhn a longtemps été guidée par une intuition : la dépression serait similaire dans tous les tableaux nosographiques, sans pour autant constituer une entité transnosographique. Cette unicité s'exprime chez Kuhn par la notion de « dépression vitale », qui rend compte du caractère particulier d'un *phénomène* unitaire du point de vue ontologique, mais dont les manifestations symptomatiques – tant psychologiques que somatiques – excluraient qu'on puisse faire de la dépression une catégorie procédant de la nosographie psychiatrique. *Dépression vitale* : cela ne signifie pas seulement que l'être-déprimé est amoindri dans sa vitalité. Et ce n'est pas non plus tourner le dos aux avancées de la psychanalyse freudienne que de prétendre que la dépression représente peut-être une maladie de la vie humaine – la maladie propre à un affect gelant la vie d'un individu. Faut-il s'interroger de nouveau sur la vie et le vital en termes biologiques et psychanalytiques ? Roland Kuhn se garde bien de revenir à un bergsonisme de l'élan vital ou à un jungisme de l'énergie. « Dépression vitale » désigne plutôt chez lui une unité phénoménale de l'humain dans l'expérience de l'existence (être au monde et être-avec)[1]. L'expression de « dépression vitale » connote à la fois une dimension du psychique en ce qu'il a de vital et l'articule à ce qui est dépressif chez un sujet ne disposant plus de sa capacité de résonance. Ce concept ne préjuge pas de composantes névrotiques. À un niveau phénoménologique, l'unité sémiotique de la dépression vitale place la

1. Dès 1957, au IIe Congrès international de psychiatrie de Zurich, Roland Kuhn parlait de cette *vitale depressive Verstimmung* qu'on peut traduire par « désaccordance vitale dépressive » et dont il spécifiait le traitement par l'imipramine (Tofranil).

clinique thérapeutique au plus près de la dépression comme *affect modifié*. Et les expressions symptomatiques telles que la fatigue, l'oppression psychique-corporelle, la restriction intérieure, le ralentissement, le sentiment d'engluement de la pensée et de l'action, enfin l'incapacité de décision s'accompagnent d'une souffrance vitale.

On peut avancer l'idée que la dépression est un *affect* dont la caractéristique serait l'altération des temps, la perte de la communication intersubjective et, corrélativement, un extraordinaire appauvrissement de la subjectivité. Certes, la tristesse accompagne généralement l'état déprimé, mais, en un sens, elle représente déjà une remise en mouvement, une réanimation de la vie. On ne peut donc pas la tenir pour l'affect de la dépression. En revanche, l'état déprimé pourrait être envisagé, à l'instar de l'angoisse, comme un état d'affect archaïque dans lequel le corps joue un rôle déterminant pour le vécu. S'il existe une *maladie du vivant humain*, ce serait par définition la dépression. Et si, chez l'humain, cette maladie constitue une désappropriation de l'apparence d'humain, alors on peut tenir pour vital cet affect d'anéantissement du psychique. Parler de dépression vitale reprend l'idée, somme toute assez aristotélicienne, que la dépression est une maladie de la forme – le psychique étant ce qui donne forme au vivant. « Je me sens défaite dans mon apparence humaine, informe », dit une femme, au moment où elle commence à se décrire.

L'attention clinique portée aux patients déprimés exige du temps, ai-je dit. Parce que les temps propres à la vie psychique – se souvenir, se représenter, désirer, projeter – paraissent avoir été gelés dans l'immobilité du corps. Et ce n'est souvent qu'après un temps assez long que la parole retrouve un début de libre confiance associative et laisse remonter sentiments et émotions avec les souvenirs. « Quand on est déprimé – dit un homme commençant à parler – on ne peut pas savoir si on n'est pas dans l'échéance finale de sa vie. » Au cours de longs mois, la seule pensée qui s'imposait à lui était que « la maladie mortelle couve sous la dépression ». Cette maladie mortelle imaginée aurait pu être un cancer, et elle aurait pu survenir avec fracas, si l'état déprimé avait tout à coup disparu. Certes, les sujets déprimés expriment souvent des pensées hypocondriaques. Pour autant, plutôt que de traiter ces pensées comme de simples effets de fixation de l'angoisse, il serait préférable de se demander si celles-ci ne témoignent pas de la seule représentation possible – celle de la mort par atteinte d'un organe vital.

Ce livre traite de la psychothérapie de la dépression. Aujourd'hui, la psychiatrie cherche à faire se conjoindre la plainte du malade et l'état corporel des manifestations d'une maladie (n'est-ce pas le déprimé qui renforce cette idée que la dépression serait de nature entièrement biologique ?). Il m'est donc apparu primordial de rappeler la prévalence de la psychothérapie psychanalytique dans l'approche de *la vie psychique – dans la dépression, devenue vivante inanimée*. Lorsqu'une plainte ouvre enfin le chemin d'une parole appelant du temps pour être écoutée, n'est-ce pas le signe d'un espoir de retour vers la subjectivité vivante, c'est-à-dire propre à éprouver les désirs et les sentiments les plus simples et à recueillir la résonance du monde ?

Il sera donc question ici du « traitement psychique » des *états déprimés*. L'expression « traitement psychique » est celle que Freud emploie en 1890 pour parler des progrès réalisés par la suggestion hypnotique, « arrachant » le patient déprimé à l'emprise toute-puissante qu'il exerce sur lui-même, lorsqu'il veut se guérir tout seul des souffrances qu'occasionne son état. La psychothérapie – ici à l'origine de la psychanalyse – a pris alors toute la mesure de cet « autocratisme » et elle s'est imposée par cette idée *qu'il faut être deux pour guérir de l'isolement et du vide intérieur.* Être-deux – comme on dirait se mettre à deux pour sortir de l'enfermement d'une intériorité vide, car privée d'extériorité. « Traitement psychique » signifie que le psychothérapeute cherche à agir sur le psychique par ses propres moyens psychiques.

L'état déprimé comporte tout d'abord cette particularité de nous être étrangement familier[2]. On peut, bien sûr, envisager des gradations entre ces « passages dépressifs » que chacun peut connaître dans sa vie quotidienne, à la faveur de contrariétés, de déceptions ou de deuils, jusqu'à ces *états* d'immobilisation et de prise en masse, accompagnés de l'expérience de la vie morte. Au point que l'intuition d'un anéantissement de toute vie psychique en vient à accréditer la croyance que la dépression ne serait qu'une sorte de « maladie[3] » de nature biologique ou neurobiologique appelant le seul recours au médicament « antidépresseur ». Il ne fait pas de doute que la psychopharmacologie de la dépression a développé avec succès les traitements pharmacothérapiques et que nombre de patients déprimés voient leur souffrance s'alléger ou disparaître grâce à des molécules chimiques tout à fait performantes. Mais la psychiatrie ne saurait ignorer que l'« accompagnement » psychothérapique est et reste indispensable au traitement pharmacothérapique.

Sans doute l'état déprimé est-il une *maladie humaine*. L'expression est à entendre dans son acception la plus précise et la plus extensive : maladie d'être humain soumis, dès la naissance, à la nécessité de se doter d'une vie psychique grâce aux interactions avec la mère et l'environnement ; et, pour cette raison, maladie d'être humain capable d'être psychiquement et corporellement affecté par les

2. Cf. A. Triandafillidis, *La dépression et son inquiétante familiarité. Esquisse d'une théorie de la dépression dans le négatif de l'œuvre freudienne*, Paris, Éditions universitaires, 1991.

3. E. Zarifian rappelle la distinction dont dispose la langue anglaise : « "Maladie" n'a qu'un seul sens dans la langue française, celui d'une entité pathologique décrite par la médecine. L'anglais est plus riche. Il existe en effet dans cette langue trois mots qui ouvrent largement les représentations que l'on peut avoir de la maladie à sa réelle diversité. *Disease* est la maladie de la médecine, celle qui se trouve exposée dans les livres et qui correspond au savoir du médecin. *Sickness* est la maladie du malade et renvoie au savoir de celui-ci sur l'éprouvé de sa propre affection. [...] Enfin, *illness* est la représentation que les autres, les proches, la société, peuvent avoir d'une pathologie et correspond à l'idée qu'ils s'en font. » É. Zarifian, *La Force de guérir*, Paris, Odile Jacob, 1999, p. 29-30.

excès de violence venant de l'intérieur ou de l'extérieur. Il est fort remarquable que la psychothérapie analytique dispose de la capacité de mettre au jour l'importance primordiale du tact et du contact, des rythmes temporels, des métaphores de la voix, du visage et des gestes dans la constitution de la subjectivité. *Une hypothèse sera ici avancée : celle de la différence qu'il convient d'établir entre la dépressivité inhérente à la vie psychique* (la vie psychique *est* dépressive au sens où elle assure protection, équilibre et régulation à la vie) *et l'état déprimé qui représente une sorte d'identification à la mort ou à un mort.*

Si j'ai choisi de consacrer aujourd'hui un ouvrage à la psychothérapie de la dépression, c'est parce que nous nous trouvons au croisement de deux axes majeurs. La notion de dépression s'est progressivement imposée (depuis 1850) et elle en est venue à estomper toute différenciation psychopathologique, à faire disparaître la connaissance psychopathologique en psychiatrie, ainsi que son projet clinique : de ce point de vue, la remédicalisation actuelle de la dépression (assortie d'un excès d'usage des antidépresseurs prescrits trop systématiquement par les médecins généralistes) est le point d'aboutissement d'une lente abrasion du tragique de l'expérience humaine. À cet égard, la psychanalyse freudienne constitue, avec sa psychopathologie et sa clinique, la seule tentative pour maintenir au centre de l'expérience humaine la fonction d'une négativité (pulsion de mort, destructivité, culpabilité, masochisme originaire) qui entre dans la compréhension de la subjectivité de la vie psychique. Or – second axe majeur –, c'est au moment où l'on assiste (les neurosciences étant appelées à la rescousse) à une banalisation médicale de la dépression [4] que les psychanalystes sont eux-mêmes tentés d'abandonner le paradigme freudien de la vie psychique et de promouvoir une psychothérapie intersubjectiviste réglée sur les critères d'efficacité de la réadaptation de l'individu. Une conception « cognitive » des symptômes permet-elle

4. Pourquoi serait-il nécessaire de s'occuper du « psychique », lorsque des médicaments guérissent si rapidement et si bien ?

de faire disparaître ceux-ci directement ? L'inflation dont bénéficie en ce moment l'idée de psychothérapie (définition de sa pratique, statut, formation professionnelle, etc.) témoigne d'un changement socioculturel dans les représentations de la vie psychique et de son traitement. La guérison de la dépression par une psychothérapie relève-t-elle de l'action directe sur les symptômes dans le but de les faire disparaître ?

La conjonction de ces deux axes n'est pas fortuite. Elle comporte bien des aspects qui, dans l'accélération que nous vivons aujourd'hui, vont dans le sens d'une paupérisation de la « vie psychique », d'un renforcement de la banalité de la dépression comme défaut d'adaptation et de créativité, d'une sorte de disparition normalisée du temps de la communication humaine.

C'était donc le moment d'écrire ce livre. Et de rappeler que, lorsqu'il s'agit de la *vie psychique des humains*, on ne saurait faire l'économie du temps pour écouter. Il permet, par la parole à un autre, de déployer les temps internes de la vie. Ces temps et cette parole ont été gelés par la dépression, qui les a conservés vivants, mais inanimés.

Nous sommes encore loin de pouvoir comprendre la circularité des processus du vivant sous leurs aspects neurobiologiques et psychologiques. Si l'on constate justement l'échec des causalités linéaires visant à isoler les facteurs biologiques et les facteurs psychiques et si l'on tend à privilégier la compréhension des phénomènes *fins et complexes* du vivant dans leur individuation singulière, il est vrai que la dépression prend valeur d'un véritable paradigme thérapeutique. D'un côté, nous avons aujourd'hui les moyens de soustraire les patients aux symptômes de leur dépression. L'amélioration pharmacothérapique ne saurait être niée dans bien des cas traités par les médicaments. D'un autre côté, nous devons reconnaître que la guérison de la dépression ne saurait être tenue pour acquise, dès lors qu'on dispose de ses symptômes handicapants.

Les hypothèses avancées par la psychanalyse sur les conditions de survenue d'un état déprimé restent modestes, quels que soient les travaux qui leur ont été consacrés. Toutefois, la pratique psychothérapique qui sous-tend et alimente ces hypothèses est la seule voie clinique propre à mettre au jour ce que représente pour la vie psychique l'apparition de l'état déprimé.

En caractérisant la vie psychique par la capacité dépressive, j'ai en vue une modalité « économique » de la vie fantasmatique à l'origine de ce qu'on nomme *psychique*. Cette modalité est celle de l'émergence du sens – au travers du développement de la sensorialité et de la motricité, ainsi que dans le langage. Le bébé acquiert dès le début cette capacité dépressive d'ouverture/fermeture au contact, de rythme, de résonance et ainsi de régulation interne des excitations. Le psychique témoigne de la néoténie humaine : la vie n'est-elle pas menacée par les charges trop fortes des excitations et, surtout, par la brutalité des changements entraînés par le monde extérieur ? La nécessité à la fois du psychique et de sa dépressivité correspond donc à la découverte de la subjectivité et de ses temps impliqués. La plupart des travaux portant aujourd'hui sur « le bébé et les interactions précoces [5] » soulignent le rôle joué par les perceptions préconscientes et par le cercle de la forme sensori-motrice dans la communication des premiers mois de la vie. De ce point de vue, dire que la dépressivité est nécessaire à la vie psychique, c'est soutenir l'idée que la *créativité* du sens par les sens et le mouvement se conçoit comme un déploiement corporel des temps dans le langage, bien avant que l'enfant se mette à parler. Cette créativité n'est autre, en termes freudiens, que celle de l'autoérotique du fantasme. Elle est inhérente au geste d'échange de la communication humaine, pour autant que l'autre se garde de toute intrusion par l'excès de sa présence.

On comprend mieux, alors, que l'état déprimé survienne sur cette zone si essentielle et pourtant si fragile de la vie psychique que sont la communication et le sens. Il faut

5. C'est là le titre du volume collectif des *Monographies de psychopathologie* paru sous la direction d'A. Braconnier et de J. Sipos, Paris, Presses universitaires de France, 1998.

alors concevoir l'état déprimé comme une mise en échec de la capacité dépressive. Cependant, il convient aussi de penser cet état non seulement comme une brutalisation, mais aussi comme la mise en conservation du vivant sous une forme *inanimée*. Par le processus qu'elle met en œuvre et la situation qu'elle instaure, la psychothérapie analytique constitue précisément une réanimation de ce vivant psychique inanimé. Elle consiste à restituer au sujet déprimé sa capacité dépressive et, ainsi, sa créativité psychique. Tout se passe comme si elle venait jouer exactement là où se sont gelées les potentialités dont disposait la vie psychique qui, pour rester en vie, a dû devenir « comme morte », c'est-à-dire inanimée.

Rendre à la psychothérapie analytique toute sa place, n'est-ce pas dès lors accorder à la parole et à son écoute les temps impliqués par l'événement du sens et par ses résonances ? Car c'est *de l'intérieur* que s'ouvre le processus de guérison. Et il faut être deux pour que ce processus ait lieu.

CHAPITRE PREMIER

Une maladie de l'humain

Lorsque cette femme – Louise – exprime d'emblée son épuisement dans son activité intense de tous les jours, elle dit se donner ici pour la première fois une liberté de se plaindre de sa vie qui, depuis des années, consiste à s'occuper de ses trois enfants et à travailler seule pour les élever.

Toujours angoissée, au point de ne jamais rester en place et de prêter attention aux moindres détails, elle sait que s'arrêter de « courir » serait pour elle l'effondrement. « J'agis pour ne pas ressentir le temps, d'une action à l'autre et si possible deux en même temps. » Au regard des autres, elle est « dynamique », mais elle sait, quant à elle, qu'elle ne tient à rien, que la vie ne l'intéresse pas et que l'épuisement la vide de plus en plus rapidement de toutes ses ressources pour penser, désirer et aimer. Il lui arrive de pleurer et de se retrouver soulagée. Mais ces pleurs la dispensent d'être triste de l'abandon par son mari, survenu cinq ans plus tôt.

L'hyperactivité l'amaigrit, la déforme – elle qui se sentait assez séduisante. L'isolement avec ses enfants convient à son état où le temps ne compte pas. Il ne compte pas plus que la parole.

Lors du premier entretien, Louise avait parlé de façon saccadée et anxieuse, engouffrant toute sa vie dans une sorte de récapitulation effrénée. Lorsqu'elle revient, au deuxième rendez-vous, elle se dit un peu apaisée mais extrêmement lasse. C'est alors qu'elle commence à raconter l'agitation dans laquelle elle se retrouve, peu de temps après la mort de son père, alors qu'elle a neuf ans. « C'est depuis lors que je suis comme ça, sans repos. J'ai eu besoin de piétiner mon père qui avait, en mourant, la lâcheté de me laisser seule avec mon frère plus jeune et ma mère. » Elle ajoutera plus tard : « Je crois que j'ai vraiment tout fait pour que mon mari s'en aille et me laisse seule avec les enfants – sans doute pour retrouver mon père dans ma peine. »

Cette histoire pourrait être assez banale, si elle ne laissait pas se dire très tôt une angoisse folle d'être capturée par la mort du père et de s'immobiliser dans un état dont Louise ne se relèverait pas. Pourtant, lorsqu'elle commence à parler, Louise commence aussi à se ressouvenir : de la mort accidentelle de son père tant aimé, de l'enterrement où elle s'est ressentie anesthésiée, de la violence de ses réactions aux moindres tentatives des autres pour communiquer avec elle. Aujourd'hui, l'état déprimé est bien là dans toute sa masse physique. Elle voudrait ne plus parler pour pouvoir enfin parler de ce qui lui est arrivé. « Le temps s'est détruit ou, plutôt, il s'est coagulé dans une douleur permanente avec laquelle je vis. » On l'a dite maniaco-dépressive et on lui a prescrit un traitement qui l'abattait et lui faisait perdre sa douleur. « Est-ce que me ressouvenir en parlant pourra me redonner la vie ? »

Sans doute est-on inévitablement influencé par une conception de l'humeur – ou de la thymie – dépressive. Du moins cherche-t-on, par l'usage de ces termes, à faire coïncider le principe d'une explication – fût-elle énoncée sur le modèle de la vertu dormitive de l'opium ! – avec l'acception commune de l'humeur éprouvée comme la donnée psychobiologique d'un véritable destin de la dépression. On sort difficilement du modèle des pathologies bipolaires (en l'occurrence, la psychose maniaco-dépressive) et de celui des régulateurs biologiques et chimiques de l'humeur. La notion de « thymique » renvoie – comme l'a montré Binswanger – à des déterminations existentielles de ce qui est vital. *Thymos* désigne chez Platon cette âme affective et émotionnelle qui se dérègle facilement sous l'influence des événements de la vie. C'est dans les rêves que l'on connaît le mieux, par leur aspect stylistique, les orientations de ces affects (le haut, le bas...). La dépression est une altération de la sphère thymique et on a sans doute bien peu exploré, jusque-là, la dimension thymique de la dépression, telle qu'elle se laisse appréhender dans les rêves. Les rêves de chute et d'enfoncement comportent la perception intérieure de l'affaissement et de l'enfoncement en soi-même, comme si venait à faire défaut l'appui de la hauteur. Mais la capacité de rêver, dans de tels affects, prend en charge l'ébauche d'un changement possible, dès lors que les images de la catastrophe sollicitent le langage et une parole auprès d'un autre.

Cette prévalence diagnostique accordée à l'humeur dépressive a pour effet de voiler les aspects temporels impliqués par les états déprimés. Pourtant, n'est-ce pas ce que révèle l'observation fine du *phénomène de la dépression*, lorsque la clinique accorde à la parole des patients le temps de parler pour être écouté ? Il est, en effet, très remarquable que cette clinique, si elle se réduit à quelques minutes de consultation, soit incapable de prêter l'attention fine requise pour percevoir les aspects du temps : elle se contente d'enregistrer des expressions séméiologiques du comportement, qui sont censées induire systématiquement la décision de la prescription médicamenteuse. *Car c'est une seule et même chose que de négliger les temps par lesquels s'exprime le patient déprimé et de priver celui-ci de la capacité psychique de redécouvrir en parlant la ressource des modulations rythmiques temporelles.* Le patient déprimé demande du temps. Et on peut même s'interroger sur ces brutalisations subies dans sa vie, au point de ne plus ressentir la perception interne du temps.

Dès les premiers entretiens, Bernard se plaint d'une pénible sensation de fatigue qui ne le quitte pas. Il a jusque-là multiplié les consultations médicales, qui ne lui ont apporté aucune explication satisfaisante et non plus, bien sûr, aucun traitement qui le soulage. C'est sur le conseil d'un médecin généraliste qu'il me demande rendez-vous.

Ce que je remarque, c'est que la sensation de fatigue est décrite par Bernard avec une extrême précision. Au point que je ne peux guère la dissocier du discours introspectif auquel elle donne lieu. Il a le sentiment de « rester toute la journée dans un état d'engourdissement avec l'envie de dormir et sans pouvoir dormir ». Il en éprouve un état de malaise physique qui n'affecte pas, dit-il, sa personnalité, mais rend plus aiguë son irritabilité en présence des autres. Il se décrit, lui, l'homme actif, comme s'il était devenu, à cinquante ans, un retraité. Il ne tolère pas que son entourage proche le sollicite par des demandes. Il ne supporte pas le bruit et le mouvement autour de lui. Alors que par le passé, il avait, dès le réveil, de nouvelles idées, aujourd'hui, c'est le vide, avec cette sensation de lourdeur d'avoir à penser à quoi que ce soit. Et bien que les autres ne paraissent pas encore s'en apercevoir, il se fait bien à lui-même l'effet de ce retraité souffreteux et constamment fatigué à la seule idée de la moindre action. L'image du « petit vieux retraité » insiste : n'avoir plus rien à faire, planter un jour un clou, puis un autre un autre jour, se laver de temps à autre et de moins en moins, ne changer que rarement de vêtements, se lasser assez vite des conversations. Il dit que tout cela ne se voit pas encore, mais finira bien par se voir. Pour l'instant, lui seul sait qu'il est en train de couler, même si, à l'extérieur, il se donne bonne allure.

La description par Bernard de son *vécu symptomatique* occupe, dans ce début d'entretien, le devant de la scène. Tout se passe comme si cette description était faite pour s'adresser à ma seule attention consciente et s'inscrire ou s'écrire en moi, tandis que je l'écoute : « Vous me voyez correctement habillé et j'ai l'air d'un homme normal, alors que je me sens malade épuisé. » Les patients déprimés expriment ainsi leur plainte : tout à la fois dans la sollicitation d'un contact, mais avec le sentiment dissuasif que cela ne sert à rien et que ce n'est pas de l'ordre de la parole, cherchant pourtant à imprimer chez l'analyste une représentation de soi en négatif, qui serait garante de l'obligation de ne se faire aucune illusion[1]. Le huis-clos de l'état déprimé n'est pas seulement dans le sentiment d'isolement : il est fait de cette dépossession de l'image de soi (aucun miroir ne peut renvoyer sa propre image et, à la limite, il n'y a plus de miroir). On peut même se demander si, en présence de l'analyste, le clivage n'est pas accentué et si la parole de la plainte ne procède pas d'une instance interne produisant un discours psychologique de commentaire.

Bernard dit qu'il a perdu toute aptitude au plaisir : « Je vais même certainement devenir sexuellement impuissant. » Cette menace de l'impuissance sexuelle, qui confirme, à ses yeux, son vieillissement psychique physiquement ressenti, est évoquée de façon tout à fait intéressante. L'homme qui perd sa puissance sexuelle ne dispose plus de l'appétence pour les femmes, mais, surtout, il ne dispose plus de la libido sexuelle pour agir, penser, parler, voir, entendre, rêver. L'incapacité d'érection signifie que l'homme en son entier ne peut plus s'ériger. Et le sentiment de dévalorisation de soi – le pénis étant devenu le moi – renforce cette idée qu'il n'est plus possible d'entreprendre. On connaît chez le déprimé l'accentuation des souffrances hypocondriaques (généralement accompagnées d'angoisse d'impuissance), mais il faut donner ici sa juste place, chez l'homme, à la valeur accordée à l'érection dans son sens littéral et métaphorique. L'état déprimé est souvent décrit dans les plaintes comme perte de désir et de désirabilité – une véritable détumescence affectant physiquement toute la vie psychique.

Bernard ne saurait dire comment tout cela lui est venu. Peu à peu et, en même temps, très subitement. Il ne voulait pas d'un autre enfant, et la conception et la naissance de ce garçon ont, dit-il, accéléré en lui la représentation de son vieillissement et de sa mort. Aujourd'hui, il a, à cet instant où il parle, la nostalgie du temps heureux de ses quarante ans : « Tout allait tout seul, j'étais actif et je coïncidais

---

1. Les ruptures d'« apprésentation intersubjective » s'accompagnent – dit Binswanger – d'une majoration de la *présentation* dans la *représentation de l'autre*.

assez bien avec moi. Je parlais aisément et activement sans laisser traîner ma pensée. Je me suis parfois dit que j'étais si bien que la dépression devait être l'inverse. » Vivant avec modération, il se sentait au fait de ce qui se passait en lui et chez les autres. Il en retirait une ressource d'action. Au cours des entretiens, il décrira très précisément ce qu'il a perdu. *Agir,* c'est laisser apparaître de nouveaux horizons temporels, de nouvelles potentialités. En agissant, le corps découvre que chaque action en appelle d'autres, toujours renouvelées. La moindre des actions entreprises dispose à d'autres actions, parfois simultanées, et l'action effectuée modifie par son exécution le corps tout entier. La dépression porte atteinte à cet engendrement temporel de l'action qui se développe habituellement sur un mode autoérotique : une action donne du plaisir et ce plaisir forme une nouvelle action. L'état déprimé ne peut pas être simplement défini par une inhibition de l'action, car cette interprétation entraîne alors une conception médicamenteuse de levée de l'inhibition de l'action. Et elle comporte de plus le risque de justifier des impulsions d'action où le sujet est, en effet, actif, mais ne dispose pas de cet engendrement autoérotique d'une action à partir d'une autre, dans l'horizon temporel et spatial du projet. Bernard ne comprend pas pourquoi, aujourd'hui, lui est si lourde et si difficile la représentation de faire : marcher, porter, parler. Il reste parfois longtemps assis seul, dans la cuisine, dans l'irrésolution complète à prendre un aliment, se servir d'un couteau et d'une fourchette pourtant disposés à quelques centimètres de lui.

De cette restriction de sa sphère de vie, il ressent la preuve de son amenuisement : c'est le sentiment que le temps est complètement modifié. La façon dont s'impose à lui la *représentation de ce qu'il a à faire* l'entraîne, lorsqu'il est seul, à un discours sans fin – sorte de soliloque s'accompagnant d'une curiosité pour « un homme qui se disloque inéluctablement ». S'il engageait une analyse, ne serait-il pas encore plus complètement soumis à ce discours intérieur qui aggrave son immobilisation ? Mais comment se défaire de ce discours qui – dit-il – ressemble à celui des amoureux après leur rupture ? Ressassement, certes, mais pas seulement, car ce qui est mystérieux, c'est cet excès de pensée qui vide la pensée et ôte tout désir. Certes, la composante obsessionnelle et phobique de la dépression a été souvent soulignée. Mais formuler les choses ainsi n'éclaire pas cet usage qui est fait du langage par le temps malade. La dépression est bien une *maladie humaine du temps* qui affecte la représentation et l'action, les potentialités du langage, ainsi que la communication avec les autres.

Si la psychopathologie phénoménologique a trouvé dans la dépression un terrain privilégié pour penser l'articulation des rapports au temps, c'est en raison de la fonction jouée par les potentialités de la représentation et de l'action dans la communication intersubjective. Bernard peut décrire précisément, en la vivant au quotidien, cette déperdition de la temporalité par perte des anticipations. La perte des anticipations dans la moindre des pensées, des actions et des mots entraîne le sentiment d'une confusion. À force de vouloir ne rien oublier de ce qu'il doit faire, Bernard s'épuise non seulement à mémoriser, mais à chercher à comprendre comment il pourra agir, si on lui demande de faire telle ou telle chose extrêmement simple [2].

La psychopathologie du temps dans les états déprimés concerne donc à la fois le corps de l'action et la communication intersubjective. Mais comment désigner l'unité d'une structure dépressive dans sa perturbation ? Bernard exprime la nostalgie de sa « normalité », lorsqu'il se vivait dans une capacité d'agir se renouvelant en agissant et dans une mobilité physique-psychique qui lui donnait le plaisir d'une initiative de découvrir dès le réveil de nouvelles

2. Je ne reviendrai pas sur un développement que j'ai poursuivi dans un livre ancien, à la lumière de la cinquième des *Méditations cartésiennes* de Husserl. P. Fédida, « Le corps et les fondements de l'intersubjectivité », *in Corps du vide et espace de séance*, Paris, Jean-Pierre Delarge, 1977. Ce développement se réglait alors sur une tentative de compréhension de la rupture des apprésentations dans la dépression et de la perturbation du temps dans la communication intersubjective.

idées. Heureux dans sa vie conjugale, il éprouvait, dit-il, « le plaisir d'être un homme à tous égards ». La perception des autres et la communication avec eux lui procuraient un enrichissement de sa personnalité et une véritable stimulation dans ce qu'il entreprenait. Il ne sait pas comment lui est venue sa « dépression » (les crises et les pleurs de sa femme et la naissance d'un autre enfant l'ont « éprouvé »), mais ce qu'il a découvert depuis lors, c'est que « rien ne va plus tout seul ». À ses collègues de travail et même à ses proches amis, il donne toujours l'impression d'efficience et il est apprécié pour ses qualités humaines, mais – dit-il – « je sais bien, moi, que mon temps intérieur est altéré ». Pour lui, c'est une seule et même chose que de se ressentir tout à coup vieilli et impuissant, dans une effroyable lenteur de pensée intérieure qui « colle » et qui s'attarde inutilement, tout en l'épuisant « à petit feu », avec une bien moindre tolérance aux autres, même s'il n'en paraît rien. Livrant une indication précieuse sur son sentiment que le ralentissement de sa pensée pourrait être dû à une intrusion interne des autres, lorsqu'il pense et lorsqu'il parle, il désigne une telle intrusion comme une façon infantile de s'accrocher à leur présence en perdant leur « virtualité ». L'anticipation propre à l'expérience interne du temps paraît se retrouver dans la communication avec les autres : *dans les états déprimés, l'autre n'est plus le support d'une figurabilité qui conférerait une mobilité aux identifications*. Lors de certaines séances du début de la psychothérapie, Louise m'était apparue d'une intense sensitivité : son visage et son regard paraissaient vouloir se coller de façon adhésive à moi et guetter les moindres mouvements subjectifs de ma pensée. « Rentrer à l'intérieur », dira-t-elle. Elle exprimera son « besoin » de ne pas rester enclose dans la mort de son père, par laquelle elle s'est sentie happée. Elle voudrait retrouver la voix, les gestes de son père vivant, auxquels elle peut s'identifier. Elle tente de décrire des souvenirs de sa vie d'enfant, mais elle n'y parvient qu'à cette condition de se ressentir d'abord confondue avec ma propre présence. Si la capacité d'anticiper est celle de disposer des horizons temporels et spatiaux à même les initiatives d'action, de langage et de pensée, on dirait alors qu'elle a même structure que l'intersubjectivité humaine. La perte ou l'altération de cette capacité correspond à une mise en défaut des potentialités du figurable et, par conséquent, des identifications.

Au cours de nos entretiens en face à face, durant près d'une année, je suis d'abord resté souvent silencieux, mais le plus possible au contact de la plainte exprimée. Il était pour moi évident que si transfert il y avait (et on ne peut en douter), ce qui était prévalent, c'était la tentative de Bernard de s'assurer toujours que je pouvais recevoir son discours dépressif, me laisser modifier par son *impression* et représenter, en même temps, une *identité stable* pouvant en retour devenir le support de ses propres modifications. Il n'aurait pas été alors envisageable – ce qui le fut plus tard – qu'il s'allongeât sur le divan. Durant ce temps, tout se passait comme si je devais apprendre le dialecte étranger d'une langue familière et très lentement, à la faveur de certains mots prononcés par lui, faire rentrer ce dialecte dans notre langue commune. Il va de soi que la présence du visage a, dans ce cas, une importance décisive. Au fil des séances qui eurent lieu au cours de cette année, je m'aperçus que, très progressivement, je devenais son interlocuteur intime et qu'ainsi au soliloque dépressif se substituait une ébauche de dialogue avec, chez lui, l'attente de sa prochaine séance.

Mais c'est surtout le retour à un sommeil plus satisfaisant et à un sentiment de pouvoir rêver et se souvenir de ses rêves qui entraîna de sensibles modifications. Dans le premier rêve qu'il raconta, son père, extrêmement idéalisé (c'était un notable politique qui mourut jeune d'un infarctus), exprimait en un très long discours des explications et recommandations qui le laissaient muet et soumis, avec ce sentiment de ne pas pouvoir prononcer le moindre mot : « Je me sentais écrasé par sa parole, la tête vide. Ce qui était souvent le cas dans la réalité. » Dans le rêve encore, il vivait pour lui-même un isolement absolu. Il pensa plus tard que son père idéalisé avait été comme enfermé en lui-même et s'était ainsi laissé menacer par la maladie cardiaque. Et son propre discours intérieur déprimé – discours de disparition progressive – avait la puissance obstinée et ravageante d'une parole contenue par son père, subsistant dans les auto-reproches, alors que l'idéalisation lui faisait néanmoins conserver ce père comme bon et attentif. Avant la dépression, l'identification au père mort, représenté comme intelligent et actif, avait prévalu de longues années, avec cette intuition, toutefois, que le cours des choses pourrait un jour s'inverser. En ce sens, Bernard se demande si la dépression n'est pas une « punition » pour avoir voulu s'emparer de la puissance de son père et – en s'identifiant mimétiquement à lui, intelligent, actif et décideur – si sa dépression ne témoigne pas chez lui d'une facilité à « réussir par emprunt » et non pas de lui-même. Il s'interroge sur l'illusion de vivre avec ses propres ressources psychiques, dont il jouissait auparavant : « Ce n'était peut-être pas du vrai. C'était peut-être usurpé. » Dans un des rêves qui suit, il conduit sans aucune prudence une voiture à folle allure. À ses côtés, son jeune fils qu'il ne reconnaît pas et qui est terrorisé. Un autre enfant traverse la route et il est écrasé par la voiture qui s'arrête contre un mur. Dans les associations qui viennent spontanément, il dit avoir demandé à sa femme d'avorter, alors qu'elle attendait leur second enfant, et que cette pensée l'avait mis si mal que souvent, au moment de chercher à s'endormir, il avait cette sorte de vision hypnagogique d'« écraser sauvagement un jeune enfant ». L'être-déprimé, c'est un enfant écrasé par un père tout-puissant. Il revient alors sur cet anéantissement dépressif et interprète son discours intérieur – plus rare à présent – comme une sorte de commentaire sans fin comportant « un regard qui l'observe mourir à petit feu. C'est une sorte de supplice que je m'infligerais à la place de mon père ». Il ajoutera par la suite que cette façon intérieure de ressasser dans sa lamentation intime et de ressentir qu'il se figeait de plus en plus pourrait ressembler à une sorte de protection paradoxale contre son propre anéantissement. Les angoisses de mort dans la dépression peuvent être telles que le figement de la vie psychique et sa prise en masse corporelle équivalent à « *être mort immortel dans l'angoisse de mort* ».

Bernard éprouve un soulagement et même du plaisir à découvrir qu'il peut rêver, même si ses rêves sont désignés comme des rêves d'angoisse. Peu de temps avant qu'il n'exprimât le désir de poursuivre les séances en étant allongé, il se trouva tout à coup en difficulté pour relater un rêve dont le contenu lui était clair avant de venir à sa séance, mais qui s'était dissipé, lorsqu'il s'était assis en face de moi. Dans l'immédiat, il ne sut rien en dire et c'est seulement à la séance suivante – juste à la veille des congés d'été – qu'il put se le remémorer. Au moment où il exprima son embarras à avoir « perdu » son rêve, il me dit que c'était mon visage en face de lui qui l'avait « brouillé » et avait fait s'effacer aussitôt le souvenir de son rêve ou, plus exactement, avait rendu impossible la parole de son rêve : « Je crois que si j'avais été allongé sur le divan, le rêve me serait resté et j'aurais pu vous le raconter. » Je pensai qu'il s'agissait de ce qu'on appelle un rêve transférentiel « typique » – ce qui me fut confirmé, lorsqu'il le raconta : « Je suis dans une sorte de chambre où vous êtes présent. Mais ce n'est pas ici. La pièce est très claire et la lumière entre généreusement et éclaire un bouquet de fleurs de campagne. Le divan est un petit lit – comme un lit d'enfant avec des motifs simples sur la couverture. Dans un coin de la pièce, un petit tas d'affaires calcinées comme après un incendie. J'en suis surpris car la pièce est bien rangée et tout est disposé agréablement. En me retournant, je vous vois debout très amaigri et le visage gris. Vous paraissez être devenu tout à coup un vieillard. Je pense que vous êtes très malade et que vous allez bientôt mourir. Vous restez souriant, mais je vous vois très fatigué, très déprimé. » En se rappelant son rêve à l'issue de la séance où il n'avait pu le raconter, il a eu envie de pleurer. Il peut quitter ma présence visible, car il n'en a plus besoin : l'incendie a calciné ce qui était devenu inutile et encombrant et a épargné la chambre de l'enfant. Il se ressouvient de terreurs éprouvées dans sa maison d'enfance, lorsqu'on le laissait seul : il lui était arrivé de jouer avec le feu (les allumettes et le briquet de son père) et, en cherchant à s'endormir, de craindre d'avoir couru le risque de provoquer un incendie. Il me fait remarquer que la maladie et la mort de son grand-père paternel, qui vivait avec eux, l'avaient beaucoup impressionné, alors qu'il avait cinq ans. Car c'est cette image du grand-père disparu – grand-père affectueux et protecteur avec lui – qui s'impose aujourd'hui, lorsqu'il me voit devenu un vieillard malade pouvant bientôt mourir. Le retour de ce deuil survenu alors est d'autant plus sensible à ce moment où va se poursuivre en analyse la psychothérapie. Car – je l'apprendrai par la suite – c'est à cette époque de ses cinq ou six ans que Bernard a développé sa capacité de jouer seul, d'apprendre à lire, de créer des objets. La créativité chez le jeune enfant se développe, en effet, avec une réelle fécondité de la « vie intérieure », en étroite liaison avec un deuil, d'un parent ou d'un grand-parent aimé. Probablement en a-t-il été ainsi pour Bernard, dans sa *dépressivité* qui lui donna longtemps ce sentiment de contact avec soi et d'autonomie active. Ce que je désigne ici par dépressivité ou *capacité dépressive* peut s'apparenter à la « position dépressive » selon Melanie Klein, mais concerne plutôt la constitution de l'expérience de la perte et de la transformation du vécu intérieur par celle-ci. Le fameux jeu de la bobine *(fort-da)* consiste, on le sait, à pouvoir faire disparaître et réapparaître l'objet, afin d'intérioriser l'absence de l'autre. Et Winnicott a souligné combien la capacité dépressive (que l'on retrouve dans l'expérience psychique du repli) est génératrice d'une activité créative de pensée et d'illusion : la découverte de l'absence comme retour de la présence est, en effet, la modalité primordiale de l'existence de l'autre comme liberté de soi[3]. Il est vraisemblable que la survenue assez brutale de l'état déprimé n'est pas étrangère à la conception et à la naissance du jeune fils (le deuxième enfant). Mais cet événement fonctionne plus comme interprétation symbolique que comme causalité : l'interprétation symbo-

3. Je reprends et développe au cours de ce travail, dans différents chapitres, la notion de capacité dépressive.

lique que représente cet événement met en œuvre la mort du père qui, elle, tout aussi symbolique dans ses significations, révèle le renversement de la dépressivité en état déprimé. Ce qui m'intéresse, c'est de comprendre comment l'équilibre que se donne la vie psychique dans la dépressivité pleine de ressources est rompu sous l'effet de certains facteurs internes et externes, et comment s'impose ce ralentissement du temps, ce discours ressassant et cette prise en masse de la vie psychique dans un corps qui est incapable de projet d'action.

Récapitulons quelques-unes des propositions éclairées par le traitement psychothérapique dont j'ai ici présenté certaines séquences :

1° – Avant de venir me consulter, Bernard avait suivi une prescription d'antidépresseurs qui resta sans effets durables. Sous traitement, il constata une amélioration relative de son inhibition à agir, mais la levée de cette inhibition se traduisit surtout par le sentiment qu'il était aidé par le médicament à produire des actions isolées (s'occuper de ses affaires bancaires, puis préparer le départ en vacances, puis effectuer telle ou telle tâche...). Dans ce même temps, il est beaucoup moins soumis au discours intérieur et à la pesanteur du temps subjectif, mais il s'en ressent assez étranger à lui-même et à ce qu'il éprouve. Non seulement il n'éprouve pas de véritable plaisir à agir, mais la « rhapsodie de la vie » n'existe pas. Ce qui lui manque, c'est de pouvoir communiquer avec tout le reste de sa vie psychique. Au bout d'un certain temps – alors qu'il a commencé à venir me parler –, il demande au psychiatre de suspendre la prescription d'antidépresseurs car, il craint, dit-il, de se laisser « consumer » par les actions produites dans cet état et dans ces conditions. J'acquiesce intérieurement (et sans lui faire part de mon avis) à cette idée que la levée des inhibitions d'agir par un antidépresseur – si elle entraîne simultanément la perte de la pensée associative et de la vie fantasmatique – peut précipiter le patient vers une évolution mélancolique. N'oublions pas que la prescription d'un antidépresseur exige du psychiatre une très fine et très exacte connaissance de ses modalités d'action. Si l'antidépresseur est utilisé dans un temps qui ne lui convient pas, il peut, en effet, favoriser la levée d'une inhibition à l'action, mais cette action (peut-être de nature hallucinatoire), effectuée avec facilité, n'est pas sans effet de retour sur la vie psychique protégée par la dépression. Il n'est pas du tout aberrant de penser que la dépression a une fonction de régulation du cerveau qui ne cesse, constamment, de se construire. Le traitement par antidépresseur a, aujourd'hui encore, beaucoup à apprendre des temps propres à cette maladie du temps qu'est la dépression.

2° – Les temporalités inhérentes à la grande plasticité et mobilité de la vie psychique sont bloquées dans l'état déprimé. Il est extrêmement important de prendre la mesure – pour ainsi dire *phénoménologique* – d'un tel blocage, qui n'affecte pas seulement l'axe passé-présent-avenir, mais les mouvements temporels associés aux événements de la vie quotidienne. Les *aspects du temps,* qui s'accompagnent généralement de tonalités des vécus et de résonance de ces vécus, sont impossibles. C'est là un phénomène essentiel que met au jour la psychothérapie des états déprimés. C'est pourquoi la réanimation de la vie psychique au travers du processus transférentiel vient de l'intérieur : le rêve et le fantasme sont ces modalités de réanimation de l'intérieur.

3° – La cure psychothérapique de Bernard nous a donné toute occasion de nous apercevoir de la finesse de sa perception endopsychique. Ce que j'appelle ici « perception endopsychique » est une particularité de la dépressivité dont on pourrait dire qu'elle augmente la métaphore psychologique de l'attention à soi. Au cours d'une analyse, on voit cette capacité se développer tout en restant en retrait et, ainsi, ne s'imposant pas comme un discours intérieur. L'arrière-plan d'une telle perception – de fonctionnement préconscient – participe à la mobilité de la vie psychique. C'est en ce sens, d'ailleurs, qu'on peut estimer que l'une des tâches de l'analyse est de constituer, ou de reconstituer, avec le langage, une dépressivité, de nature autoérotique. *Avoir accès à sa propre dépressivité – et ainsi aux temps de sa vie psychique – est tout à fait essentiel comme intériorisation d'une durée.* Dans le cas de Bernard, ce que l'on voit, c'est que la perte de la dépressivité psychique l'amène à produire ce discours intérieur douloureux et ralenti, qui se conçoit ici comme substitutif de l'agilité dépressive et comme sauvegarde contre le risque de la précipitation mélancolique. On est alors très près de l'auto-observation mélancolique avec sa culpabilité, ses autoaccusations et, surtout, cette fascination par le moi sous le regard du destin. Le patient se plaint de ce qui ne va pas, mais cette plainte comporte le pressentiment terrible d'une catastrophe qui peut survenir. Ce discours de l'autofascination du moi le fait se voir et assister à sa lente atténuation de sa vie et à sa disparition en cours. À ce moment-là, il serait résolument exclu de poursuivre le travail dans le cadre d'une analyse, car la dépression à évolution mélancolique ne peut que tirer parti d'une situation se symbolisant comme sacrificielle et porteuse d'une échéance inévitablement suicidaire.

La psychothérapie d'un patient déprimé ne saurait certes se concevoir comme s'il s'agissait d'une psychanalyse appliquée à une psychothérapie spécialisée. Non seulement chaque état déprimé dispose de sa propre singularité, mais les modalités variables sous lesquelles se présente la dépression excluent de fixer une procédure technique d'ordre systématique, ainsi que je l'ai rappelé.

Il faudrait dire plutôt que l'expérience clinique nous rend attentifs, dans la plupart des cas – pour ne pas dire dans tous les cas où la dépression se manifeste nettement –, à l'importance décisive que joue la place accordée à la durée des séances et à leur régularité. Une telle importance tient à un rapport direct avec *la problématique du temps dans sa propre dimension intersubjective*. Ferenczi avait précisément déjà attiré l'attention sur cette caractéristique du traumatisme consistant dans cette attaque de la vie psychique en ce qu'elle a de vivant, c'est-à-dire dans cette capacité de déploiement et de transformation des temps impliqués dans la parole qui raconte, qui évoque, qui souhaite, qui regrette, etc. La modulation tonale des affects ressentis – restituée par le transfert dans l'analyse – passe par *une parole qui dispose du temps pour parler.* Et il n'est pas rare que les patients fassent état d'une brutalisation par le parent, ou par un autre adulte, au moment où ils voulaient raconter, s'expliquer, poser des questions, exprimer ce qu'ils vivaient alors ou avaient vécu. C'est pourquoi Ferenczi recommandait d'offrir cette patience réceptive qui donne du temps. D'ailleurs, le patient ne s'y trompe pas, même s'il fait subir à l'analyste l'envahissement qu'il a lui-même subi autrefois. Ce déploiement de la parole dans la durée lui donne à découvrir ce qu'il ne connaissait pas : le sentiment d'être écouté dans la liberté de son propre rythme de pensée et d'expression.

Il est vrai – ainsi que Winnicott le remarquait pour justifier les séances longues (parfois d'une heure et demie) – que ce qui se trouve en jeu dans le traitement, c'est le *temps de régression*[4] dans la situation analytique et le ménagement de temps de repli, distincts des temps de régression, car ils supposent la découverte de pensées et de fantasmes constitutifs de la vie intérieure et censés ne pas avoir à être communiqués, du moins sur-le-champ. Car ce qui compte ici avant tout, c'est la découverte d'une expérience humaine, comprise de façon extrêmement simple, sous cette forme de la reconnaissance de sentiments humains et de résonance intime. L'écrasement de la vie psychique n'entraîne-t-il pas l'impossibilité de ressentir ce qu'on sent et de ne plus disposer alors des mots qui portent pour soi-même résonance ? La métaphore musicale employée par Ferenczi dans « Élasticité de la technique psychanalytique[5] » est, rappelons-le, celle du *tact* et du *contact*. Cette métaphore rejoint celle dont se sert Platon, lorsqu'il fait parler le médecin Anaximandre invoquant la nécessité

4. J'entends ici, par temps de régression, le temps d'un retour des expériences psychiques et corporelles antérieures, notamment des premiers mois de la vie. Le cadre de la psychothérapie est fait pour rendre possible la redécouverte de ces expériences.

5. S. Ferenczi, « Élasticité de la technique psychanalytique » (1928), *in Psychanalyse 4, Œuvres complètes*, t. IV, Paris, Payot, 1982.

d'une *harmonique* faite des aigus et des graves, du plein et du vide.

Ce sont là, parmi les difficultés, celles qui imposent à l'analyste la perception de sa propre membrane de résonance. Le durcissement de cette membrane entraîne aussitôt un durcissement et un renfermement du patient et, corrélativement, un arrêt dans son mouvement régressif. Et, en même temps, la menace que lui fait subir la plainte dépressive - souvent obsessionnelle - est de s'attaquer en lui à sa disponibilité de langage ou encore de l'entraîner à l'ennui. Autrement dit, rien n'est jamais immédiatement acquis, du fait de la violence produite par la dépression du patient sur la vie psychique de l'analyste. C'est pourquoi la communication au patient d'affects contre-transférentiels à fonction d'interprétation - si toutefois ceux-ci sont évoqués de façon mesurée et au moment opportun - va dans le sens de la restitution d'un environnement humain qui témoigne ainsi de la recherche de reconnaissance d'expériences partagées.

CHAPITRE II

Un affect glaciaire et ses guérisons critiques

Les métaphores produites pour imaginer la dépression ne manquent pas de solliciter le froid, le silence glacé, la disparition apparente de toute vie. Et si les métaphores font souvent défaut à la plainte dépressive, du fait d'une sorte d'exténuation du langage, il n'est pas rare d'entendre les patients déprimés faire état d'une solitude absolue d'où auraient disparu émotions, désirs et sentiments, comme si la vie s'était arrêtée. Cette sorte de *déshumanisation* à laquelle conduit l'état déprimé est terrifiante. Et le paysage glaciaire pourrait servir à décrire une terre privée d'êtres vivants. Pourtant, la connaissance clinique de cet état – en suscitant les images de la glaciation – devrait nous ouvrir à d'autres *points de vue* qui sont ceux que Ferenczi et Freud ont énoncés dans leurs fantaisie et spéculation métapsychologiques à partir de l'imagination phylogénétique.

On devrait ne jamais oublier que ce sont les « destins géologiques de la terre » qui règlent la véritable mesure du *devenir psychique de l'humanité* et, partant, de sa civilisation. Parmi ces destins, celui de la glaciation est certainement le plus puissant : l'extrême dénuement auquel il a contraint la primitivité de l'homme – sa luxuriance sexuelle d'« animal-homme primitif » (Freud) – s'est traduit par la production de *formes* conservatrices de la vie. Sur ce modèle des formes animales et végétales, le « psychique » peut se concevoir de même comme une forme fixe de conservation de la vie et cependant suffisamment plastique pour disposer d'une capacité de régression.

Entre le début et la fin de la période glaciaire, la névrose met ainsi en œuvre d'extraordinaires moyens de maintenir l'humain en vie, tandis que rien ne doit exposer cette vie à des dépenses sollicitées de l'extérieur. Au regard de l'évolution, la névrose obsessionnelle est tout à fait exemplaire, puisqu'elle représente à la fois l'influence déterminante du glaciaire comme formation du psychique et elle est un modèle de *progrès régressif* vers la pensée. Ainsi que l'exprime Ferenczi, l'importance des « empreintes profondes laissées par l'ère glaciaire » sur le psychique de l'humanité ne relève pas d'une pure fiction spéculative, mais elle est, pour ainsi dire, observable directement dans ces manifestations que sont les symptômes de la vie inanimée, généralement imputées à l'immobilité dépressive si proche, à certains égards, de la névrose obsessionnelle.

Au risque de passer pour ce qu'elle n'est pas – à savoir réductrice et biologisante –, la fantaisie spéculative entraîne la vue à imaginer les formes symptomatiques simples d'une névrose glaciaire protégeant la vie contre ce qu'elle aurait de vivant. À cet égard, la dépression serait l'état corrélatif d'une névrose glaciaire (névrose obsessionnelle) dont il serait aussi la protection. Ce qu'on appelle « psychique », ne serait-ce pas cela – le processus même d'une sorte d'*évolution fixe* accordant les moyens nécessaires de défense contre ce que le vivant de la vie a de traumatique ? Les termes ne sont pas contradictoires. Imaginer l'évolution des espèces, c'est pouvoir ainsi admettre que rien ne change apparemment pour une forme biologique donnée qui, pourtant, comporte un processus de transformation. La fixation à certaines formes – et aussi de certaines formes – va de pair avec la régression qui est le seul processus possible de mise en mouvement interne du vivant. À l'appui de sa clinique, Ferenczi ne manque jamais de mentionner la fonction assurée par la dépression comme l'équivalent d'un sommeil d'hibernation et qui doit être respectée et traitée avec tact, afin que l'excitation vivante ne fasse pas violence à la vie ainsi sauvegardée. En étroite relation avec la psychothérapie des patients déprimés, la compréhension des processus de régression s'est affinée – notamment avec M. Balint et D.W. Winnicott – car si la dépression peut être vue comme un état de régression, c'est la situation analytique qui donne à celui-ci les conditions techniques de soin, d'attention, ainsi que de réanimation de la vie psychique. L'importance accordée au cadre (régularité et durée des séances, lieu protégé, silence) confirme cette conjoncture entre accueil de l'état déprimé et acceptation.

Lorsque Freud – dans *Vue d'ensemble des névroses de transfert* (1915) – évoque ces destins géologiques de la terre, il ne manque pas de solliciter les intuitions de Ferenczi. Mais il sait aussi ce qu'il doit à sa lecture de *L'Origine des espèces* où Darwin développe, en quelques pages du chapitre XI, l'« hypothèse » d'une durée géoclimatique de dispersion des formes végétales et animales, dont l'identité morphologique est comparable dans des lieux éloignés les uns des autres, et qui témoignent ainsi de la force heuristique de l'analogie dans le domaine des vivants. Ferenczi fera également de l'analogie, dans *Thalassa*, une puissance d'interprétation phylo-ontogénétique à l'encontre du « psychomorphisme » : le symptôme névrotique possède ainsi cette particularité de solliciter chez l'analyste l'imagination de formes animales les plus éloignées et, de l'analogie de la sorte éveillée, il ressort que les formes psychiques symptomatiques de durée stable comportent régressivement leur expression vivante dans les organes et les fonctions de l'animalité élémentaire [1]. En somme, les psychanalystes auraient par trop tendance à chercher à comprendre les états déprimés par référence à la séparation, à l'abandon ou encore à des carences affectives élémentaires. La dépression ne sollicite-t-elle pas une autre imagination, nourrie de l'observation simple des formes animales et de leur extraordinaire capacité d'adaptation aux dangers les plus violents ?

L'intérêt d'acquérir de telles vues « cliniques » à l'échelle des grandes périodes est d'abord un intérêt de méthode.

---

1. Cf. P. Fédida, *Par où commence le corps humain – Retour sur la régression*, Paris, Presses universitaires de France, 2000.

Notre observation psychanalytique des patients dans la cure nous apprend à intérioriser la durée et nous préserve des leurres de l'histoire individuelle à laquelle on attribue volontiers une *dialectique des crises.* Celles-ci sont généralement conçues comme autant de potentialités de changements. Cette prudence psychanalytique offre aussi l'avantage de rendre l'analyste attentif à tous excès de pensée, exprimés ou non, qui risquent toujours de produire chez le patient une accélération du temps, ainsi que des actings d'amélioration ou de guérison. N'est-ce pas la dépressivité de l'analyste – sa propre perception des rythmes et des temps intérieurs – qui règle sa pensée et évite ainsi une sortie trop brutale de l'état déprimé du patient ? Certes, la dépression peut être tenue, à bien des égards, pour une crise survenant dans une vie. N'est-ce pas ce qui advient à la suite d'événements tels que ruptures, séparations ou deuils ? Mais on ne saurait sous-estimer la protection qu'assure la dépression – aussi douloureuse que soit celle-ci. C'est pourquoi on peut *dans une certaine mesure* accorder à l'état déprimé une fonction de régulation des changements – comme s'il fallait pouvoir oser cette hypothèse, selon laquelle on ne saurait demander des guérisons trop rapides qui soumettent l'individu à de fausses adaptations.

En ce sens, l'évolutionnisme freudien – ainsi que l'a rappelé Patrick Lacoste [2] – inscrit dans la démarche psychanalytique la prise en considération d'une temporalité du non-changement. La difficulté de penser la progressivité du travail analytique dans la cure est bien celle de constater les remaniements du matériau psychique au cours de la

---

2. P. Lacoste, « Destins de la transmission », *in* S. Freud, *Vue d'ensemble des névroses de transfert* (trad. P. Lacoste), trad. nouvelles, Paris, Gallimard, 1986. Voir aussi L. B. Rivto, *L'Ascendant de Darwin sur Freud* (préface de P. Lacoste, « Les deux humiliations »), Paris, Gallimard, coll. « Connaissance de l'inconscient », 1992 ; ainsi que P. Lacoste, « Sur les théories freudiennes de l'évolution », *Les Évolutions, phylogenèse de l'individuation. Colloque de la* Revue internationale de psychopathologie, Paris, Presses universitaires de France, 1994.

régression transférentielle, et ne pas se laisser tromper par la normativité d'un temps du progrès vers la guérison. L'a-temporalité *(Zeitlosigkeit)* s'entendrait ici non pas tant comme une qualité de l'inconscient que comme la condition de qualification de l'observation des processus psychiques. Et l'exigence de tenir pour persistante une stabilité de la répétition, de même que de garantir une négativité de la construction, devrait restreindre l'usage du terme de « processus » au seul progrès de la régression. L'architecte ne construit-il pas d'abord par des dessins en négatif ?

C'est donc à l'aune des destins géologiques de la terre que se forme cette vue psychanalytique sur le *psychique humain*. Seule une telle vue – en ce sens *Übersicht*, vue au-delà en même temps que vue de près [3] – peut imaginer *le primitif de l'humain* et, dans la cure, constituer le point de fuite de la régression transférentielle. L'attention semble pouvoir percevoir les mouvements les plus fins de la vie psychique, tandis que la situation où intervient cette attention accorde une durée infinie au temps de l'évolution. Aussi scandaleuse qu'en soit l'affirmation face à l'objection pragmatiste, il faudrait ici soutenir que *rien ne se passe dans une psychanalyse* ! Rien ne se passe, en effet, puisque tout ce qui se passe est dans ce qui se parle. Et ce qui se parle ici restitue le primitif infantile – sexuel animal et sauvage – comme du vivant animé, à l'instant libéré de la forme protectrice du symptôme. L'« inquiétante étrangeté » survient précisément dans ces conditions où l'animation du vivant qui aurait dû rester inanimé prend cette intensité intolérable qui précipite dans la folie et dans la mort. « L'homme au sable » nous fait assister à *ce qui se passe,* lorsque la vie est entraînée à agir follement dans son propre mouvement. À cet égard, tout le dispositif du traitement psychanalytique – réglé sur le paradigme du rêve et du transfert – permet de veiller à ce que rien ne se passe et préserve ainsi contre l'affolement de la vie. On imagine

3. Selon J.-M. Rey, *Des mots à l'œuvre*, Paris, Aubier-Montaigne, 1979.

aisément que les détracteurs de la psychanalyse seront toujours prêts à se gausser en lisant, précisément sous la plume d'un psychanalyste, que rien ne se passe dans une psychanalyse. La provocation volontaire de cette assertion va pourtant dans le sens de l'hypothèse que le traitement analytique sollicite la restitution d'une *dépressivité*, corrélativement aux libres associations et à l'activité de liaison et de déliaison. La dépressivité – on l'a suffisamment répété – n'est certes pas l'état déprimé. C'est bien plutôt cette réappropriation du psychique avec ses propres temporalités.

Pas plus qu'il n'est possible d'espérer raccourcir – et donc accélérer ! – le cours d'une analyse, il n'est, pour les mêmes raisons, concevable de privilégier ce qui se passe au-delà de ce qui se parle. La *névrose glaciaire* a précisément contribué à abolir les crises, car celles-ci mettaient réellement en danger l'individu dans sa vie de vivant. Le « progrès dans la civilisation », tel que la névrose est en mesure de l'accomplir dans la psychanalyse, pourrait ainsi consister en cette œuvre de parole de la pensée. Et comme le pense encore Ferenczi, cette œuvre reste marquée par l'amoindrissement de la libido sexuelle et par cette perte de ressources que l'expression critique du corps trouvait antérieurement dans l'hystérie. En outre, il faut bien se rendre à l'évidence que les manifestations critiques souvent observées dans les pathologies dites « limites » (associées à la dépression) sont d'autant plus redoutables qu'elles surviennent sous des formes graves, dans des sortes de « transferts hors cure ». De telles manifestations sont d'autant plus destructrices que leur aspect régressif sauvage n'est pas rapporté à des transferts sur des personnes familières. Mais il est non moins remarquable que les patients diagnostiqués comme « borderlines » dans la vie quotidienne entrent plus aisément dans un traitement psychanalytique – et cela, grâce à une sensibilité très fine de leur aptitude à intérioriser leurs propres ruptures internes. Lorsqu'un patient « borderline » parvient à disposer, dans la cure, des résonances intimes de ce qu'il vit, on peut considérer qu'il a acquis cette dépressivité d'un *échange* avec l'autre et avec lui-même. L'observation du bébé nous apprend de même que l'acquisition de cette dépressivité entre dans la constitution d'un pare-excitation lui permettant de maintenir l'échange avec l'environnement, sans en subir les effets émotionnels trop discordants et trop violents. Et dans la psychothérapie des enfants, on apprend souvent que le jeune enfant supporte aisément les crises de l'adulte, pourvu qu'il puisse se reconnaître dans les expressions émotionnelles suscitées par celles-ci. Il en va néanmoins différemment des situations où l'adulte alcoolisé – ou sous l'emprise de médicaments – est discordant dans ses comportements et rend alors difficile pour l'enfant la compréhension de ce qui se passe. L'enfant perçoit très distinctement la différence entre les passions naturelles et les réactions induites par des substances extérieures [4].

Faudrait-il ici ajouter que l'hystérie reste peut-être le seul prototype métapsychologique de ce qu'on appelle une *crise* ? Crise par nature et par excellence, quelles que soient les manifestations gestuelles et passionnelles qu'elle emprunte dans sa psychopathologie, l'hystérie se serait en quelque sorte réfugiée et refroidie dans le phénomène du transfert dont elle serait ainsi le modèle. Alors, devrait-on avancer que – au regard de la psychanalyse – il n'est de crise que le transfert ? Et le transfert mettrait ainsi à l'épreuve l'immobilité conservatrice de l'appareil de symptôme dont l'individu s'est doté au service de son individuation. Car ce qu'on appelle individuation dans l'analyse n'est autre que le processus créatif du symptôme au cours de la cure. Le transfert serait une crise portant la marque de la période glaciaire qui a laissé son empreinte sous la forme de l'intériorisation des affects les plus puissants. « Ne supposons-nous pas – écrit Freud – que sur la voie de l'évolution du primitif à l'homme civilisé se produisent une intériorisation, un repli vers le dedans très considérables de l'agression, et les conflits internes seraient à coup sûr l'équivalent exact des combats extérieurs qui n'ont alors

---

4. Voir *infra*, chapitre XI : « De l'importance de la psychopathologie pour la psychothérapie. »

plus lieu[5] ? » C'est dire assurément aussi que le primitif – en tant qu'il est l'animation du vivant inanimé et appartient à l'hallucinatoire de la régression – est ce qui vient au présent du rêve et du transfert : les remaniements qui ont lieu par le travail de l'analyse font *appel* à ce primitif, mais ne sauraient ôter à celui-ci la valeur de figures de l'interprétation.

Lorsque Viktor von Weizsäcker adresse à Freud, en 1932, son étude sur « Événement-processus du corps et névrose » (« Körpergeschehen und Neurose[6] »), il veut alors apporter le témoignage de l'ouverture que la psychanalyse a donnée à son métier de praticien de médecine interne. Il considère que l'enseignement freudien accroît considérablement la capacité du médecin dans son observation des malades et dans le traitement de leurs symptômes somatiques. « Il s'agit [...] de l'aspect psychique du phénomène vivant[7] », tel que celui-ci s'exprime dans les processus biologiques et leurs événements somatiques. Dans la vie de ses malades, dont il communique à Freud l'observation détaillée, Viktor von Weizsäcker prête attention à la signification psychologique que reçoit par la maladie le phénomène physiologique. Corrélativement, il constate que la survenue brutale – et néanmoins le plus souvent extrêmement discrète – d'une interruption inopinée du processus organique régulier (dans une affection bénigne) s'accompagne d'« une évolution foudroyante telle que le nouvel état ne puisse être dérivé du précédent ». La *crise* est précisément « une crise du

5. S. Freud, « L'analyse avec fin et l'analyse sans fin » (1937), *in Résultats, idées, problèmes*, t. II, Paris, Presses universitaires de France, 1985, p. 260.

6. V. von Weizsäcker, « Körpergeschehen und Neurose », *in Internationale Zeitschrift für Psychoanalyse*, 1933, t. XIX, p. 16-116. Réédité en 1947 sous forme d'ouvrage, Stuttgart, Klett.

7. V. von Weizsäcker, *Natur und Geist : Erinnerungen eines Arztes*, 2e édition, Göttingen, Vandenhoeck und Ruprecht, 1955. Voir aussi M. Wolf, « Nosographie, observation et théorisation. À propos de l'échange entre S. Freud et V. von Weizsäcker », *in Revue internationale de psychopathologie*, n° 2, 1990.

sujet[8] », et elle survient dans la rupture du pur processus biologique. Autrement dit, le rôle que vient à jouer la corrélation dépression-maladie somatique nous rend attentif à une fonction d'homéostase de l'état déprimé. La rupture intervenant dans une évolution biologique (par exemple au cours d'une guérison) fait appel à la réaction dépressive, afin d'éviter au sujet une trop brutale confrontation avec la santé recouvrée. Aussi paradoxal que cela paraisse, la performance d'une réussite médicale ou chirurgicale (par exemple dans le cas des greffes d'organes) doit être souvent régulée par un état déprimé permettant de retrouver une capacité dépressive. La mise en scène du sujet psychique sur un mode « pathique » témoigne d'une temporalité faisant intervenir son histoire personnelle. La crise ainsi conçue sollicite une réponse psychothérapique adéquate – c'est-à-dire la présence du médecin qui, dans la tradition hippocratique, laisse se former en lui la question « portée vers le malade ». C'est en ne tenant pas suffisamment compte de « l'aspect psychique du phénomène vivant » que les médecins – pense Weizsäcker – sont généralement désorientés par la survenue de telles crises qui concernent l'*être* dans la vie d'un vivant. Viktor von Weizsäcker a ici des formules qui se veulent philosophiquement fortes pour caractériser *l'état de crise* du malade : « L'être en état de crise n'est rien *actuellement*, c'est tout en puissance. L'état pathique est au fond synonyme d'une disparition de l'ontique ; la crise de transformation montre la lutte à mort engagée entre l'attribut pathique et l'attribut ontique[9]. » La teneur existentielle de tels propos convient sans doute à une approche clinique entièrement concentrée sur ces instants potentiels où la mort est, en quelque sorte, l'urgence d'une angoisse d'anéantissement de l'être, ou encore une mise en demeure d'exister ou de disparaître. Weizsäcker cherchait précisément, dans sa médecine psychothérapique, à recueillir ce qu'il appelle le « pathique » des *images* que le

8. V. von Weizsäcker, *Le Cycle de la structure* (trad. M. Foucault), Paris, Desclée de Brouwer, 1958, p. 207.
9. *Ibid.*, p. 220.

thérapeute doit produire et communiquer au malade – précisément là où la crise est le surgissement d'un sujet sans langage et sans fantasme.

Le raisonnement physiologiste de Weizsäcker intéresse Freud, beaucoup plus que ses énoncés philosophiques. Dans sa lettre du 16 décembre 1932, Freud dit avoir voulu tenir – « pour des raisons éducatives » – les analystes aussi éloignés que possible des recherches physiologiques (sur les innervations, les vasodilatations...), car ces recherches « auraient été pour eux des tentations trop dangereuses ». Et il ajoute aussitôt : « Ils devraient apprendre à s'en tenir à des modes de pensée psychologiques. » Mais si les *crises* survenant dans une vie rendent attentif aux « facteurs psychogènes des maladies organiques » (par exemple, « la curieuse immunité de certains "névrosés" par rapport aux infections et aux refroidissements et la perte de celle-ci après une amélioration psychique ») et s'il y a encore tout à attendre de nouvelles recherches sur les « interruptions, tournants, crises, etc. », il n'y a pas lieu de confier à des formulations philosophiques ce qui appartient au langage psychologique métaphorique dont se servent les malades pour parler d'eux-mêmes. Invoquant de nouveau, en 1932, la « cause toxique directe » des névroses actuelles, Freud se montre donc tout à fait réticent à solliciter la notion de crise comme épreuve subjective des transformations de l'organique par le psychique – même s'il n'y a pas lieu de douter que le praticien se retrouve effectivement, dans sa clinique, devant des phénomènes de crise censés témoigner de la part prépondérante accordée au psychique.

Au cours de ces récentes années, l'intérêt porté par de nombreux travaux psychanalytiques aux phénomènes de crise a redonné une certaine importance aux fonctions développementales et aux valeurs d'adaptation. Et, précisément, s'est trouvé accentué le souci d'une efficacité psychothérapeutique où la crise survenant dans la vie du patient est censée entraîner chez l'analyste des capacités accrues de « créativité », voire d'innovation métapsychologique jusque dans l'usage intersubjectif du contre-transfert. Car si l'analyste en vient à accorder à une crise un contenu « pathique » et *dramatique* d'urgence à répondre, il crédite d'un pouvoir d'action ses propres représentations portant sur la *vie* du patient et il sollicite, selon Kernberg, par exemple, des scénarios d'interaction communicationnelle. De façon plus ou moins heureuse, la psychothérapie analytique s'est inspirée du modèle de la détresse du nourrisson et de la réponse spécifique accordée par l'autre. Le contre-transfert serait, dans ce cas, l'expérience imaginaire et émotionnelle mettant à l'épreuve l'analyste dans ses schémas de compréhension et d'interprétation [10]. Cette mise à l'épreuve constituerait ainsi, dans chaque cure, une sorte de défi critique de renouvellement et de transformation.

Mais si l'attention aux phénomènes et aux situations de crise relève plutôt des traitements psychothérapeutiques au cours de la cure analytique, c'est sans doute en fonction de la part accordée à la représentation des événements de la vie personnelle plutôt qu'à la vie elle-même. La vie du vivant – ai-je dit ailleurs [11] – suppose, pour être conservée, de rester inanimée. *Le paradigme dépressif est l'imagination de la vie inanimée,* c'est-à-dire de la vie telle qu'elle serait menacée par sa propre mise en mouvement – de l'intérieur ou de l'extérieur. Mais on n'a, jusque-là, pas complètement évalué le rôle dévolu à ce que j'appelle capacité dépressive dans la psychanalyse [12]. En mettant l'accent sur le deuil, la perte ou la séparation, on a négligé de concevoir en quoi l'animation de la vie est éprouvée comme une menace violente de mort sur la vie. Toute mise en mouvement est d'autant plus terrifiante qu'elle paraît entraîner dissociation et épuisement. Et la pratique analytique prête précisément attention aux conditions dans lesquelles l'animation psychique du vivant de la vie – ce retour régressif aux

10. Voir *infra*, chapitre IX : « Une conjoncture sans précédent. »

11. Cf. P. Fédida, *Crise et contretransfert*, Paris, Presses universitaires de France, 1992.

12. Cf. A. Triandafillidis, *La dépression et son inquiétante familiarité. Esquisse d'une théorie de la dépression dans le négatif de l'œuvre freudienne, op. cit.*

formes primitives dans le rêve et le transfert – doit se maintenir dans une *durée* où rien ne doit se passer qui menace le vivant de trop vivre, brusquement, et de s'épuiser très vite dans une sorte d'hémorragie vitale.

Il ne se passe rien. La remise en question de la notion de crise et de la rhétorique philosophique de son discours ne tend pas à contester que la névrose glaciaire abrite des changements majeurs dans la tectonique des reliefs, et grâce à la conservation de la vie. Cette remise en question appelle seulement à ne pas perdre de vue ce temps de la construction de soi, qui est peut-être alors celui de la civilisation des formes primitives. La capacité dépressive est une capacité de création, dans tous les sens du terme.

Dans la tradition psychiatrique de langue allemande, on désigne par « dépression agitée » – « aufgeregte Depression » (littéralement : dépression excitée) – un état dépressif qui se traduit moins par l'abattement et la tristesse que par une sorte de violente détresse où l'excitation paraît un mode de survie. C'est l'intérêt de faire appel aux expressions séméiologiques paradoxales de la dépression, dont les représentations subjectives comportent la connotation descriptive du ralentissement psychique (idéatif et moteur) : l'excitation et l'agitation pourraient servir de moyen de dénotation de la dépression, sans recours à la manifestation maniaque ou, tout au moins, sans systématiser le principe d'une bipolarité. En parlant de dépression agitée, on impliquerait ainsi la *violence psychique* non pas comme un symptôme secondaire, mais comme caractéristique essentielle de l'état dépressif. Et c'est ici peut-être déjà la première limite à parler des symptômes de la dépression.

Lorsque Tellenbach privilégie – notamment à propos de la mélancolie – une approche clinique du phénomène sur la compréhension, y compris psychanalytique, des symptômes [13], il en appelle à la condition psychothérapique, qui

13. Voir *infra*, chapitre X : « Modernité de la dépression. »

doit avant tout se régler sur *l'existentialité* du trouble subjectif affectant l'être même de la communication avec le malade. La dépression sollicite chez le clinicien une perception imagée de la violence qui s'empare du patient, à la fois comme une menace d'anéantissement de soi et comme tentative d'échapper à un tel anéantissement. La dépression est cette expérience de la disparition et cette fascination par un *état mort* – peut-être *un mort* – qui serait alors la seule capacité de rester vivant inanimé. Le phénomène de la dépression met en échec les métaphores psychologiques du langage servant habituellement à exprimer l'angoisse et la mélancolie. L'engagement psychothérapeutique confie alors au seul thérapeute le *pouvoir d'images du déshumain*, puisque seules de telles images autochtones – gardées longtemps silencieuses – constituent le lieu d'une possible rencontre.

Autrement dit, sous un aspect qui est celui de l'immobilité apathique, le phénomène de la violence dépressive est celui qui incite le thérapeute à rechercher les images singulières de *l'inanimé* vivant. C'est que la capacité chez le patient de nommer par sa plainte son état déprimé ne rend pas pour autant sa parole disponible à la *dénomination des affects* qui entrent dans cet état. La puissance de la *massification* dépressive est, en effet, littéralement *saisissante* : elle abolit les mots qui pourraient permettre de distinguer ce qui est éprouvé. Et la plainte appauvrit généralement le langage jusqu'à cette raréfaction quasi autistique de la dénomination. L'une des premières particularités de la dépression n'est-elle pas de priver le sujet du langage élémentaire pour exprimer ses affects ? La psychothérapie ne saurait ignorer une telle donnée clinique : dans sa *présence* silencieuse auprès du patient, il revient à l'analyste de trouver les conditions sensorielles d'une réception singulière des affects élémentaires et de se former – au travers des impressions et de leurs images – les mots de leur dénomination.

C'est là que l'on devine tout l'avantage de se tenir au plus près du phénomène. D'abord, parce que le phénomène de la dépression – qui tend à isoler le patient dans sa masse et à le faire se cramponner à l'immobilité de lui-même – a le pouvoir d'agir d'abord *négativement* sur le vécu subjectif du thérapeute. Tout se passe comme si l'emprise du phénomène pouvait solliciter chez celui-ci soit des réactions d'angoisse qui insécurisent et désorganisent la situation analytique, soit une sorte d'hyperactivité mentale de défense pouvant entraîner à l'excès de représentations et d'interprétations. Dans un cas comme dans l'autre, cette action négative du phénomène dépressif sur le thérapeute restitue et renforce la violence dont est faite la dépression : *l'autre,* se sentant menacé de destruction, rend complètement impossible toute métaphore d'échange entre les corps, et il contribue à ce renforcement de la massification. Et par ailleurs, le « comportement neutre » – sorte de retrait frigide – *contraint* le déprimé à une perte de l'espérance psychique d'un échange élémentaire qui lui ferait entr'apercevoir dans la présence de l'autre des tonalités suscitées par sa propre détresse.

Si on parle de vécu de l'abandon et de la perte chez le déprimé, faudrait-il encore que cette expérience tout à fait primitive s'entende comme impuissance de contact, *à l'origine du psychique*. D'autres analystes et éthologues ont mis en valeur le défaut d'animation dans les processus d'interactions entre le corps de la mère et celui du bébé. Dans ces conditions, accorder à la *présence en personne* de l'analyste une connotation stylistique (les modalités intrasubjectives de la présence au patient) engage des significations pathiques et thymiques inhérentes à la psychothérapie de la dépression. Je me suis souvent aperçu que le patient déprimé perçoit très finement et très subtilement – de façon quasi sensitive – la « sincérité » des sentiments éprouvés par l'analyste en sa présence. La moindre variation dans les attitudes, le changement dans le ton, l'expression du visage sont des facteurs déterminants d'un bouleversement. C'est pourquoi les termes de « thymique » et de « pathique » – employés par L. Binswanger et par E. Straus – dénotent la réceptivité hors du registre des sentiments.

Il faut, sans doute, prendre toute la mesure de la *violence dépressive* – de la violence constitutive de la dépression – et de la fonction que *l'autre* joue dans l'engendrement de cette violence. Certes doit-on se soustraire à un schéma explicatif, de causalité univoque, qui imputerait à la seule mère, dans les interactions précoces, le rôle pathogène, déterminant de la réaction dépressive. Mais l'intérêt clinique que signale la notion d'excitation est précisément celui de désigner, dans la dépression, ce qui relève d'une tentative pour échapper à l'emprise terrifiante par une mise en acte compulsive de l'angoisse. On sait que nombre d'états dits de « panique » sont en fait des dépressions « vraies ». Et c'est dans de telles conditions que le psychothérapeute est à même de se rendre compte – grâce, notamment, à la durée des séances et à leur régularité continue dans le temps – que les *échanges non verbaux*, les dispositions internes du langage sachant se régler sur le temps de la compréhension du patient, la réception sensorielle aux apparences du corps, le rôle de métaphores autochtones imaginant des « images » qualifient la présence clinique. Cette présence clinique accorde au vide dépressif le sens d'un espace potentiellement capable d'engendrer les échanges vitaux constitutifs de l'émergence du psychique. C'est à cette condition – où les modalités de contact sont prévalentes – que se *préfigure* ce qu'on appelle un *autre*.

Une « psychologie populaire » tendrait à accréditer aujourd'hui cette opinion que la clinique peut se régler sur des expressions communes et relativement simples d'« états mentaux » faits de croyances, de représentations et de sentiments dont il importerait peu, à la limite, de connaître la valeur symptomatique et encore moins l'étiologie singulière. Et transformer un état mental en un autre état mental deviendrait, dans ces conditions, l'objectif d'une pragmatique de la prescription pharmacologique, soucieuse de modifier le vécu subjectif et relationnel sans produire d'effets secondaires indésirables et sans altérer de la moindre façon le sentiment d'identité personnelle [14].

---

14. Voir *infra*, chapitre IX : « Une conjoncture sans précédent » et chapitre X : « Modernité de la dépression. »

La forme addictive que revêt la plainte du déprimé donnerait à penser qu'il s'agit d'une véritable *dépendance au psychique* – le psychique étant à la fois le motif de la plainte, son objet nourricier et ce qui, obsessionnellement, fait souffrir et doit être annihilé. La substitution d'un état mental (dépressif-obsessionnel) à un autre (une disposition auto-érotique au plaisir) est bien *pharmacologiquement* l'objectif pragmatique d'une prescription dont la clinique peut être, de la sorte, réduite. Dès lors, on pourrait espérer se dispenser d'une véritable connaissance neuropharmacologique sensible au psychotropisme de certaines molécules.

La révolution engagée par les nouvelles thérapeutiques chimiques en psychiatrie, et dont la dépression est incontestablement le point fort, devrait, non sans raison, inquiéter les psychanalystes et ébranler la conviction de leur doctrine, encore trop largement dominée par une théorie du lien. Comment la psychothérapie des états dépressifs pourrait-elle encore se justifier, si la molécule chimique dispose désormais non plus seulement d'une action sur le symptôme « cible » mais de cette intelligence du psychique ? Et Freud, après tout, n'avait-il pas déjà indiqué que le langage psychologique dont se servent les humains pour parler de ce qui se passe en eux et dont ils souffrent était de nature *métaphorique* : la chimie pourrait bien être l'avenir de la psychologie ? ! Dès lors que la dépression offre la particularité de prendre cette forme compulsive-obsessionnelle d'une *souffrance du psychique*, jusque dans ses retentissements d'épuisement corporel, y aurait-il contradiction théorique et pratique à penser, dans la psychanalyse, que, sous sa forme primitive, l'autoérotisme est l'activité d'un « centre du plaisir » qu'il est désormais pharmacologiquement possible de régénérer et stimuler de façon durable ?

Mais précisément, si la dépression a cette valeur d'*exemple*, il faudrait aller plus loin dans l'explication de celui-ci. Il faudrait alors repartir de l'expérience analytique de la pratique psychothérapique, afin de restituer à la dépression les significations principales attachées à ce qu'on désigne par « vie psychique ». Le *phénomène* dépressif tel que la psychothérapie le prend en compte est sans doute indicatif d'une angoisse de perte, mais on pourrait aussitôt avancer que la plainte qu'elle entraîne tend à protéger le patient contre toute attention trop réveillée qui ferait intrusion dans un sommeil sans rêve et entraînerait ainsi l'émergence trop intense du psychique sous la forme d'une *catastrophe hallucinatoire*. J'entends par catastrophe hallucinatoire ce surcroît d'excitations internes que l'appareil psychique ne saurait être en mesure de supporter.

Qu'est-ce à dire ? À la différence de Ferenczi, qui valorise une relaxation cathartique du patient déprimé, afin de donner à la vie psychique ses conditions d'*animation* dans la cure, Freud nous rappelle – tout près de la régression narcissique rêve-sommeil – qu'en un sens, le psychique admet, dans sa propre définition, une fonction d'autoconservation qui le protège contre les excitations trop intenses menaçant de l'intérieur l'individu. Cette autoconservation du psychique accorde à la dépression non seulement la valeur d'une protection de la vie psychique contre le risque de s'animer *hors du rêve,* mais aussi la fonction d'une indestructibilité du psychique.

La modélisation freudienne d'un « appareil psychique » est en étroite relation avec la théorie de la régression dans le rêve et elle offre une sorte de métaphore diagrammatique (spatiale) du *fossile* (temps pétrifié) qui conserve vivantes les traces d'une vie originaire dont il faudrait dire qu'elle ne doit s'animer que dans les conditions de sa réception adéquate. Et un pas de plus permettrait sans doute de penser que la modélisation de l'appareil psychique est congruente à celle de la situation analytique, et qu'elle est surtout la représentation formelle et dynamique de la capacité dépressive.

Ce que Freud évoque, c'est cette sorte d'expérience *a contrario* où l'animation hallucinatoire met en péril celui dont les formations imaginaires ont « poussé trop loin la ressemblance avec le vivant » (cf. E. Jentsch cité par Freud). La destruction et l'annihilation sont alors inéluctables pour celui dont la vie psychique n'est pas restée dans les limites d'un autoérotisme du rêve.

Ces quelques considérations métapsychologiques sont avancées ici pour rappeler d'abord la forme de l'intuition freudienne et ceci, jusque dans le concept technique de la cure psychanalytique. *La dépressivité appartient à la vie psychique*. Et le transfert, comme le rêve, permet de régler les conditions d'une situation où la *présence en personne* de l'analyste peut donner lieu à des processus d'une très forte intensité. La régression et l'hallucination négative ont pour fonction d'absentiser cette présence et de rendre la personne de l'analyste « transparente comme l'air ». L'attention flottante – dite « égale en suspens » – peut être assimilée à une disposition de réception adéquate, c'est-à-dire qui convient à l'intensité physique du psychique dans sa forme primitive hallucinatoire [15].

Certes le modèle imaginaire du maternel est-il appelé par cette référence au cadre et à la situation psychanalytiques. Mais la fiction théorique de ce modèle ne vaut ici que s'il permet de comprendre la fonction dévolue à *l'autre* dans l'autoérotisme. Et c'est précisément le transfert – formation par excellence de l'autoérotisme – qui assigne à l'autre cette valeur d'une « présence en personne » dont la sensibilité évite toute intrusion destructive par excès de manifestation de présence personnelle. L'intérêt que prend alors le terme d'« autoérotisme » – en relation avec la dépressivité –, c'est déjà ce qu'il comporte dans sa signification. Il s'agit bien d'une *érotique* – c'est-à-dire de la sexualité humaine à son origine et, ainsi, dans sa fonction hallucinatoire de fantasme [16]. Ainsi que l'avait noté Jean Laplanche, cette fonction hallucinatoire intervient dans le temps second de l'abandon de l'objet alimentaire d'autoconservation (le sein). Et si *autos* désigne ce lieu propre (le corps) d'engendrement du plaisir, l'érotique est le mouve-

15. Voir *infra*, chapitre VIII : « La psychothérapie dans la psychanalyse aujourd'hui. »

16. Voir *infra*, chapitre III : « Dépressivité du fantasme – Deuil et dépression. »

ment d'engendrement de ce lieu qui ne saurait être assimilé à l'organe. *Autoérotisme* signifie ainsi la capacité du fantasme de former et de transformer le « lieu » du plaisir qui, comme le dit Aristote, est de s'engendrer de lui-même par son propre mouvement. En ce sens, ce qu'on appelle « psychique » n'est autre que le fantasme dans sa nature d'autoérotisme hallucinatoire. Toute la notion de dépressivité comme échange, et formation par cet échange, se retrouve ici dans cette signification économique de l'hallucinatoire. On pourrait ajouter que l'autoérotisme du fantasme est la seule forme dans laquelle on peut penser la dépressivité.

Mais il convient surtout de ne pas méconnaître le rôle que joue dans l'émergence et l'engendrement de l'autoérotisme infantile *la modalité de présence de l'autre*. La corporéité autoérotique – telle qu'on l'observe chez le jeune enfant au niveau sensoriel, moteur et langagier – suppose une véritable « interaction » environnementale qui fait de cette modalité de présence un « foyer » de l'*autos*. Ce qu'ont apporté, de façon très décisive, les analystes de très jeunes enfants, c'est une description fine des fonctions de la dépression précoce, qui se traduit par des dépendances addictives au corps de la mère et par des détresses catastrophiques de séparation. Tout se passerait alors comme si – dans sa forme originaire – la dépression prenait cette forme d'une destruction de la capacité autoérotique et ainsi d'une menace d'annihilation. *La dépression vient annihiler la dépressivité*.

La clinique psychothérapique des états dépressifs ne peut se passer des distinctions en usage pour caractériser plus précisément les conditions d'apparition de la dépression. Cependant, ces distinctions sont de moindre pertinence au regard du *phénomène* en tant que tel et surtout des aspects techniques de l'approche analytique mise en œuvre. Ces aspects techniques se règlent sur les propositions métapsychologiques ici avancées, qui comportent cette conséquence importante qu'on ne saurait envisager une sorte de traitement psychothérapique spécialisé de la dépression. Un tel traitement serait un leurre, car il méconnaîtrait la nature de l'économie psychique de la dépression. En revanche, c'est sur une telle économie que toute psychothérapie doit se régler, comme si la dépression était la menace de toute manifestation du psychique.

La dépression offre cette particularité de pouvoir faire l'objet d'énoncés séméiologiques simples. Dans ces conditions, on comprend d'autant mieux que la psychopharmacologie clinique ait longtemps cherché à faire coïncider les propriétés d'un antidépresseur à la « *cible* » symptomatique de l'état *nommé* « dépression ». Et de l'efficacité ou de l'inefficacité de la prescription – surtout si plusieurs essais étaient effectués – on pouvait valider ou invalider le diagnostic de dépression. Mais la nomination diagnostique de la dépression ne comporte pas nécessairement la *dénomination* de l'état : ou, plus exactement, cette nomination d'ordre taxinomique ne procède pas de la *dénomination des affects* dont l'état dépressif est l'expression condensée.

Au cours d'une psychothérapie analytique, le patient acquiert progressivement la capacité *autonomique* de dénommer les affects généralement assourdis par l'état dont il se plaint : il découvre en quelque sorte que la parole auprès de l'analyste ne vise pas seulement à *exprimer* une souffrance psychique, mais surtout à lui permettre de *s'approprier* ce qu'il ressent, au travers des mots par lesquels il désigne le vécu de son état. Dans sa fonction cathartique – inévitablement transférentielle –, la parole est cet *acte* d'intériorisation de l'affect maintenu prisonnier de la plainte répétitive dont l'effet de massification psychique entre dans l'état dépressif. La dénomination des affects n'est pas autre chose que la découverte que les mots entraînent avec eux des tonalités et des résonances, dès lors que la parole leur restitue le pouvoir de nommer. Étroitement dépendant de la disposition d'attention accordée au patient, sensible à la distance intersubjective et aux variations temporelles de la *vie* psychique, ce processus de langage est essentiel à la compréhension clinique et déterminant de l'action psychothérapeutique dans la dépression.

La perception (préconsciente) par le psychothérapeute des mouvements inaperçus, parce que figés, de la vie psychique, la réception des variations temporelles affaiblies des représentations, la capacité d'éprouver les formes corporelles des symptômes, tout cela exige – on le sait – cette qualité de *tact* mise en valeur très tôt par Ferenczi en relation avec le *contact* auprès des patients déprimés. Pareille qualité – évoquée encore au titre de l'« élasticité » de la technique – est prompte à disparaître, fût-ce momentanément, à l'écoute quotidienne des patients. La mobilité psychique requise de l'analyste est cette mise en éveil toujours renouvelée des images et des mots. La résonance tonale des affects et leur métaphorisation contribuent à restituer au patient le langage de ce qu'il éprouve dans son état.

La dépression fait figure, ai-je dit, d'un exemple. C'est à ce titre que l'on peut tenir cet exemple pour *paradigme* mettant aujourd'hui à l'épreuve non pas tant la psychanalyse que sa pratique psychothérapeutique [17]. Selon son acception traditionnelle, le paradigme est moins un modèle théorique que l'« échantillon » d'expérience auquel une pratique est confrontée : l'imagination dont elle doit alors faire preuve ne tient pas à des prouesses techniciennes et, non plus, à des innovations d'artefacts, mais bien plutôt à sa ressource de transformation. Il s'agit en l'occurrence de savoir si le phénomène de la dépression tel que l'analyste vient à le connaître dans sa pratique quotidienne est de nature à produire chez lui une transformation. L'enjeu est d'importance, si on tient la clinique psychothérapique pour prototypique d'une attention continue sur une longue durée.

Alors que le dialogue est souvent impossible entre pratique psychopharmacologique et pratique psychanalytique, la clinique psychothérapique de la dépression offre certainement l'insigne avantage de chercher à comprendre comment une substance chimique peut ou non se *qualifier* de médicament dans le processus du « traitement

17. Voir *infra*, chapitre VIII : « La psychothérapie dans la psychanalyse aujourd'hui. »

psychique ». Mais il faudrait ici avoir l'audace de prétendre que la qualification médicamenteuse d'une molécule chimique dépend d'une parole transférentielle. En fait, c'est bien de cela qu'il s'agit ici ! Comment la parole a-t-elle le pouvoir de faire d'une substance un médicament ?

Disons, pour l'instant, que si la substance chimique dispose du pouvoir de changer un état déprimé en un état de bien-être, c'est précisément par la psychothérapie que passent la reconnaissance des affects éprouvés et l'espérance d'une subjectivité dans sa propre identité.

Depuis plusieurs décennies, de très nombreux auteurs (citons J. Guyotat, Lambert, É. Zarifian) ont mis en valeur la fonction décisive de la psychothérapie analytique, tandis qu'une pharmacothérapie se poursuit. De ces travaux, il ressort que l'efficacité médicamenteuse ne saurait être considérée comme une performance à part entière et qu'elle est largement dépendante de sa métaphorisation subjective.

CHAPITRE III

Dépressivité du fantasme. Deuil et dépression

Dans son texte intitulé « Notre rapport à la mort », Freud attribue au « conflit de sentiment, à la mort de personnes aimées et pourtant en même temps étrangères et haïes » une libération des hommes dans leur recherche. « De ce conflit de sentiment – ajoute-t-il – naquit en premier lieu la psychologie [1]. » Ce mot de « psychologie », assez inattendu dans ce contexte, est à comprendre dans ce sens où Freud dit ailleurs que la psychologie est le langage métaphorique dont se servent les humains pour parler d'eux-mêmes et de leurs maux. L'origine de ces maux – dont un jour peut-être la connaissance biologique et chimique livrera le secret – nous reste pour l'instant complètement inconnaissable. D'ailleurs, dans son texte sur *La Question de l'analyse profane*, la méthode psychanalytique est réénoncée comme exigence de s'en tenir aux seuls contenus psychologiques de la parole de séance, en se gardant bien d'inférer des causalités physiologiques ou organiques. En somme, l'autoperception que l'individu développe pour mieux avoir accès à sa propre vie psychique, et dans le but de traduire celle-ci en représentations et langage psychologique, n'est pas étrangère à l'expérience du deuil de l'être aimé et, d'une façon plus générale, de tous vécus de séparation ou d'abandon. Il faut le répéter, le *psychologique* serait donc cette métaphore que

1. S. Freud, « Notre rapport à la mort », *in* « Actuelles sur la guerre et la mort » (1915), *Œuvres complètes. Psychanalyse*, vol. XIII (1914-1915), Paris, Presses universitaires de France, 1994, p. 150.

se donne la vie psychique, défendant l'humain contre l'angoisse d'un anéantissement.

Ce même texte – « Notre rapport à la mort » – souligne encore de quelle façon l'homme s'engagea dans des compromis et « consentit que la mort fût pour lui aussi, mais lui contesta la signification d'un anéantissement de la vie, toutes choses dont la mort de l'ennemi ne lui avait pas fourni le moindre motif[2] ». Et Freud ajoute aussitôt : « Près du cadavre de la personne aimée il imagina les esprits, et sa conscience de culpabilité, relative à la satisfaction qui s'était mêlée au deuil, fit que ces esprits, une fois créés, devinrent de mauvais démons devant lesquels on ne pouvait que s'angoisser. *Les modifications dues à la mort l'amenèrent à décomposer l'individu en un corps et une âme – à l'origine plusieurs – ; ainsi donc ses pensées suivaient une démarche parallèle au procès de désagrégation déclenché par la mort*[3]. » La décomposition du cadavre est une représentation insupportable qui ouvre la voie à la mélancolie : la croyance animiste qui sépare l'âme et le corps confie à l'âme le pouvoir d'éviter la *pensée* de semblable décomposition et de conserver ainsi l'apparence de l'être aimé dans ce qui lui survit. C'est cette conservation du mort que le déprimé met en œuvre par sa tentative désespérée d'identification au tombeau. La croyance animiste inhérente au deuil effectue, par contre, la séparation de l'âme et du corps et accorde à l'âme du disparu la force d'animation du vivant. L'animisme du deuil est cette remarquable mise en mouvement de la vie psychique, dont la métaphore sauve contre le risque d'une immobilisation violente par l'état déprimé. Les jeunes enfants le savent : le deuil est mise en mouvement de l'inanimé.

Mais on peut aller plus avant, en soutenant que c'est de ce rapport à la mort de l'autre « aimé » que – d'un point de vue métapsychologique – procède la *fantasmatique* de la métaphore. Si la métaphore est littéralement une activité de transport et de transformation, le fantasme lui accorde

2. *Ibid.*, p. 150.
3. *Ibid.* (Ce dernier passage est souligné par moi.)

l'imagination de sa créativité. C'est pourquoi la capacité dépressive a besoin de cette vie fantasmatique qui se nourrit de l'absence de l'objet aimé. Dans l'état déprimé, la perte de la vie fantasmatique rend la pensée réalistement vide. Autrement dit, l'attribution d'une origine du fantasme aux échanges précoces avec la mère ne saurait faire négliger cette signification accordée au « psychique » en relation avec *la mort de l'autre aimé*. Faudrait-il supposer que les interactions mère-enfant ne sont jamais seulement « actuelles » : en quoi de telles interactions porteraient-elles dans leur gestes, dans la voix et le visage, la réminiscence des morts ? En quoi la maternité, si souvent assimilée à la vie, convoquerait le deuil et, en tout cas, la présence des morts ? Dans les cas d'infertilité « psychogène », il n'est pas rare de reconnaître une dépression de deuils non faits. Et la maternité – si fréquemment accompagnée d'états déprimés – ne saurait se comprendre sans un rapport de la vie à la mort. Le pouvoir de donner la vie est aussi le pouvoir de donner lieu à la mort et aux morts.

Dès lors comprend-on d'autant mieux la position freudienne, selon laquelle le traitement analytique procède de l'activité fantasmatique de l'analysant et de l'analyste. Cette fantasmatique correspond à ce qu'on a décrit dans les termes d'une adéquation métapsychologique de l'appareil psychique à la situation psychanalytique. On dirait plus simplement que la fantasmatique de la situation est réglée sur la dépressivité nécessaire à la liberté d'association et à l'attention « égale en suspens ».

Caractériser la *vie psychique* par la dépressivité revient donc à tenir celle-ci pour protectrice et pour régulatrice de son développement individuel. L'importance accordée par Freud à la constitution de la vie psychique, à l'origine de l'autoérotisme du fantasme, donne à penser que l'économie de protection et de régulation du « psychique » appartient à des *formations* imaginaires que le transfert a fonction et pouvoir de rendre vivantes [4].

---

4. Voir *supra,* chapitre II : « Un affect glaciaire et ses guérisons critiques. »

Évoquer ici le fantasme ou le fantasmatique nous replace au cœur de la situation psychanalytique, dont le dispositif offre ce paradoxe d'être *fait* pour parler et entendre, alors qu'il comporte une *optique*, c'est-à-dire une référence matérialisée à des places, des positions, un arrangement de l'espace fait de l'interaction des corps, jusque dans l'immobilité assise et allongée. La définition baroque de cette optique, qui renforce la fonction imaginaire, rend celle-ci explicite. On pourrait dire qu'elle approfondit et accroît le rôle du spéculaire, dans le rapport à la mort et au deuil. Il n'en reste pas moins que la situation psychanalytique – quels que soient les « aménagements » cliniques pouvant lui être apportés – se conçoit comme le champ d'une expérience dont l'analyste assure la plasticité chez les patients déprimés. C'est la découverte de cette plasticité ainsi que la reconnaissance de l'illusion qu'elle induit qui sont décisives pour l'accès à la dépressivité du fantasme.

La rhétorique de la peinture baroque a certainement su solliciter et évoquer ces « projections de formes hors d'elles-mêmes » (Jurgis Baltrušaitis) que sont les *anamorphoses*. Dans son traité sur *La Perspective curieuse ou magie artificielle des effets merveilleux*, Nicéron[5] parle de « *thaumaturgus opticus* », cette « perspective curieuse » porteuse de « magie artificielle des effets merveilleux » empruntant à la *force du psychique* le pouvoir de faire jouer – au service d'une véritable mise en scène de l'étrange – deux espaces en la continuité et l'identité d'un lieu. Les jardins et les espaces portuaires des visionnaires allemands et italiens (Kircher, Barcelli...) sont ainsi capables de devenir anthropomorphes. Et, dans l'espace restreint d'un tableau, songeons évidemment aux *Ambassadeurs* de Holbein. Dans la tradition des Vanités – véritable éloge de la folie –, la fameuse anamorphose du crâne condense en une forme déformée la vanité des apparences, mais aussi

5. Nicéron, *La Perspective curieuse ou magie artificielle des effets merveilleux*, Paris, Pierre Billaine, 1638, cité par Christine Buci-Glucksmann, *La folie du voir. De l'esthétique baroque*, Paris, Galilée, 1986.

la vanité de savoir du discours sur celles-ci. Cet objet anamorphique est étrange en ce qu'il occupe un premier plan suspendu et, par sa ressemblance avec un os de seiche, fait qu'il en est devenu un. Il est alors la matérialisation, en une substance inconnue, de l'inconnu de son regard. Serait-ce alors cela que l'on appelle *fantasme* ? Un fantôme de l'objet, disposant en lui-même de la méditation d'un regard de la mort. La mort aurait ce regard qui voit, mais qui ne livre rien d'autre que l'apparence insaisissable et fluctuante de ce qu'elle voit. Ainsi, le fantasme pourrait être le reflet de ce regard qui ne garde ni ne conserve rien et qui resterait pourtant aux prises avec du *rien*.

Ana-morphé : cette « remontée » de la forme à la forme ou encore cette manifestation de la forme, depuis son expression jusqu'à elle-même, produit très exactement la désignation de la forme en son propre miroir. L'anamorphose serait ainsi – dans l'optique du miroir et de son « regard depuis la mort » (Valéry) – la manifestation de ce qu'on peut appeler « fantasme », parce qu'apparence toujours éphémère et instable. L'anamorphose fait remonter la forme dans sa propre « préhistoire visuelle ». « Trompe-l'œil » – dirait-on alors – du fantasme ? Certes, mais à la condition d'accorder cette qualification à tout regard qui chercherait à voir le regard de Dieu ! C'est ainsi que la *Monadologie* de Leibniz imagine l'architecte-mathématicien qui est « tous les points de vue » et qui conçoit le rêve comme mise en scène mimétique de ces regards de Dieu (chez Gracián, « voir le voir »).

Rappelons que c'est ici que Lacan reconnaît, précisément dans l'anamorphose, la place signifiante et la fonction du fantasme. « Dans le rapport scopique – écrit-il – l'objet d'où dépend le fantasme auquel le sujet est appendu dans une vacillation essentielle, est le regard. Son privilège – et aussi bien ce pour quoi le sujet pendant si longtemps a pu se méconnaître comme étant dans cette dépendance – tient à sa structure même[6]. » C'est donc dans le chapitre VII

6. J. Lacan, *Les Quatre Concepts fondamentaux de la psychanalyse – Le Séminaire,* Livre XI (1964), Paris, Seuil, 1973, p. 78-79.

de ce livre – intitulé « L'anamorphose » – que Lacan tente d'imaginer que *le regard est envers de la conscience*. « Ce n'est pas pour rien que c'est à l'époque même où la méditation cartésienne inaugure dans sa pureté la fonction du sujet, que se développe cette dimension de l'optique que je distinguerai ici en l'appelant géométrale [7]. »

Puis, quelques lignes plus loin – avant d'en revenir aux *Ambassadeurs* de Holbein –, Lacan traite de la *déformation* comme d'une particularité *catoptrique* de la dimension géométrale de la vision de la perspective : « Comment se fait-il que personne n'ait jamais songé à y évoquer... l'effet d'une érection ? Imaginez un tatouage tracé sur l'organe ad hoc à l'état de repos, et prenant dans un autre état sa forme, si j'ose dire, développée [8]. »

« Tout cela nous manifeste qu'au cœur même de l'époque où se dessine le sujet [...] Holbein nous rend ici visible quelque chose qui n'est rien d'autre que le sujet comme néantisé [...] [9]. »

La référence au « doigt de gant » de « L'Homme aux loups » – pensée par Merleau-Ponty – dit suffisamment que le fantasme dans la situation analytique est, en quelque sorte, une *structure retournée*. L'« œil de la voyure » – comme Lacan l'appelle – c'est l'œil non vu du regard du fantasme. Comment penser le dispositif de la situation analytique – à la fois anamorphose de la régression dans le rêve et déformation hystérique des corps – sans songer évidemment que le fantasmatique est ce qui porte la néantisation du sujet ?

Il est dès lors parfaitement clair que Lacan privilégie alors le fantasme sur le symptôme – notamment dans la théorie de la situation analytique. Et cette prévalence du fantasme va rechercher cette fois chez Melanie Klein, plutôt que dans la peinture baroque, son inspiration proprement technique : « La tendance Melanie Klein [opposée à la tendance "Anna Freud"] met l'accent sur la fonction

7. *Ibid.*, p. 80.
8. *Ibid.*, p. 82.
9. *Ibid.*, p. 83.

d'objet de l'analyste dans la relation transférentielle. [...] C'est Melanie Klein la plus fidèle à la pensée et à la tradition freudiennes. [...] Je m'explique. *Si Melanie Klein a été amenée à faire fonctionner l'analyste, la présence analytique de l'analyste, l'intention de l'analyste, comme bon ou comme mauvais objet pour le sujet, c'est dans la mesure où elle pense la relation analytique comme dominée dès les premiers mots, les premiers pas, par les fantasmes inconscients. Nous y avons affaire tout de suite, et nous pouvons, je ne dis pas nous devons, les interpréter dès le départ* » (souligné par moi). Outre que la situation analytique est dite, en quelque sorte, structurée comme du fantasme, c'est à la dépressivité de celui-ci que l'on doit ce contact avec le matériau psychique. La « position dépressive » kleinienne signifie précisément cette émergence du vivant au travers des demandes de la communication humaine.

En 1961, Lacan reconnaît que l'œuvre théorique et technique de Melanie Klein – quels que soient ses défauts d'articulation – nous impose de prendre cette vraie mesure d'une pénétration dans la fantasmatique du patient, dès qu'il ouvre la bouche (et donc avant qu'il ne l'ouvre !). Le transfert est là d'ailleurs pour nous en imprégner et pour nous faire subir les déformations nécessaires à l'interprétation que nous en ferons. Si Lacan voit tout l'intérêt de ce recours à la théorie kleinienne du fantasme, c'est sans doute grâce à cette imagination corporelle du signe qui assure à l'interprétation l'efficience d'une image spéculaire. Lacan voit dans la contribution clinique kleinienne un accomplissement de cette préthéorie du fantasme avancée dans « Le stade du miroir » (« paradigme de la définition proprement imaginaire qui se donne de la métonymie : la partie pour le tout »)[10].

---

10. L'archaïsme des « images du corps morcelé » renvoie certes à la position paranoïde. Mais l'accès à cette position n'est possible qu'en raison de la mobilisation dépressive de la vie psychique. Car il s'agit peut-être moins d'opposer phase dépressive et phase schizo-paranoïde, que de comprendre en quoi la force du fantasmatique est ici produite par la perte de l'objet et la formation dépressive de la vie psychique.

On ne cherchera pas à évaluer ici l'importance de l'influence de Melanie Klein sur la pensée de Lacan [11]. Dès 1938, dans son texte sur « Les complexes familiaux dans la formation de l'individu », Lacan a besoin de faire appel à cette idée de forme/déformation pour penser le fantasme aussi près que possible d'une réalité psychique que seule l'analyse pourrait percevoir et qui permettrait d'avoir vue sur l'évolution biologique.

L'efficacité psychanalytique ne tient-elle pas d'abord à cette réception de l'imaginaire de la parole ? Et c'est la dépressivité inhérente à cet imaginaire qui assure une stabilité entre association libre et attention flottante. C'est, en somme, une dépressivité idéale, commune à l'analyste et à l'analysant. La dépressivité inhérente à la situation analytique tend précisément – comme l'avait vu Ferenczi – à redonner les résonances et les tonalités de ce qui se nomme *vie*.

Quelle que soit la réalité supposée – voire même confirmée par l'observation – d'un fait extérieur ou d'un événement raconté par le patient dans la séance d'analyse, il faut éviter d'en intentionnaliser le contenu, sinon serait aussitôt disqualifiée cette attention qui n'est autre qu'une attention hypnoïde accordant à la parole cette qualité de donner corps à l'événement vécu, sans même qu'il soit dit que son récit le fait reconnaître au seul nom de la véracité extérieure.

Si le fantasmatique était appelé au nom d'un déni de la réalité, il est vrai que serait de la sorte reproduite la violence exercée, selon Ferenczi, par l'adulte sur l'enfant, soit une menace de mise à mort : Ferenczi indique que le fantasme est alors sollicité, afin que la parole se « suggestionne » elle-même et puisse croire en un rêve de son corps et non pas à ce que les yeux ont vu. Loin de constituer la forme d'une représentation imaginaire ayant un contenu analogue à celui de la réalité, le fantasme a ainsi cette

11. C'est là l'objet d'un travail en cours de Marie-Claude Thomas (Laboratoire de psychopathologie fondamentale et psychanalyse, université Paris 7-Denis-Diderot).

valeur d'*événementialité corporelle du psychique* – insaisissable hors de sa rhétorique de « fantasme originaire » – et *faisant appel à la vue comme interdit de l'entendu*. La vue n'est-elle pas créditée d'une sorte d'assurance de vécu ? Autrement dit, ce dont j'aurais ici à rendre compte, c'est de la fonction symptomatique prise par une « visualité » de la chose fantasmatique, en étroite et secrète relation avec ce que cette chose contient comme « entendu ».

Là encore, faut-il indiquer que la visualité de la chose fantasmatique a ceci de particulier qu'elle procède d'une tentative de restitution de ce qui est perdu ? *Entendre* équivaut à une perte : ce qui est ainsi lâché ne peut pas revenir. La dépressivité est là, dans ce qu'elle a d'essentiel, pour autant qu'elle induit une restitution fantasmatique de l'objet perdu.

Certes, pour Daniel Lagache, la question se reconduit par une opposition entre ce qu'on dirait une *réalité de l'expérience vécue de l'événement* (le geste sexuel de l'adulte sur le corps de l'enfant) et *l'événementialité corporelle du psychique* (« l'événement psychique » en tant qu'il est associé aux zones érogènes). Inhérente à la parole en séance, cette événementialité ne serait pas objectivable dans le contenu d'une représentation. Et elle devrait encore moins se refermer sur l'énoncé du produit psychique que l'on appelle habituellement un « fantasme ». La plasticité du symptôme devrait ici valoir pour garantie que le fantasme ne glisse pas vers le symbole et encore moins vers le contenu d'une interprétation symbolique.

La primauté accordée au fantasmatique ne va pas, bien évidemment, à l'encontre de cette croyance en *l'expérience vécue dans la réalité*. Elle ne va pas non plus à l'encontre d'un *croire* à ce que le patient exprime. Seulement, ce qui vient à se parler dans la séance d'analyse obéit à cette seule exigence de *la distinction entre le vécu et l'entendu*. Dans le « manuscrit M », adjoint à la lettre à Fliess n° 63, Freud tient pour fantasmes ce que sont ces combinaisons inconscientes de choses vécues et entendues : « Les fantasmes se produisent par une combinaison inconsciente de choses vécues et de choses entendues [*erlebnissen und gehörten*], suivant certaines tendances. Ces tendances [*tendenzen*] visent à rendre inaccessibles les souvenirs qui ont pu ou pourraient donner naissance aux symptômes. Les fantasmes se forment par un processus de fusion et de déformation analogue à la décomposition d'un corps chimique combiné à un autre. Le premier genre de déformation consiste en une falsification du souvenir par fragmentation, ce qui implique un mépris des rapports chronologiques (les corrections chronologiques semblent précisément dépendre de l'activité du système conscient). Un fragment de la scène vue se trouve ainsi relié à un fragment de la scène entendue pour former un fantasme, tandis que le fragment non utilisé entre dans une autre combinaison. Ce processus rend impossible la découverte de la connexion originelle. La formation de fantasmes de cet ordre (en périodes d'excitation) aboutit à une cessation du symptôme mnémonique [*Erinnerungssymptom*]. En revanche, il y a alors production de fabulations inconscientes qui ont échappé à la défense [12]. »

On pourrait donc considérer que le *vu* inhérent au fantasme est, en quelque sorte, « fait » pour rendre inaccessible le souvenir de la scène vécue et ainsi pour détourner l'attention de la mémoire. Le reste – qui est un *entendu* – va ensuite chercher à se donner le visuel pour constituer une *formation de fantasme (Phantasiebildung)* : le fantasme peut alors être pensé – en relation avec le rêve et avec le symptôme hystérique – comme imposant sa visualité, afin de préserver dans la parole ce qui relève de l'entendu et protège le vécu de la scène contre toute remémoration.

La distinction entre choses vécues et choses entendues se retrouve chez Freud dans d'autres textes. À propos de l'hystérie, il écrit, dans la lettre n° 61 : « Tout montre qu'il s'agit de la reproduction de certaines scènes auxquelles il est parfois possible d'accéder directement et d'autres fois seulement en passant par des fantasmes interposés. Ces derniers émanent de choses *entendues* mais *comprises bien*

12. S. Freud, *La Naissance de la psychanalyse*, Paris, Presses universitaires de France, 1986, p. 180-181.

plus tard seulement. Tous les matériaux sont naturellement réels. Ils représentent des constructions protectrices, des sublimations, des enjolivements de faits servant, en même temps, de justification [13]. » Et dans le « manuscrit L », où il est question de savoir si le même fantasme peut avoir plusieurs « versions » et si les fantasmes, différents dans leur contenu et dans leur forme, se rapportent ou non aux mêmes faits originaux : « Il est possible de prendre connaissance des voies, des époques et des matériaux ayant contribué à la formation des fantasmes [*Phantasiebildung*]. Le processus rappelle beaucoup celui de l'élaboration des rêves, sauf qu'il ne s'y présente aucune régression mais seulement *une progression dans la représentation* [14]. » Dans le texte sur « L'inconscient », s'agissant du refoulement, il est rappelé que toute interprétation qui ne respecterait pas la « trace acoustique » de la représentation n'aurait aucun effet sur le refoulement lui-même, tandis que le souvenir du vécu peut être devenu complètement conscient. « Par là, il semblerait s'avérer, à un examen superficiel, que des représentations consciente et inconsciente sont des inscriptions, différentes et topiquement séparées, d'un même contenu. Mais la moindre réflexion montre que l'identité du souvenir communiqué et du souvenir refoulé du patient n'est qu'apparente [15]. » Et Freud ajoute : « *Avoir entendu et avoir vécu sont deux choses de nature psychologique tout à fait différente, même si elles ont un contenu identique* [16]. » *Avoir vécu* et *avoir entendu* : certes, la réflexion de Freud n'explore pas ici la fonction de la situation analytique. On sait précisément que, souvent, le discours dépressif comporte cette aptitude du sujet à se donner les mots des événements vécus. Mais si la connaissance ne lève pas pour autant le refoulement, l'autoanalyse dépressive ne supprime pas non plus la dépression. *C'est d'un autre* – l'ana-

13. *Ibid.*, p. 173.
14. *Ibid.*, p. 176.
15. S. Freud, « L'inconscient » (1915), *in Métapsychologie*, Paris, Gallimard, 1968, p. 80.
16. *Ibid.*, p. 80-81. Souligné par moi.

lyste – *que peut s'entendre ce que le sujet prononce*. L'éclairement du sens ne peut venir que de là : entendre de l'autre ce qui a été entendu *tout seul*. On devrait alors ajouter que la chute dans la dépression et l'enfermement en celle-ci caractérisent une toute-puissance du « être tout seul ». C'est la restitution par *l'autre* de *l'entendu* qui accorde une dépressivité à la vie psychique – ce mouvement interne de présence-absence. Le secours de l'autre porte l'aide, mais il apporte aussi l'absence.

Ainsi que l'argumente Robert Pujol dans sa contribution de 1964 sur l'« Approche théorique du fantasme [17] », « c'est du fragment sonore incompris dont le fantasme s'alimente ». Et juste à la suite : « C'est de cette perte primitive que naissent les premiers phénomènes psychiques et c'est autour de ce *vide* que gravite l'inconscient. » On l'a répété à souhait : *l'objet perdu ne peut pas être retrouvé*. Il est alors suffisamment indicatif que le fantasme – *qui n'a pas de substance et qui ne dispose d'aucune consistance* – est, dans sa nature hallucinatoire, la sexualité *in statu nascendi*. On sait que l'autoérotique du fantasme signifie l'émergence de la sexualité par détachement de l'objet alimentaire de l'autoconservation. « L'objet à retrouver – écrit Laplanche – n'est pas l'objet perdu mais son substitut par déplacement. L'objet perdu c'est l'objet d'autoconservation, c'est l'objet de la faim, et l'objet que l'on cherche à retrouver dans la sexualité est un objet déplacé par rapport à ce premier objet [18]. » C'est dire que le fantasme serait marqué dans son origine – disons dans sa *création* – par cette *incapacité de conserver un objet vécu* : il serait voué à subsister par lui-même et de lui-même, mais aussi à se consumer d'un plaisir pris sur place. Mieux que le symptôme, le fantasme serait donc l'aspect par lequel l'individuation psychique a lieu. La *pureté sexuelle du fantasme* – la sexualité non dévoyée par sa fonction reproductrice, dit

17. R. Pujol, « Approche théorique du fantasme », *in La Psychanalyse*, n° 8, 1964.

18. J. Laplanche, *Vie et mort en psychanalyse* (1970), Paris, Flammarion, 1989, p. 35.

Pierre Klossowski – émane de l'autoérotique et elle décide de la *visualité* de ce qui s'entend depuis la parole. Ici, *le point de vue du fantasme* est celui qui possède une *matérialité psychique*, et le propre de cette matérialité est de disposer de la matière de la vue. Ainsi, la « fantaisie » sadienne donne chair, forme et orifices à des corps dont la substance n'est autre que celle des pensées.

On pourrait momentanément s'en tenir là. *Là*, c'est-à-dire : *à l'origine du transfert*. De la sorte, il pourrait être signifié que la « présence en personne » – « transparente comme l'air » – est *faite* pour que s'exerce l'hallucination négative – cette disposition psychique à faire disparaître – sans laquelle aucune fantasmatique ne serait possible [19]. En somme, l'hallucination négative créerait la condition de possibilité de l'activité fantasmatique et restituerait – grâce à cet « autre » – les conditions favorables de la capacité dépressive.

Daniel Lagache n'avait pas méconnu cette double articulation entre dimension fantasmatique du transfert et production de fantaisies en raison de la dynamique de cette dimension. Parmi les *Propositions* qu'il avance dans son rapport sur « Fantaisie, Réalité, Vérité [20] », on retiendra ici celles qu'il consacre à la capacité de l'appareil psychique de « viser ce qui est perdu ou inaccessible » (*Proposition X*), à « la représentation de la réalité [...] infiltrée par la fantaisie » (*Proposition XII*) et surtout à cette « triade fantaisie-réalité-vérité » qui « est le fondement de l'expérience psychanalytique » (*Proposition XIV*). Cette dernière *Proposition* rappelle d'abord ce point de vue jugé insuffisant, selon lequel l'analyste est « le représentant de la réalité », alors que « le psychanalysé est le représentant de la fantaisie ». Lagache écrit notamment : « L'action déréalisante de l'aménagement de la cure n'a pas échappé à Freud qui a comparé l'analyse à l'hypnose. L'analyste est présent

---

19. Voir *infra*, chapitre VIII : « La psychothérapie dans la psychanalyse aujourd'hui. »

20. D. Lagache, « Fantaisie, Réalité, Vérité », *in La Psychanalyse*, n° 8, 1964. Rapport présenté lors du XXIIIe Congrès international de psychanalyse (Stockholm, 1963).

mais dans le silence et le mystère. La règle fondamentale incite à déraisonner, à laisser parler la fantaisie[21]. » Il note que dans sa parole, l'analyste tend à « se cramponner » au réel et que « la névrose de transfert actualise dans le champ psychanalytique le conflit inconscient, c'est-à-dire les sollicitations et les retenues fantasmatiques issues des structures de l'inconscient[22] ». Et : « La *"présence réelle"* du psychanalyste est la présence d'un *"homme sans qualités"*. Valeur plus que connaissance, idée confuse et non idée claire et distincte, elle sollicite la fantaisie, l'idéalisation, les idées persécutives et sado-masochiques. La règle d'abstinence, la non-réponse à la demande font du psychanalyste le représentant d'une réalité fantasmée comme antidésir, à moins que, pour préserver son idéalisation, le patient ne le fantasme comme un esclave soumis aux exigences de la Loi et de la technique[23]. » Lagache ajoute encore « L'aliénation du psychanalyste dans son rôle, ses préjugés théoriques et techniques, son transfert et son contre-transfert, l'excès de confiance dans ses interprétations font de lui l'agent de sa propre fantaisie[24]. » La fonction dite « heuristique » de « la fantaisie de l'analyste » se jouerait notamment dans l'imagination des interprétations et des constructions. Il est vrai que Daniel Lagache – préoccupé comme il est de renforcer en retour la fonction d'un dialogue d'inconscient à inconscient ou de personne à personne – affaiblit la force de son intuition de la *déréalisation* constitutive de la *situation psychanalytique*. Les propos ici rapportés vont pourtant dans le sens de cet *humain informe du fantasme* – rendu possible par ce *deux* ou cet *entre-deux* si particulier, produit par l'hallucination négative (absentisation de la présence)[25]. Il est, en effet,

21. *Ibid.*, p. 7.
22. *Ibid.*
23. *Ibid.*
24. *Ibid.*
25. Entre-deux dont on pourrait dire qu'il est corrélatif de ce que Louis Marin appelait un « espace transformé pour la vue des figures » (*Séminaire*, 1988).

très remarquable que la plasticité créatrice du fantasme ne tienne pas tant à la transformation des formes de sa représentation, mais tienne bien plutôt aux capacités d'inversion qu'il contient (passif/actif, sous les formes de conjugaison connues : voir/être vu, manger/être mangé...). On n'a, sans doute, pas assez souligné que la découverte de la capacité dépressive – et donc créatrice – de la fantasmatique transférentielle est la découverte des mouvements. Alors que l'état déprimé signifie ce figement dans la masse, la capacité dépressive ne s'entend que comme mobilité.

Car *la problématique spécifiquement psychanalytique qui m'occupe ici consiste à ne pas laisser se réfugier le fantasmatique dans un surréalisme de la situation et ne pas voir s'infléchir dans une intersubjectivité la communication entre analyste et analysant*. On sait même que, dans le premier cas, le tout-fantasmatique conduit à ne plus rien pouvoir interpréter et à induire cette collusion entre séance d'analyse et fantasme/délire/rêve dans un imaginaire du transfert. Dans le second cas, la conscience de l'action et de l'interaction dans la communication intersubjective défait jusqu'à l'idée de situation psychanalytique et ôte toute dimension fantasmatique coextensive de celle-ci. On devrait même ajouter que, aujourd'hui, l'évacuation de la dimension fantasmatique de la cure analytique ou de la psychothérapie se produit inévitablement à la faveur d'une survalorisation de la communication intersubjective – laquelle est pourtant rompue par l'hallucination négative de la régression et du transfert. On peut donc prétendre que la survalorisation de l'intersubjectivité, ainsi comprise, renforce la conscience mélancolique du déprimé – cela, d'autant que le déprimé souffre du sentiment d'appauvrissement intérieur et d'échec dans sa tentative de communiquer. La restitution par la situation analytique de l'échange fantasmatique accorde, à l'inverse, une chance et une espérance à la subjectivité.

Ma problématique est donc ici très précisément celle qui concerne *l'optique du fantasme* : non seulement dans quelle optique peut-on envisager la fonction technique et théorétique du fantasme dans la cure analytique, mais – *du fait de la construction de la situation psychanalytique – quelle théorie optique constitue le fantasme permettant de construire et d'interpréter à partir de la parole du patient ?* On devrait ici s'interroger sur *la fonction du fantasme dans la construction de la situation psychanalytique, de telle sorte que l'écoute/l'interprétation s'effectuent comme une activité métapsychologique* (« fantasmer métapsychologiquement ») *qui implicite l'image comme style.*

On devine aisément que la critique formulée par Lagache à l'adresse de Melanie Klein – à savoir une sorte de substantialisation du fantasme au service de l'imagination du symptôme et de la parole active de l'interprétation – devait pouvoir, en un sens, viser aussi Lacan jusque dans l'élaboration de sa théorie de l'objet a. Et s'il revenait à Lacan le mérite d'avoir vu – jusque dans la représentation « baroque » de la situation analytique – l'invention du fantasme (l'essentiel autoérotisme de la *vie* psychique, soit encore la création hallucinatoire de la sexualité) soutenant une expérience de la mort de l'autre, c'est dire alors que tout semble ici se jouer dans la cure entre l'accès du patient à la capacité dépressive du deuil et l'anéantissement mélancolique.

La constitution d'une théorie du fantasme – et donc d'une théorie de la sexualité – est inséparable d'une représentation de la *dépressivité du psychique* : on ne saurait mettre à l'écart semblable représentation inhérente à l'instauration de la pratique psychanalytique et on ne peut négliger la proposition freudienne faisant du fantasme la seule sexualité que le psychique est en mesure de contenir et, sans doute, de supporter.

C'est peu de temps après la mort de son père, survenue en octobre 1896, que Freud commence à rechercher et à collectionner des antiquités, principalement sous forme de petites sculptures issues de civilisations méditerranéennes (Égypte, Chypre, Pompéi, Grèce, Rome). Cet intérêt archéologique est bien connu et il se confirmera tout au cours de sa vie. On sait qu'il y puisera notamment l'imagination de la métaphore (« la technique de défouissement d'une ville ensevelie » ou encore « la croissance de la ville éternelle » qui illustre « le problème général de la conservation dans la sphère psychique »). L'archéologie accorde ainsi une sorte d'*exemplarité culturelle* des productions individuelles (symptômes, rêves et fantasmes) recueillies à l'écoute de ses patients. Et une telle exemplarité est celle de la mémoire (modèle de l'hystérie) d'un passé enseveli, mais aussi de la mort dans la fonction subjective pour la vie. Ainsi, la communication (du) psychique acquiert sa pleine subjectivité humaine en trouvant sa plasticité figurale et son écho sémantique dans ses objets exhumés par l'archéologue et savamment étudiés par les historiens.

Que la mort de son père ait joué un rôle décisif dans cette intériorisation psychique des objets culturels de la mémoire, cela ne fait aucun doute [26]. Et, de même, il est certain que pareille intériorisation de ces objets – au demeurant assez remarquables [27] – prend en charge la vie des fantasmes personnels et leur confère une écriture psychique à vocation métapsychologique. Cette hypothèse renforce l'idée que *le deuil du père accroît chez Freud l'intensité de la vie psychique et appelle une forme mnésique particulière de conservation*. La mort du père ne porte-t-elle pas pour le fils la culpabilité primitive ? Et ne place-t-elle pas le fils dans *cette* situation d'être désormais exposé à la mort et de devoir alors découvrir sa propre vie psychique au regard de celle-ci ? Dans ces conditions, conserver la vie, ce serait renforcer son intériorité psychique au prix d'une expérience de deuil interminable finissant par se confondre avec le psychique lui-même. Autrement dit, c'est le mort (ici le père) qui instaure la mémoire et ainsi protège la vie, pour autant que le vivant lui reconnaisse une sépulture.

Dans sa *Correspondance avec Wilhelm Fliess*, Freud écrit, en novembre 1896, combien la mort de son père l'a profon-

---

26. Cf. D. Anzieu, *L'Autoanalyse de Freud et la découverte de la psychanalyse*, Paris, Presses universitaires de France, 1959.

27. Cf. L. Gamwell et R. Wells (éd.), *Sigmund Freud and Art – His Personal Collection of Antiquities*, Londres, Thames and Hudson, 1989.

dément affecté : « Il se survivait depuis longtemps, mais, du fait de la mort, tout le passé ressurgit. » *Faire son devoir envers les morts* est la tâche qui revient aux survivants grâce à la culpabilité. Mais n'est-ce pas aussi ce que le deuil entreprend, au moyen du rêve qui accueille le retour des morts et leur donne la sépulture qu'ils réclament ? C'est dans cette même lettre à Fliess qu'est mentionnée *l'inscription en rêve* – « On est prié de fermer les yeux » – la nuit qui a suivi l'enterrement. L'*événement* de la mort du père conduira à concevoir *L'Interprétation des rêves* comme une extension et un approfondissement du travail de deuil. Entendons clairement que l'*interprétation* – en tant qu'elle se forme en mots sur incitation du rêve et de son matériau psychique – ne prend sa pleine signification théorique et pratique que de la fonction qu'y jouent la mort et les morts. De ce point de vue, la recherche et l'accumulation par Freud de pièces antiques exhumées du sol des civilisations ressemblent à une sorte de « délire de mort » *(Todeswahn)* qui assigne aux figures de tenir lieu de *gardiens du tombeau*. C'est donc à cette condition que le mort peut ainsi préserver la vie psychique, afin que soit évitée la disparition dans la dépression. À la mort de son père, Freud se surprit à penser qu'il était mort à sa propre place. L'identification du fils au père mort est non seulement le moule de la mobilité des identifications, elle est aussi constitutive de la modalité dépressive de la vie psychique. Et de plus, *mourir à la place du père, c'est produire la croyance de pouvoir être devenu le tombeau du père.* L'intériorisation de la mémoire du père mort est une dimension primordiale de la subjectivité dépressive, ainsi que de la créativité.

Dans une étude consacrée au cabinet de Freud, Diana Fuss et Joel Sanders en ont soigneusement exploré la configuration spatiale et son aménagement, afin de « donner un cadre pour notre compréhension de la théorie et de la pratique psychanalytiques [28] ». Très explicitement,

28. D. Fuss et J. Sanders, « Home work » (essay) ; Work by John Lindell, *in* J. Sanders (éd.), *Stud, Architectures of Masculinity*, New York, Princeton Architectural Press, 1996.

ils mettent en évidence l'organisation du cabinet en un véritable « tombeau » : « la localisation de la scène analytique » est « à l'intérieur des murs d'une crypte ». Se réglant sur la série de photographies du cabinet de Freud prises par Edmund Engelman [29], ainsi que sur des témoignages produits par ceux qui avaient fréquenté Freud, les auteurs soulignent que la surdétermination des lieux est marquée par la perte, l'absence, la mémoire, le deuil, la mélancolie. Les auteurs désignent ainsi leur projet : « Comment la configuration spatiale du cabinet de Freud et de son aménagement interne avec ses objets à l'intérieur peut donner un cadre pour notre compréhension de la théorie et de la pratique psychanalytiques ? Et en quoi une étude architecturale de Berggasse 19 nous parle de plaisir de la vision, de pouvoir, de genre et de transfert qui structurent la scène analytique [30] ? »

L'étude architecturale des lieux de Berggasse 19 doit permettre, selon Fuss et Sanders, d'« explorer le rôle de la vision dans un espace tridimensionnel et d'examiner comment l'architecture organise l'interaction physique et visuelle des corps dans leur station immobile comme dans leurs déplacements [31] ». Architecture et psychanalyse sont conjointement sollicitées pour restituer intacte – grâce à une « lecture des lieux » – la *vie optique* de la consultation psychanalytique dans son œuvre freudienne. L'image (photographique) est singulièrement renforcée par l'absence, dont le rôle est de recréer transférentiellement le fantasme de l'espace freudien. Donc non seulement on est en présence du lieu de travail et de vie de Freud, organisé comme un tombeau intime, mais aussi de la photographie de ce lieu, peu avant l'exil, et du projet de faire appel à des clichés, dans le cas probable où devrait être envisagée une reconstitution à l'identique.

---

29. E. Engelman, *La Maison de Freud, Berggasse 19, Vienne*, Paris, Seuil, 1979.

30. D. Fuss et J. Sanders, « Home work », art. cité, p. 112 (ma traduction).

31. *Ibid.*, p. 113.

On retiendra ici seulement quelques lignes de force majeures de ce travail portant sur les photographies d'Edmund Engelman :

1° – Tout d'abord, la rue quasi déserte isole paradoxalement l'*intérieur*. Un tel isolement accentue toute l'ambiguïté de la contiguïté entre deux intérieurs – l'intérieur privé (domestique) et l'intérieur professionnel du cabinet proprement dit. *Le fantasme, si présent dans les rêves, d'être reçu chez l'analyste et d'appartenir à son cercle privé de la famille et des amis est le fantasme voyeuriste/exhibitionniste de la consultation*. À cet égard, on peut considérer que cette pré-détermination sexuelle du fantasme – s'organisant dans la sphère du corps propre – majore la fonction optique. On pourrait tenir pour anecdotiques les événements transférentiels restitués par les rêves et les fantaisies diurnes : l'ambiguïté de l'espace privé est ici maximale.

2° – Cette ambiguïté du lieu freudien n'est pas simple à analyser. Non seulement la rue – espace de la rencontre et de l'accident d'une psychopathologie de la vie quotidienne – est quasi déserte dans l'atmosphère d'un quartier juif, mais la localisation de Berggasse en fait le centre de l'occupation allemande. Pour les Juifs de Vienne, qui ont commencé à quitter le quartier à risques, l'*occupation* signifie l'incarcération, la déportation, l'exil. Engelman transporte les codes et conventions de la photographie de rue à l'intérieur de Berggasse. Le procédé du photographe est tout à fait surprenant. La vue de l'extérieur devient celle de l'intérieur. Au bout du corridor d'entrée, des portes vitrées comportent ce motif opaque de figures antiques de femmes. Ces portes symétriques semi-transparentes entraînent à un motif récurrent qui se déplace progressivement. Intérêt porté à ces fenêtres d'intérieur qui regardent non pas l'extérieur, mais – éclairées de l'intérieur –, garnies d'un rideau intérieur, laisseraient deviner par les ombres indistinctes la vie privée. « Pour Freud – écrivent D. Fuss et J. Sanders – l'espace intérieur du cabinet et l'espace extérieur de la rue étaient des extensions [en quelque sorte d'illusion] l'un de l'autre : tous deux et ensemble, ils étaient des lieux de mouvement [...]. [Ils] constituaient la source première du matériel des pensées intérieures que les patients apportaient à leur séance d'analyse[32]. » Cela revient, sans doute, à dire que *l'illusion de la situation psychanalytique* permet d'opérer cet extraordinaire « travelling » de la rue à la scène de la séance d'analyse. Autrement dit, l'angle de vue se trouve intériorisé dans la parole qui raconte des anecdotes. Quoi qu'il se passe dans la rue dont Freud peut avoir été témoin oculaire direct, c'est ce qui vient à se raconter sur le divan qui constitue la fantasmatique de ces anecdotes et, finalement, l'anecdote du récit dans sa teneur fantasmatique. L'anecdotique est la forme narrative que se donnent les événements du quotidien. Dans l'analyse, ces anecdotes parlées deviennent des points d'observation, tandis qu'ils entraînent aux idées insolites de la pensée associative. Certes, ce n'est pas tant le cadre mobilier et architectural qui détermine le fantasme, mais c'est pourtant l'*intérieur* du cabinet de Freud qui structure le champ optique du fantasme.

3° – À l'intérieur du cabinet de consultation et de la pièce attenante d'étude, Engelman a su restituer cet assemblage apparemment hétéroclite et pourtant savamment organisé d'objets et de pièces de toutes sortes (divan, fauteuils, livres, dessins, photographies, peintures, lampes et figurines antiques). En ce lieu, Freud peut disposer, sur un espace extrêmement restreint, de sa collection complète, que l'on sait considérable, acquise jour après jour auprès des antiquaires. La photographie d'Engelman nous restitue les objets sous vitrines – tels dans un musée ou dans une riche maison de collectionneur : non seulement Freud a à sa disposition toutes ses pièces de collection, mais il semble les avoir rangées dans l'espace, de telle sorte qu'on les voie sans les toucher et que cet arrangement de statuettes corresponde à une nécessité essentielle à la représentation mythologique du fantasme psychique. Or, cette représentation mythologique qui, dans les diverses figurines, approfondit l'intériorité de la mort, règle le régime

32. *Ibid.*, p. 115.

des fantasmes produits chez l'analyste à l'écoute de la parole du patient. On pourrait donc affirmer que c'est le référentiel de la culture qui accorde dépressivité aux expressions trop violentes des phénomènes de la cure. Ce que je désigne comme dépressivité du fantasme – en relation avec le deuil – s'entend non pas simplement comme une caractéristique psychologique du contenu et de la forme du fantasme, mais comme l'effet nécessaire d'un refoulement et d'une sublimation qui appartiennent à la *valeur de la communauté*. Autrement dit, il ne serait pas concevable pour l'appareil psychique de supporter l'intensité hallucinatoire des rêves, des fantasmes et du transfert sans cette mise en circulation dans la communauté de la langue et de la culture. Ce qu'on pourrait traduire encore d'une autre façon : l'*écriture* de la vie psychique, qui est à l'œuvre dans la séance d'analyse, suppose la mise à disposition de la langue (ou des langues) qui sont une adresse aux autres.

4° – Diana Fuss et Joel Sanders vont jusqu'à affirmer que « *la localisation de la scène analytique* » est « *à l'intérieur des murs d'une crypte* [33] ». L'hypothèse est audacieuse, mais mérite d'être mentionnée : les patients qui arrivent chez Freud « *pénètrent dans un espace surdéterminé* ». La séance a lieu « dans le théâtre externe » de l'espace psychique de Freud. Et à l'appui de cette thèse, les auteurs rappellent que le premier cabinet de Freud était situé à l'emplacement du Ring Theater qui avait brûlé dans un incendie spectaculaire, en 1881, faisant six cents morts. C'est dans l'immeuble érigé à la mémoire des victimes (une partie des loyers devant aider les orphelins) que le premier cabinet de Freud fut donc installé. Associer la pratique freudienne au deuil et à l'œuvre de reconstruction devrait cependant nous intéresser ici pour d'autres raisons que celles défendues par les auteurs cités. En effet, ce qui nous occupe, c'est plutôt la condition dépressive de la naissance du fantasme, soit la nécessité de considérer cette problématique autrement que

33. *Ibid.*, p. 119 (souligné par moi).

sous l'angle de l'abandon (la perte) de l'objet d'autoconservation. Le *fantasmatique* est ce qui détermine l'espace scénique de la représentation psychique ; cette *détermination fantasmatique* – que la photographie d'architecture rend entièrement lisible – est elle-même produite par le vide peuplé d'objets ; et si la mort marque ainsi de diverses façons la spatialité du *lieu scénique du psychique*, il faut toutefois se garder d'associer systématiquement la mort à la mort d'un proche. On serait tenté de retrouver ici l'indication fournie par Giacometti lorsqu'il appelait à « voir l'autre vivant dans la mort ».

5° – La rencontre en face à face avec le patient accentue les effets d'optique : le patient est situé au centre d'une pièce carrée, à l'intersection de deux lignes axiales. La *centralité du patient* est le produit d'une illusion : assis, il se présente immédiatement dans le reflet de sa propre image dans le miroir – miroir ayant le format d'un portrait (cadre du miroir filigrané or), disposé au niveau des yeux et accroché à une fenêtre en face. Assis face au patient, Freud fait écran par sa tête au reflet du patient dans le miroir. Mais il faut encore tenir compte de la panoptique freudienne : le patient est vu de toutes parts, alors qu'il est situé au centre imaginaire du pouvoir. En effet, les petites figures antiques sont disposées à droite et à gauche du patient, dans un ordre qui majore la vision réflexive ; en arrière, une collection de têtes antiques et, de face, le visage de Freud, lorsque celui-ci est assis. Freud a tout le loisir d'observer le visage du patient parfaitement éclairé par la lumière du jour, tandis que son propre visage est à contre-jour, la lumière venant de la fenêtre derrière lui. On sait qu'une telle disposition – très fortement métaphorique – se trouve relayée par l'idée de l'analyste-miroir et surtout par cette autre idée de l'inquiétante étrangeté de son propre visage dans le miroir : le redoutable face-à-face – incestueux et/ou meurtrier – aurait ceci de particulier qu'il « paranoïse » la rencontre et qu'il violente le fantasme. Violenter le fantasme, ce serait faire en sorte que son intensité hallucinatoire ne soit pas métaphorisable et qu'elle vienne déformer le corps et le visage. Autrement dit, la dépressivité joue ici le rôle, déjà connu par l'hypnose, d'absentiser la présence en face. Le dispositif freudien que l'on vient de rappeler offrirait cet avantage de restituer des marges latérales au face-à-face. *La question qui se pose ici concerne le rapport du fantasme avec l'hallucination négative et, ainsi, avec le transfert. Cette question est, en vérité, la question de la fonction topique et économique du fantasme dans sa détermination optique* (qu'on se réfère à la dimension du géométral chez Lacan). L'optique du fantasme (dans son opposition avec l'organisation géométrique et perspective de la représentation consciente) n'est-elle pas cette autoperception de la vie psychique ?

6° – On devrait faire porter l'attention sur cette *relation entre le fantasme et l'autoperception (la réflexion dans le miroir)*. Toute la problématique du transfert en découle et de là aussi doit se comprendre ce qu'il en est de l'identité sexuelle : par exemple, pour Schreber, être vu de dos par quelqu'un, tandis qu'il se voit en buste dans un miroir, peut le faire ressembler à une femme. Le délire de Schreber – traduction/transformation/transfert en femme – témoigne d'une sorte de transfert sur lui-même et ce qui manque, c'est la dimension fantasmatique qui est à la source de l'hallucination négative. Pour Freud, le reflet de soi révèle le masque de la mort (cf. le thème du double). Immortalité – angoisse de mort –, mort de soi impensable. Le miroir est le passage d'une reconstitution de soi comme fantôme. On peut songer au modèle des miroirs étrusques (présents dans la collection de Freud) qui, par leur décoration, donnent à imaginer un autre monde : passer le pas de la mort et avoir accès à l'immortalité. *En un sens, ce qu'on appelle un fantasme inconscient – en tant qu'il désigne une production psychique émanant de la surface érogène du corps et qu'il se figure à partir des orifices – pourrait équivaloir à ces déchets qui sont les signes de notre mortalité*. La dépressivité accorde une immortalité dénégatrice de la représentation de soi-cadavre. Cette représentation est au cœur de la cruauté mélancolique.

7° – « L'architecture du sujet freudien dépend fondamentalement d'une délocalisation donnant à penser le soi extériorisé : ce n'est pas seulement que nous regardons dans le miroir, c'est que nous voyons comment les autres nous voient : nous nous voyons nous-mêmes occupant une place où nous ne sommes pas[34]. » Dans « La tête de Méduse », l'angoisse de castration est très précisément associée à *la vue de soi-même*. La pétrification (le bouclier de Persée) est produite par l'autoréflexion dans le miroir (capture narcissique). L'« érection optique » du sujet n'appelle-t-elle pas la castration ou encore sa transformation en un vestige ? *Toute investigation sur le fantasme ne peut, en effet, que passer par cette découverte de la capacité de l'œil de perdre la vue. C'est là que se joue le destin du fantasme.*

8° – Fuss et Sanders avancent notamment que le passage du face-à-face à la position allongée – l'analyste assis en arrière du divan – « produit une nouvelle modalité du corps » et « reconfigure la relation médecin-patient ». Dans la consultation en face-à-face, le patient est assis dans une position isolée qui serait insoutenable sans une resocialisation du cadavre. Exposé au centre, il est placé « au point maximum d'exposition » où sont, avec la psychothérapie, les patients déprimés. Le face-à-face est souvent, au début, d'une violence si inouïe que l'analyste doit l'éviter. La sensation d'un renforcement de la rigidité – comme si le patient ne pouvait que s'accrocher à lui-même noué – porte une violence de destruction complète de la subjectivité. On pourrait faire l'hypothèse que le *face-à-face* est littéralement *l'état déprimé* dans son pire isolement (en présence de l'autre silencieux). Et la difficulté technique, tout à fait vue par Winnicott, est celle de trouver une mobilité dans la situation de face-à-face, afin que le patient soit entouré, se sente compris et ne se laisse pas enfermer. Winnicott a su augmenter l'étendue de la situation analytique, afin que le patient intensifie son expérience psychique. Plutôt que d'aménagements du cadre, il vaudrait mieux ici parler d'invention de cette extension de la situation. Winnicott se

34. *Ibid.*, p. 124.

ressent mobile dans ses propres perceptions qu'il acquiert au contact du patient. Une telle mobilité, réglée sur les mouvements psychiques du patient, sollicite de la part de l'analyste la reconstruction d'un champ d'expériences élémentaires que le patient peut ainsi retrouver dans les rythmes de l'échange.

9° – Il est vrai que le passage à la position allongée sur le divan signifie la sécurité d'une attention qui porte soin. L'espace intime de la situation analytique divan-fauteuil – congruent au modèle du rêve et de la régression – donne un « lit » de repos au déprimé, en veillant à favoriser de l'intérieur cette réanimation. Le repli dépressif va à l'encontre du repliement et de l'écrasement des temps intérieurs de la *vie* psychique. *La dépressivité de la situation analytique est alors corrélative d'une réanimation autoérotique*. L'« enclave protégée » est accordée par la présence de Freud et par l'environnement des objets et figurines disposés autour, font remarquer Fuss et Sanders. Ce qu'invente, en effet, le dispositif divan-fauteuil, c'est « une chambre dans une chambre » : ce dispositif est très clairement celui qui, soustrayant aux visages la vue en face (la mort dans les yeux ?), restitue au fantasme le pouvoir de son hallucination transférentielle. Et c'est ce dispositif qui accorde une opticalité dans les mots de la parole entendue. Mais le confort sensuel du divan évoque chez l'Homme aux loups – trente ans après – la « subtile ambiance » de cet espace de la « séance ». On a souvent souligné l'allusion érotique de la situation analytique. Comment pourrait-il en être autrement ! Mais ce qui compte ici, c'est bien plutôt la valence du fantasme et sa fonction de scène psychique. Et ce qu'on appellerait ici la *réalité* (en relation avec le passage à l'acte) devrait être plutôt conçu comme une *hyperréalité* du psychique protégée, en quelque sorte, par la dépressivité du fantasme.

10° – La place de l'analyste est celle qui est faite pour que l'analyste ne soit pas regardé dans sa propre personne. Présence hors présence. En arrière, Freud occupe une position spatialement marginale : les horizons sont scandés par les statuettes portant témoignage d'une communauté culturelle des morts inoubliables. Et la position en arrière, c'est aussi le passé en amont. Mais ce passé est anachronique et participe d'un présent réminiscent [35]. L'arrière n'est donc pas dans la représentation d'un passé qui entrerait dans le savoir de l'analyste sur l'analysant : il est de l'ordre d'un point de fuite de ce qui vient au présent du transfert. C'est cette temporalité de l'arrière qui ordonne la construction, tandis que l'analysant répète et cherche à se remémorer. L'immobilité du corps – tandis que la patient est lui-même allongé – définit un champ de vision en enfilade. Cette vision *à partir de l'immobilité* est *vision* mobile des plans. Le silence de l'immobilité se donne comme imagination dans le langage, tandis que les statues droites attestent de l'étrange mémoire des constructions. Étrange site fait apparemment sous l'égide de *La Leçon clinique de Charcot* [36] !

Nous avons vu ici que l'invention de la situation analytique accorde un lieu à la désignation de la mort. Il s'agit, en effet, de penser et comprendre la *vie psychique* non pas comme une activité mentale fonctionnelle isolée, mais bien plutôt comme entretenant avec la mort et les morts un rapport de nature anthropologique tout à fait essentiel. Même s'il s'agit de penser en termes de perte et de séparation (en liaison avec le premier objet d'amour), c'est, *au fond*, de la mort qu'il s'agit. C'est pourquoi l'approche analytique de l'état déprimé ne saurait ignorer la fonction jouée ici par l'impossibilité d'un deuil, le suicide ou le meurtre, l'identification primitive au *mort* – à ce point même que la vie psychique devient le tombeau immobile conservateur du mort généralement non reconnu.

En accordant au fantasmatique la place qui lui revient pour comprendre la situation analytique, j'ai en même temps redéfini la *capacité dépressive* de cette situation. Car

35. P. Fédida, *Le site de l'étranger – La situation psychanalytique*, Paris, Presses universitaires de France, 1995.

36. Cf. la description de C. Nicholas Reeves de la momie et des hiéroglyphes dans la vie de Freud *in* L. Gamwell et R. Wells (éd.) *Sigmund Freud and Art : His Personal Collection of Antiquitie*, *op. cit.*

la réanimation du vivant passe par cette réappropriation subjective – et de la subjectivité – de l'expérience fondamentale de la perte, de la séparation et du deuil. C'est *de l'intérieur* que cette reconnaissance peut avoir lieu : ce qu'on désigne par le fantasme – et aussi bien par le rêve et le transfert – correspond à une expérience première de la subjectivité de la découverte de la vie au contact de la mort. À cette condition, on peut parler de créativité dépressive.

CHAPITRE IV

De la présomption dépressive

L'homme déprimé est, faute de mieux, protégé de la menace mélancolique par sa dépression. Il s'en tient à la plainte de ses regrets. Il repérera les choses banales de sa vie et définira l'existence en général, dans des formules. Mais c'est lorsque la parole change et vient à réveiller le destin qu'il peut ne pas s'apercevoir qu'il nourrit ce destin et lui donne force diabolique par ses mots.

Dans son ouvrage de 1949 sur Henrik Ibsen [1], Ludwig Binswanger écrit que « l'écriture est en fait un *voir* » et que le poète Ibsen est, en quelque sorte, celui qui voit en avance « *les formes anthropologiques* ». Ce *voir en puissance* accorde à celui qui en a le don une vue des *formes* sous lesquelles se manifeste la *maladie humaine* de l'artiste dans sa création – maladie d'être humain dans une tentative d'exister et de chercher à en guérir. La « voyance » de cette écriture est tout à la fois une tentative d'exister et de chercher à guérir de l'enchaînement des actes et des discours. Cette voyance est l'intelligence du destin des *détails* et cette espérance d'une insurrection de la volonté qui deviendrait capable de *dire.* Car c'est seulement de *l'entendu du dit* – soit de l'*écriture* – qu'il peut être attendu que le cours irréversible du destin soit changé.

1. L. Binswanger, *Henrik Ibsen und das Problem der Selbstrealisation in der Kunst,* Heidelberg, Lambert Schneider, 1949. Traduction française par M. Dupuis, sous le titre *Henrik Ibsen et le problème de l'autoréalisation dans l'art*, Bruxelles, De Boeck, 1996.

Mais tout dépend de la tournure que prendra la parole et auprès de qui elle sera prononcée. Car elle peut aussi bien avantager le destin par son insouciance présomptueuse. Elle peut inversement chercher à lui offrir la volonté silencieuse de l'homme qui, de l'intérieur, cherche à se comprendre. Pour se comprendre soi-même, il faut être deux.

La remarque exprimée par Binswanger en commençant son texte sur *Solness le constructeur* pourrait passer inaperçue. Pourtant, elle prend ici une signification particulièrement féconde. Si l'œuvre d'un poète tragique construit, par son récit, le destin de la vie d'un homme, son écriture dispose de la régrédience nécessaire à l'imagination des possibles de cette vie. Tandis que l'action s'accomplit à chaque instant et se donne à entendre, par quelle intériorisation et par quel « approfondissement » l'homme connaît-il encore la liberté d'*être droit* ? Et l'écart de parole – procédant de l'*hybris du moi* – lui fait encore chercher un quelconque salut dans le leurre d'un véritable défi de puissance. L'enjeu dramatique de *Solness* – celui qui joue et ruse avec le destin, qui « construit en l'air » et sera entraîné à sa chute vertigineuse – laisse se conjoindre les expressions de la parole désespérée dans une *faille* de l'existence et de ce que l'espace de la hauteur peut encore faire croire au constructeur. Car, d'un côté, il voit d'en bas la médiocrité des pauvres valeurs incarnées dans son œuvre, et s'il lève les yeux au ciel, il raconte ce qu'il aurait pu être et qu'il n'a pas été.

Précisément – tandis que le récit s'avance, s'amplifie et s'accélère – *l'écriture voit, en architecte, la présomption d'une construction tout en hauteur.* Au-delà d'un simple effet de métaphore se reconnaît une valeur de *logos* qui assure la règle anthropologique des proportions justes, l'équilibre dans l'assemblage des matériaux, la connaissance tectonique du sol indispensable à la mesure de la hauteur. De la sorte, c'est à l'architecture qu'il revient de constituer la subjectivité réfléchie de toute construction humaine. Or, dans sa propre vie – tout comme pour son œuvre d'« artiste » – l'opposition entre le haut (idéal phallique de surpassement) et le bas (compassion pour les gens des foyers) relève d'un véritable clivage dans l'existence. La nouvelle maison construite par Solness pour lui et sa femme est inhabitable : aucune communication entre « ce qui pointe dans les hauteurs » et la platitude de l'horizontale du foyer. La « présomption »*(Verstiegenheit)* de Solness est ainsi désignée par Binswanger : « Quand le constructeur veut monter aussi haut qu'il peut construire, cela signifie qu'il tient le soubassement, les fondations, son passé, pour suffisamment portants et capables de soutenir la superstructure, son avenir[2]. » La *présomption* procède d'une inflation déclamatoire pour tout ce qui est haut. Le sol de la mémoire ne porte ni ne soutient rien, parce que le refoulement ou l'oubli est complet. Dans sa contribution à l'édition française de l'essai, H. Maldiney écrit justement : « Les directions ascendante et descendante de la verticalité sont simultanées et si l'une ou l'autre s'émancipe, l'œuvre s'amenuise ou s'affaisse. Comme toute œuvre d'art, une architecture émerge à soi comme une forme existant librement le fond. Verticalité et horizontalité sont les dimensions suivant lesquelles elle se forme et qui ne communiquent entre elles que dynamiquement dans un rythme[3]. »

Ainsi, faire de l'architecture une écriture de l'existence porte à reconnaître que non seulement, c'est en son *dessin* que s'établit la juste proportion, mais que celle-ci est – *jusque dans la parole à l'autre* – l'appropriation la plus exigeante d'une ouverture des horizons par l'horizontalité et par la verticalité. Ainsi que le note encore Maldiney à propos de la dimension horizontale d'une architecture : « L'horizontalité ne se limite pas à son assise. Celle-ci est apprésentée à chaque niveau de l'édifice, dont l'extension selon l'*horizontale* n'est pas – sauf dans le vertige – une réminiscence de la base, mais, comme elle, un appel direct à l'*horizon.* » On devrait dire que l'intériorisation par l'architecture de la juste mesure de l'humain consiste en la connaissance patiente et approfondie du sol des fonda-

2. *Ibid.*, p. 79.
3. H. Maldiney, « Postface », *in ibid.*, p. 137.

tions, et que seule cette connaissance porte l'élaboration de la verticale. Le sol est l'autochtonie de la mémoire. Si, comme le pense Emil Staiger[4], le *schème de la hauteur ouverte* au ciel donne figuration de la liberté de l'espace à venir, celui de *l'horizontalité des horizons de la marche* soutient le même projet : c'est cette horizontalité de la progression qui recueille du passé du sol la *dynamis* de la verticale.

La *présomption* consiste à faire monter la hauteur dans la négligence (refoulement ou dénégation) des horizons de l'horizontalité du sol. C'est dire qu'une telle horizontalité plate, privée d'horizons, signifie l'oubli des morts et de leur sépulture psychique. Précisément, une telle horizontalité sans horizons est bien celle de l'état déprimé cherchant une ascension imaginaire par espérance de la vie – d'où les morts auraient disparu. La verticalité progressante des figures de Giacometti suppose, selon Genet, qu'elles soient enterrées dans le sol[5] ! Car si la *Verstiegenheit* (ce ratage du monter) fait présumer de soi ou encore fait prendre en avant de soi des moyens dont le moi ne dispose pas, on conçoit qu'elle se pense comme « un dévoiement de la verticale » (Maldiney)[6]. La psychopathologie de l'état déprimé met clairement en évidence cette quête d'une renaissance par la hauteur – *présomption de la verticale* –, tandis que la conservation de la vie est souterrainement dépendante des morts non reconnu(e)s. Il en résulte une sorte de *fuite vers le haut* par angoisse terrifiante d'intériorisation des morts. Il conviendrait de distinguer ce qui entraîne chez le déprimé une ascension vertigineuse qui figure, en fait, *la verticale suicidaire du destin mélancolique*[7]. Et, en ce sens, la notion même de destin paraît donner puissance d'anéantissement à l'espérance de vivant du déprimé dont l'horizontalité « à plat » est la négation

---

4. E. Staiger, *Grundbegriffe der Poetik*, Zurich, Atlantis Verlag, 1946.
5. Voir *infra*, chapitre V : « Morts inaperçues. »
6. Cependant, la présomption d'une ascension « en l'air » ne saurait se désigner comme une caractéristique de la schizophrénie, tandis que la suspension d'un vol planant serait le propre de l'état maniaque.
7. Plutôt que de parler ici d'une hauteur maniaque de la dépression.

d'un sol, au sens où ce sol porte mémoire des morts. Le déprimé est un parvenu de sa vie. Solness s'empare du sol des autres : il ne peut que spolier.

Mais la véritable dimension « anthropologique » de l'existentialité de l'architecture – si elle concerne, comme l'indique Binswanger, les schèmes ou « directions de sens » *(Bedeutungsrichtungen)* – comporte non seulement les temporalités conjointes du vertical et de l'horizontal, mais *principiellement* le *deux* de la constitution d'une communauté humaine de l'intimité des valeurs. Construire une maison répond architecturalement à ce *deux* ou *entre-deux*. Or, chez l'être déprimé, la constitution de cette communauté est mise en échec et l'immobilisation de la vie psychique dans un figement de temps exclut toutes possibilités d'apprésentation de l'autre dans une communication vraie. On conçoit que Solness – « enchaîné comme à une morte », sa propre femme terne et triste – ne construise plus que des « foyers pour les gens », « des foyers confortables, douillets, clairs, où le père et la mère puissent vivre avec tous les enfants, dans le sentiment sûr et joyeux que c'est le bonheur céleste d'être là, au monde ». De telles maisons privilégient un bonheur médiocre, à l'image des maisons qui se ressemblent toutes : *Glück*, ce mot qui aurait horreur de la faille, signifie au contraire, avec Nietzsche, la mise au jour et le rassemblement de la *faille (Ge-lücke)*. La tonalité dépressive de ce bonheur sans faille retentit jusque dans la parole condamnée à parler sans résonance de langage, et dans une sorte d'anesthésie des formules. Solness ne connaît désormais que la cruelle dureté ou l'emphase des envolées verbales du moi-idéal. Par *facilité* – sans l'exigeante volonté du courage de rester au plus près de soi avec le silence –, la parole de Solness équivaut à ce qui peut encore et toujours se construire librement en l'air dans un jeu désormais amer avec les possibles qui ne sont plus des potentialités d'être. C'est dire qu'une telle parole ne fait qu'accroître la faille et perdre le sol. L'*interlocuteur* de la parole a disparu, dès lors que le langage architecte est anéanti avec la communauté. Il faut savoir que construire un toit n'est pas mettre un couvercle sur la maison. Le toit est une captation du ciel par la terre qui lui donne des assises pour monter. Le toit est dans les fondations.

Solness n'est pas un architecte – nous dit-on –, parce qu'« il n'a pas étudié assez profondément » et qu'il a cru pouvoir aller plus vite que les autres et se dispenser de la loi des « structures ». L'architecte sait que le toit d'une maison ne condamne pas celle-ci à la reproduction à l'identique de la formule du foyer : le toit ouvre le ciel, si les fondations en sont sa ressource. Faute de quoi, la maison perd la capacité d'être un lieu pour la parole humaine qui est alors ouverte vers le haut, par les horizons, si ceux-ci forment le projet. Cette parole appelle, dans l'architecture, que la verticalité – cet appel à la hauteur qui ne se traduit pas par la hauteur de l'édifice – ne refoule ni n'oublie rien, mais fasse monter le sol aux horizons. Parce qu'il n'est pas devenu architecte, Solness n'est que le constructeur des rêveries de la hauteur. Se voulant un *grand* artiste, il réalise sa présomption des constructions défiant le dessin d'architecte – églises et tours trop hautes jusqu'à la disproportion –, exagérant « ce qui pointe vers le haut » et recherchant, à tout prix, la nouveauté, par défiance à l'égard de la jeunesse – et cela jusqu'à rendre ses espaces impropres à la vie des hommes (parler, dormir, préparer les repas, jouer, faire l'amour). Solness est rentré dans le vide de la vie rampante et étroite de l'homme épuisé. On le dirait, en effet, « déprimé », à condition que l'on se garde bien de banaliser cette notion et qu'on lui accorde plutôt la signification d'une maladie d'être-humain enclos dans une mort qui ne peut pas mourir pour vivre. D'une effrayante froideur intérieure, il cherche en vain à se réanimer par des contacts et frôlements troubles avec une secrétaire – pauvre jeune fille éperdue de lui, mais dont les rêveries amoureuses révèlent toute la médiocrité de la vie. Solness hait la jeunesse des hommes, qu'il éprouve comme une terrible menace pesant sur sa « création » : cette jeunesse des jeunes hommes alimente en lui une sorte d'émeute permanente de son ressentiment. Et depuis l'incendie de la maison de sa femme – après la mort des deux enfants que celle-ci, commotionnée, n'a pu nourrir du lait, de la vie –, le « constructeur » a conçu cette nouvelle maison inhabitable où le couple devra survivre sans espoir. Les maisons de Solness, construites pour les autres, sont des maisons de poupées.

Mais la dépression de Solness apparaît encore mieux dans les propos que le poète lui fait tenir. Malade ou fou, ainsi peut-il apparaître, alors qu'il n'est ni l'un ni l'autre. Et s'il peut reconnaître, face au médecin, qu'il a rencontré beaucoup de femmes et réalisé nombre d'édifices, c'est l'angoisse exprimée à la pensée que « la jeunesse frappe à sa porte » qui lui rend insupportable l'idée de sa propre échéance. Alors, Solness est tout près de se voir comme un bouffon de la revanche du destin – un « mensonge vital », à l'exemple des poupées de sa femme péries dans l'incendie et dont elle a une nostalgie inconsolable. *Malade* ou *non-malade* : c'est encore sur cette alternative tournoyante que le personnage joue à présent sa vie, tout comme il a depuis longtemps joué avec le destin. Cette alternative n'en est, d'ailleurs, déjà plus une, puisque la lucidité de la maladie tragique joue encore quelque temps avec des effets de séduction rhétorique produits sur les autres. Pour quelque temps encore, l'état déprimé de Solness le protège de l'anéantissement dont la menace s'avance lentement. Sa parole *plane* – ainsi que le note Binswanger –, alors qu'il ne peut plus tenir « debout » et « marcher » sur la terre ferme. Et cela, d'autant plus qu'il a soustrait aux autres leur terrain, pour gonfler son ambition de « construire ». Il n'en est pas moins vrai qu'on est au bord de l'abîme. La solitude déprimée du moi est absolue, mais elle sert à protéger contre une volonté terrible d'agir *la mort*.

C'est là que *l'accélération mélancolique* se produit. Cette accélération va survenir par amplification d'une tentative de renaissance à la vie et de sortie de la dépression. Elle entraînera Solness au vertige de la hauteur, à la chute et à l'écrasement au sol. *Mort par présomption*. Comme pour Nathanaël, dans « L'homme au sable[8] », l'angoisse dépres-

8. E. T. A. Hoffmann, « L'homme au sable » (« Der Sandmann ») (1817), *Contes fantastiques*, vol. 2, Paris, Garnier-Flammarion, 1980.

sive fait tournoyer en haut de la tour et précipiter dans le vide. La chute est l'ironie tragique de la verticale s'inversant pour se retourner ainsi qu'il lui était possible, parce qu'elle avait ignoré le sol.

Dans *Solness le constructeur*, l'arrivée de la jeune femme – Hilde – est, au regard de la « logique du destin », l'événement décisif du processus d'anéantissement, mais qui retarde et aggrave l'échéance tragique de la *fureur mélancolique*. Hilde est donc de retour auprès du constructeur dix ans après leur rencontre. Elle revient pour qu'il accomplisse sa promesse de faire d'elle la princesse d'un royaume. Il devra monter de nouveau – comme autrefois – en haut de la tour et poser la couronne. L'enfant-femme n'a pas oublié cette promesse. Aujourd'hui, la jeunesse érotique et légère est diabolique car elle vient *sous cette forme sexuelle* se donner comme vivante et animée à l'homme qui « rampe dans le caveau ». La séduction de cette forme vivante lui accorde la conviction que seule *cette* femme peut le sauver : « C'est par elle que je pouvais peut-être prendre mon essor. » Le jeu avec le destin doit être tenté une nouvelle fois. Et la croyance d'être un « élu » va à la rencontre de Hilde, dans l'attirance pour l'impossible : « il y a des gens uniques, prédestinés, élus, à qui la grâce et la force et la capacité, seraient accordées de *désirer* quelque chose, de *convoiter* quelque chose, de *vouloir* quelque chose – avec tant d'opiniâtreté et si inflexiblement – qu'ils doivent finalement l'obtenir ? » Hilde *voit* très distinctement la *fissure* dans l'existence de Solness. Elle va même accroître cette fissure, en réveillant Solness à sa rêverie de la hauteur. Elle voit de même complètement – pour ainsi dire avec le regard de la mort – la sexualité de l'homme qui n'a pas d'autre recours que de croire pouvoir reconquérir sa puissance. Lorsque la sexualité de la femme a reçu, une fois, la promesse du royaume, non seulement elle ne l'oublie pas, mais elle est prête au défi pour l'obtenir, ou obtenir la preuve que l'homme ne pouvait pas la tenir.

À propos de cette jeune femme érotique, Binswanger parle d'une « fonction d'anamnèse ». De façon tout à fait exemplaire, le texte d'Ibsen rend compte, en effet, de cette remontée des souvenirs – même les plus récusés – dans le dialogue questionnant de Hilde avec Solness. Mais la mémoire devient ivre de promesse. S'il fallait parler d'anamnèse, il faudrait alors la qualifier de dionysiaque, car c'est elle qui précipite le sujet dans l'anéantissement tragique de la chute mélancolique. Solness monte en haut de la tour – il répète le geste d'autrefois devant Hilde – et, happé par son propre vertige, il s'écrase. L'anamnèse mélancolique est sauvage. Initiée par la jeune femme pour le sortir de l'état déprimé, cette anamnèse porte à son comble une mémoire qui ne peut que l'anéantir. Cette mémoire le met au défi de son défaut – ce qu'il n'a pas eu le courage d'être. La mort est violente, lorsqu'elle survient sans dialogue. N'est-ce pas alors le leurre ultime d'une espérance de salut de l'être-déprimé ? Il croit pouvoir renaître par l'effet de la forme sexuelle vivante de la jeune femme. Il en attend la création, comme s'il s'agissait d'une puissance de sexe érigé. Et, très étrangement, cet homme lui confie le pouvoir de le délivrer de sa mémoire enfouie sous le sol. Et, non moins étrangement, il appelle cette illusion de parole qui devrait le sortir de son enfermement intérieur. L'expression de la présomption – vide d'image et de vie – serait alors une verticale mélancolique de la construction.

Solness est un *exemple*. Il pourrait être ici l'exemple du déprimé écrasé au sol par sa propre présomption. *Écrasé au sol*, il est revenu dans la vie et il pourra, encore une fois, constater qu'il ne peut rien réussir. Mais l'*hybris* du déprimé est plus forte : pour retrouver la vie, il devient pathétiquement le rêveur de ses hauteurs, pouvant toujours croire qu'il réussira.

Je me suis ici attaché à l'évocation de ce texte littéraire qui recueille une dimension assez peu explorée de la dépression : c'est celle de la *présomption*, qu'on ne saurait assimiler à l'inversion maniaque de l'humeur.

Ce qui est extrêmement touchant chez de nombreux patients déprimés, ce sont précisément ces tentatives désespérées de résolution (dans tous les sens du terme) par un discours de l'idéal imaginaire ou encore par des décisions d'« en sortir », comme si la vie pouvait renaître par le seul effet d'une rêverie toute-puissante. La dépression est là, dans de telles tentatives de réanimation de soi, souvent exultantes et équivalant à l'alcoolisation d'un affect. Ibsen a particulièrement bien éclairé le mystérieux réveil opéré par l'apparence sexuelle de la jeune femme et l'impression vivante qu'elle déclenche sur l'homme déprimé. Faudrait-il alors avancer ici deux hypothèses tout à fait aléatoires ? La métaphore de l'impuissance sexuelle de l'homme comme castration œdipienne est certainement propre à éclairer une fantasmatique qui accompagne l'état déprimé : identification au père vieillissant, usé de mort lente par épuisement de la vie, échec face au féminin espéré dans sa fonction régénératrice, production d'un maternel mortifère dans cette forme de l'état déprimé et de la complaisance masochique qui l'accompagne.

Le corps féminin de Hilde, dans *Solness le constructeur*, apparaît comme du sexuel qui pourrait avoir été *volé*. C'est en cela que le sexuel féminin – qui a ici toute l'apparence du réveil autoérotique – appartient au destin mélancolique dont il semble jouer le rôle d'instrument. Que la castration se réalise ainsi – *sous cette forme* –, comme une punition par la mort, pourrait en retour éclairer des aspects cliniques que nous rencontrons chez les hommes déprimés. En ce sens, la figure emblématique de la jeune femme est, pourrait-on dire, produite par le père absent trop idéalisé. Quitter la dépression ne va pas sans risques, si le sujet se donne le moyen de se sentir de nouveau vivant, alors qu'il séjournait dans le marasme de l'impuissance.

C'est là que la psychothérapie analytique se heurte certainement à l'une de ses principales difficultés : celle qui met en jeu très explicitement, dans le transfert, le pouvoir du père mort.

Ce que j'ai appelé la capacité dépressive appartient à l'élaboration créative d'une œuvre, fût-elle modeste. C'est la mise en œuvre du temps. Elle prend ressource du fantasme et ne laisse pas la rêverie se détacher au service de l'illusion de créer. Car la rêverie détachée de l'activité du fantasme n'est jamais éloignée de la toute-puissance maniaque ou de la mélancolie.

Dans *Solness le constructeur,* il est clair que l'accélération mélancolique du destin s'empare de la rêverie, sous l'effet de la présence de la jeune femme sexuelle. L'issue du déprimé est alors la mort violente de la catastrophe mélancolique.

CHAPITRE V

Morts inaperçues

L'hypothèse clinique qui guide ici mon propos est celle-ci : dans la plupart des états déprimés (pour ne pas dire dans *tous*), le travail analytique avec le patient donne à découvrir qu'un puissant refoulement porte sur une mort inaperçue. Cette mort inaperçue peut concerner un proche dont la mort a entraîné un deuil et la conscience de cet endeuillement. Mais quel déni peut survenir qui rend la mort inaperçue dans tout ce qu'elle comportait pour la vie psychique ? La perte reconnue du proche peut ainsi avoir été admise, mais est aussi vite oubliée, ou bien sous-évaluée et dépourvue des conséquences qu'elle comportait au niveau de l'économie psychique.

La banalisation commune d'un vécu de perte est ici de toute première importance. *Ne pas apercevoir la mort*, c'est négliger la perception des changements : c'est aussi laisser se recouvrir les affects douloureux, avant qu'ils n'apparaissent. Dans l'analyse, la mise au jour d'une mort – ou parfois d'une perte dans les ruptures amoureuses – survient précisément *là* où l'immobilité du déprimé, sa manifestation symptomatique et son propre sentiment d'absence de vie psychique sont les plus puissants. C'est seulement le rêve dans le transfert, par la mise en mouvement et la réanimation de la vie psychique, qui ouvre à une perception interne de ce qui a été une mort négligée.

C'est pourquoi prétendre – comme le font la plupart des auteurs – que la dépression est la réaction à une perte n'est pas inexact, mais demande à être très soigneusement compliqué, compte tenu ici des significations conservatrices que prend la négligence (du) psychique.

Ajoutons que chez l'enfant, la mise en mouvement par le deuil (ainsi qu'on le voit au Rorschach par le développement des kinesthésies et des couleurs) confirmerait mon point de vue. Rien n'échappe à l'enfant de ce qui a trait à la disparition et à la mort. Lorsque survient la mort d'un proche, se découvrent et s'intensifient les mises en mouvement des formes extérieures – comme si l'animisme primitif n'était pas étranger à la mort de l'autre. Ce qui fait énigme, c'est plutôt la banalisation. On devrait renforcer cette idée que le deuil est une mise en mouvement du monde. Ainsi en est-il de même de la dépressivité.

Jean Genet rapporte cette pensée de Giacometti qu'il devrait produire une sculpture, et l'enterrer ensuite. S'agissait-il d'une ruse de l'imagination de l'artiste pour tromper sa propre renommée auprès de générations futures qui auraient fini par oublier jusqu'à son nom ? Ou, plus exactement, enterrer une statue, afin que le sol de l'oubli se charge de déjouer les effets inévitablement produits par l'autorité publique de l'auteur sur son œuvre, n'est-ce pas produire le geste d'ennoblissement de l'objet, qui peut ainsi se soustraire à l'accident et devenir désormais incorruptible ? L'*autre* est par définition l'accident de l'altération. Les sculptures de Giacometti sont ainsi *faites*, qu'elles continuent à grandir d'une puissance chthonienne : elles visitent « l'innombrable foule des morts » par lesquels elles se font reconnaître et qu'elles nourrissent de ce qu'ils n'ont pas vu. L'artiste – celui qui traite d'égal à égal avec le trait et la forme-matériau le plus dur – dispose du « pouvoir étrange de pénétrer le domaine de la mort » (Genet), de recueillir le souffle indistinct des ombres que sont ces morts devenus. Le dessin du sculpteur nomme les morts dans le matériau où ils sont disparus.

« Il faut des statues qui ravissent enfin les morts », disait encore Genet, pour parler de Giacometti qui ne travaillait ni pour ses contemporains ni pour les générations à venir. *Ravir les morts*, c'est d'abord partir en chasse pour les retrouver, et c'est disposer de la force du mouvement de la sculpture pour les dérober à la négligence qui les retient captifs dans une zone sans limites et sans consistance de lieu. La sculpture – aussi droite qu'un trait qui résulterait d'un dégagement des portes de l'espace – n'a donc pas d'autre forme que celle de son apparence entre le jour et l'obscur. Les sépultures romaines sont faites de telle sorte que les *strigiles* forment une voie de passage du matériau des ombres dans les traits de lumière. Les sépultures sont ces lieux construits par les vivants pour accueillir leurs morts et communiquer avec eux, alors qu'ils sont morts. Il est alors essentiel que les ombres filiformes qui avancent et se retirent, s'étirent et rétrécissent n'existent qu'au seuil de leurs passages. Les statues de Giacometti sont de cette espèce : des gardiennes des morts.

Construire une sépulture : telle pourrait être la tâche que se donne le sommeil dans son rêve. En deçà de la mort d'un proche, ne s'agit-il pas pour le rêve de recevoir les visages et de leur donner image – *image qui a vu* ? On ne saurait certes prétendre qu'un travail de deuil rejoint celui d'une analyse, mais l'on sait que le mourant peut enfin mourir, lorsque c'est son propre visage qu'il voit, reflété dans les yeux de ceux dont l'angoisse le retient encore. Telle est du moins la façon de se figurer une mort peut-être assez douce.

Sont certainement violentes, quant à elles, les morts qui prennent au dépourvu et ainsi abandonnent les survivants à cette négligence de la mort inaperçue. La violence survient, lorsque la mort frappe brutalement celui qui ne s'y attendait pas ; mais elle n'est pas non plus absente chez les proches, lorsque le temps est soudain pris en défaut et qu'il n'a su disposer la pensée à la mort de l'autre. L'*amentia*, selon Meynert, pourrait signifier cette négation par la pensée de l'événement de la mort de l'autre. Cette négation est privation de la pensée : *a-mentia* que la mort peut produire, ôtant ainsi aux morts les lieux de leur sépulture. D'eux, nulle pensée. Ils ne sont pas rêvés. Et lorsque les humains sont déprimés, ils peuvent se faire aussi glaciaires et immobiles que les tombeaux eux-mêmes. Mais, devenus le mort qu'ils emprisonnent ou devenus la mort qui enferme et oublie le mort, ils refusent le rêve de leur pensée aux mouvements des morts.

Il est alors tellement important pour l'analyste de savoir quel est le matériau dont sont faits les rêves du patient déprimé.

La vase des marécages constituait pour l'essentiel le matériau des premiers rêves rapportés par cet homme, John, dans son analyse.

L'homme avait longtemps attendu avant de se décider à venir parler auprès de quelqu'un. Mais s'était-il vraiment décidé ? N'avait-il pas plutôt usé de cette propension, qu'il connaissait chez lui, à s'en sortir tout seul, à se tenir pour seul interlocuteur de sa parole, pourtant devenue à lui-même inaudible ? Certes, il s'était officiellement rendu à cette évidence : l'échec, dans son cas, des médicaments antidépresseurs. Mais, avec son médecin, il continuait à feindre que ceux-ci lui réussissaient et que le succès d'un antidépresseur pouvait être de rendre réellement déprimé le patient qui, auparavant, n'était que triste ou fatigué. Ou, plus généralement, il survivait dans ce mal-être banal, d'où ne ressort aucun sentiment. Du moins bénéficie-t-on alors d'une anesthésie et de cet état « groggy » au réveil ! Le projet de parler à quelqu'un qu'il ne connaîtrait pas lui était apparu suffisamment saugrenu pour qu'il le tienne pour une assez heureuse idée nouvelle, alors même qu'il savait y avoir été très souvent encouragé.

À quarante-cinq ans, il prétendait ne plus rien avoir à espérer. Et la mort de sa femme – survenue quelques années plus tôt – lui avait fait croire en une sorte de résolution affective (d'autant plus surprenante qu'ils étaient depuis longtemps séparés) : il ne pourrait désormais plus connaître aucun espoir et le moindre désir pour qui que ce soit ne pourrait plus être éprouvé. Il disait aujourd'hui ne pas très bien savoir quelle valeur accorder à ces découvertes conscientes, et il aurait préféré de loin se fier à ce qu'il ressentait en rêve. Car ne plus rien ressentir pour une femme « vue en passant » ne pouvait faire figure à ses yeux de gage de fidélité à la femme morte, tant « l'extinction » de sa vie sexuelle paraissait lui offrir le confort du fait déjà accompli d'un vieillissement en cours – peut-être prématuré mais secrètement espéré – le rendant complice de la lâcheté de son âme. N'était-ce pas cela que devait servir à exprimer le mot de « marasme », sorte d'impuissance consentie à éprouver le moindre plaisir des sensations de la vie ? En cette époque de faux hédonisme pourtant exalté par les intellectuels, l'impuissance n'a-t-elle pas à être considérée comme une méthode de vertu ? Et serait-ce déjà trop dire que prétendre que le marasme est une douleur suffisamment assourdie pour protéger, sur un mode phobique, de la vie psychique des autres en les faisant fuir, dès qu'on les approche ?

L'homme disait ne pas avoir à se plaindre de son état. Et, de fait, il ne se plaignait pas. Semblant se servir de la parole pour donner du bruit à sa pensée, il exprimait celle-ci tout en dissuadant de l'écouter, pour n'en recueillir que des effets de sonorisation avec de fortes lumières contrastées. Il devait dire plus tard que sa vie intérieure lui faisait penser à une fabrique de porno dénuée d'images bandantes, puisque seuls les bruits et les effets de lumière floue servaient à produire de nouvelles sensations, détachées de la représentation des sexes. Que voulez-vous ? ! Un cul de femme n'est plus vulgairement porno, s'il s'impose en bleu, en vert, en rouge sur fond de musique techno ! Ça, c'est la nouvelle sensation qui remplace le réflexe conditionné de l'érection.

Est-ce que la psychanalyse sortira, un jour, de son romantisme de l'amour et de la haine pour reconnaître que tout est désormais changé ?

Ainsi faisait-il état de tout ce qu'il était. Surtout en manque d'images (« la cassette porno est une usine d'images pour se masturber »), il n'était pas certain de savoir parler, ou, tout au moins, d'avoir quelque intérêt lui permettant de disposer de la curiosité nécessaire à l'égard de ce qui lui était arrivé. Car la mort brutale de sa femme – la seule femme qu'il ait aimée dans sa vie, disait-il, en se moquant de ce qu'il disait – ne saurait à ses yeux expliquer ce qu'il était subitement devenu. Les années de séparation avaient stimulé chez lui une personnalité conquérante assez heureuse : réussite dans une entreprise commerciale, développement de ses goûts pour la lecture et pour les œuvres d'art, aventures féminines assez flatteuses. Il lui était souvent venu à l'idée qu'en se séparant de sa femme, il avait enfin pu l'épouser et qu'il avait emporté avec lui les qualités de sa présence, peut-être même de sa beauté. Ne lui avait-elle pas reproché un jour de lui avoir tout volé ? Fallait-il croire, alors, que sa mort, supposée accidentelle, l'ayant littéralement broyée dans la voiture qu'elle conduisait, avait eu pour effet de le déposséder de ce qu'il lui avait volé ? La magie avait disparu et les forces vivantes, qui – comme disait Giacometti – tiennent le visage aussi compact de sens, s'étaient défaites. Mais les livres, les œuvres d'art, les belles femmes apparaissaient aujourd'hui comme une esthétique bien maniérée. Était-ce cela qu'il aurait volé à sa femme en l'épousant, finalement, par la séparation ? Le corps broyé, dont l'horreur le rend à jamais inimaginable, donnerait plus justement la mesure de l'état détruit de l'homme dépossédé de toute vie interne. Si John n'a pu se décider plus tôt à venir parler pour engager une analyse, c'est que l'amas de chair qu'est devenue la beauté broyée est encore là pour dissuader toute parole qui devrait commencer par un récit. Il n'est pas possible de parler. Et il faudra pourtant imaginer.

Les premiers mois de l'analyse furent assez remarquables en ceci que John, venant très ponctuellement et régulièrement, s'allongeait religieusement et restait longtemps en silence. Les quelques paroles prononcées sur un ton assez neutre, très rarement plaintif, semblaient exiger de lui un tel effort de remontée à la surface, d'extraction à partir d'une si puissante masse pesante ! L'homme avait cette politesse religieuse pour s'allonger, tant il se sentait réduit à la menace de s'affaler sur un divan : à un moment ou à un autre, ne hurlerais-je pas que cela suffisait ainsi, et que je ne pouvais vraiment rien pour lui, que je désignerais comme un « pauvre type », un « resquilleur de transfert » ? Il fallait bien que vienne le moment où, ne le supportant plus, je devrais le pousser physiquement dans les escaliers pour qu'il roule jusqu'en bas ! Ma colère contre lui, aussi déprimé, ne me ferait-elle pas le « réduire en bouillie » ?

Le temps n'était certes pas encore venu que je dise cela ! Les paroles que le patient redoute d'entendre prononcées par l'analyste sont celles dont il peut espérer les mots, afin de les conserver à l'intérieur, comme des formations pulsionnelles vivantes provenant de la haine de l'analyste. Il ne me fallut pas longtemps pour pressentir que ce sont ces mêmes mots qu'il adressait à sa femme, lors des crises dépressives de celle-ci. Aujourd'hui, il se retrouvait (transférentiellement) identifié à cette figure féminine de la femme inerte, embarrassante, à pousser du pied hors du lieu, tandis que seraient confiés au personnage de l'analyste les mots d'une instance (maternelle) rejetante. Il le dira : ce qu'il ne tolérait pas chez sa femme, lorsqu'elle était déprimée, c'était qu'elle le rendait à tous égards impuissant et, faisant la morte, appelait de lui qu'il la fît renaître et lui redonnât vie. La brutalité sauvage que cela suscitait en lui le désespérait.

Au cours des séances de ses premiers mois d'analyse, John paraît rechercher une sorte de tranquillité dans laquelle il ne serait pas différent de ce qu'il est, lorsqu'il reste seul chez lui. Mais ici, il apprendrait la présence de quelqu'un qui ne lui demande rien. L'intuition qui me guide se dicte sous forme d'une question : la forme corporelle que se donne l'apparence de l'être déprimé impose cette image du lit de la dépression. L'image est assez winnicottienne, lorsqu'on sait que l'analyste n'hésite pas à renforcer l'illusion régressive de la protection chaude d'un divan (coussins, couvertures...). Ici, la position allongée avec cette présence à l'arrière convient, semble-t-il, pour désigner d'elle-même la force d'un foyer de régression. Cette régression est à entendre comme une surface creuse. *Les patients dépressifs sollicitent ainsi de l'analyste qu'il devienne une forme physique plastique – un moule – propre à recevoir l'état informe dans lequel ils ressentent leur état*. Au moment de s'allonger, John vérifie que la surface ne comporte aucun pli qui aurait été formé par un corps antérieur ; il arrange le coussin à la forme d'une attitude qu'il conserve sans la modifier tout au cours de la séance.

L'engagement de l'analyse commande chez l'analyste une très précise attention, qu'il porte sur la nature de sa réalité et de ses apparences. Car la présence – ressentie parfois comme trop personnelle – peut faire obstacle à l'absence que la parole exige pour parler. C'est ainsi que, durant de longs silences, John semble, imaginairement, tâter avec ses mains de quoi est faite ma présence. Ce dont il est ici question pour lui, c'est sans doute d'éprouver le vivant, de ressentir l'inanimé dans son passage à l'animé. L'analyste ne doit pas être si éloigné de cette modalité d'existence – entre fantôme et réalité, entre survivance et vie – si justement mise en valeur par Freud dans le *Commentaire* qu'il consacre à la *Gradiva* de Jensen. Le héros, Norbert Hanold, veut savoir « comment est constituée l'enveloppe physique d'un être comme Gradiva, qui est à la fois mort et vivant – et encore, pour ce dernier cas, seulement durant l'heure de midi propice aux fantômes [1] ». Lorsqu'il l'aperçoit dans son apparition, il prend celle-ci pour jeu trompeur de son imagination et il s'exclame : « Oh si seulement tu existais, si seulement tu étais encore vivante ! » Zoé-Gradiva, morte depuis longtemps, n'a pour seule ressource que la résignation nostalgique : « Je me suis longtemps habituée à être morte », dit-elle. Le rameau d'asphodèles – fleur de l'oubli offerte au printemps – est privilégié au bouquet de roses que l'on offre aux jeunes filles. Mais cette mort – pour ainsi dire archéologique – de Gradiva est aussi une mort qui la conserve intacte, alors qu'il revient d'abord aux rêves et aussi au délire de la faire revivre. Le transfert dispose, selon Freud, de cette mémoire hallucinatoire régressive qui va rechercher les formes vivantes d'un passé anachronique au travers de la présence en personne de l'analyste, pourvu que cette présence ne fasse pas obstacle. L'analyste ne sait pas à l'avance quelle modalité d'être va être prélevée par le patient de sa

1. S. Freud, *Délire et rêves dans la* Gradiva *de Jensen* (1907), Paris, Gallimard, 1949.

propre présence. Cette modalité d'être ne saurait ressortir de l'usage d'un procédé technique. Mais le commencement d'une analyse impose certainement de se régler sur ces discrètes perceptions portant sur ce que nous sommes en cours de devenir chez le patient.

Il faut s'arrêter quelques instants encore sur ce point. Si ce qu'on appelle *présence* n'est pas qualifié par ses *aspects* (forme aspectuelle du présent), il n'est alors pas possible de penser ce qu'elle met en œuvre et surtout l'absence à laquelle elle ouvre. Lorsque Freud insiste – et j'y reviendrai plus longuement – sur « la présence en personne » de l'analyste (le « médecin »), il ne veut pas seulement signifier qu'une analyse exige la parole en présence, il appelle à comprendre (sur le modèle de la suggestion hypnotique) que la personnalité de l'analyste ne doit en aucun cas entraver le processus régressif qui fait de la présence le milieu de l'acheminement vers le royaume des absents. Dans sa nature animiste et totémique, le *primitif* est ainsi la forme sous laquelle se donne le retour des morts.

Dès 1890, Freud prend pour modèle ce qui se passe dans les rêves, où le *psychique*, dans ses *formes primitives*, dispose de cette toute-puissance. Et l'hallucination négative rend possible – par la voie de la régression transférentielle – le mouvement d'absentisation propre à l'action psychique (quasiment physique) sur la présence, de telle sorte que remontent les morts. On comprend que le rêve soit, en quelque sorte, le modèle de la sépulture des êtres disparus, et qu'il revient aux survivants de rendre ou non possible une telle sépulture.

La modalité du neutre de la « présence » et de « personne » se renforce dans une indétermination commune, propre à produire la condition du retour des morts. En ce sens, on est porté à avancer cette hypothèse, que la notion de *présence* ne saurait se concevoir hors de celle de *survivance* si remarquablement mise à jour par Aby Warburg. C'est le blocage de la présence sur l'une de ses représentations de réalité qui fige le mouvement régressif de va-et-vient, dirait-on, entre vivants et morts et qui induit le risque de l'inquiétante étrangeté – cette étrangeté qui vient dans le plus intime du familier. Que la *présence* soit survivance laisse donc entendre que la présence d'une personne ne serait rien, si elle n'était retour anachronique de formes disparues venant au jour de la réminiscence. Et c'est la régression transférentielle qui connaît – comme dans le rêve – ces formes retenues par la présence.

Je reviens à la cure analytique de John, dont le mouvement initial traduit cette recherche de perception des modalités de ma présence auprès de lui. Il est alors décisif de laisser se former les *images* dont les symptômes peuvent constituer le matériau. John désigne son mal-être comme un état de chaos dont il ne sait et ne peut s'extraire tout seul. En silence, c'est ce « marasme » qu'il éprouve dans la moindre de ses sensations. Il perd ainsi jusqu'à la sensation de ses propres mots. Il veut parler des objets de sa maison : tous les noms sont là, mais il ne sait pas les prononcer. Ce marasme cherche à s'exercer physiquement – par une sorte d'empreinte psychique éprouvée comme tactile – sur ma propre présence. La présence, serait-ce ce qui se pétrit à souhait comme une pâte à modeler, comme une terre ? Et l'inertie psychique de John rend d'autant plus sensible cette puissante action de modelage de ma présence et effectuée sur ma présence. On pourrait certes songer ici au pétrissage du sein de la mère par l'enfant au moment de la tétée. Mais je pense plus précisément à l'image que donne à voir l'enfant autiste, lorsqu'il cherche à donner une empreinte de son corps à la terre, comme pour obtenir de celle-ci une sensation de substance lui attribuant une forme corporelle (sensorielle autoérotique), dès lors qu'il se dégage progressivement de la sensorialité de ses substances d'excrétions (fèces, urine, morve, salive...).

Lors d'une séance où John est resté complètement en silence et immobile, il me vient à la pensée qu'il fait de ma présence le matériau de sa sépulture. Non pas la construction de la sépulture, mais son matériau. Dans la séance qui suit, il dit ne plus craindre que je me lasse et que je le rejette. Il se verrait volontiers *ici* dans un espace japonais, allongé à même le *sol*. Il pourrait en ma présence creuser en lui sa propre forme et la conserver. C'est la présence qui engendre – dans le corps, à partir du sol – la sépulture.

Le sol est une assise – peut-être un socle –, mais c'est aussi ce qui détient et conserve cachés les vestiges du passé[2]. John désigne cela. Plus tard, c'est du sol que surgira la figure du père longtemps restée en retrait. Elle surgira telle une érection. Ce n'est qu'après plusieurs mois d'analyse que John dira que son père s'est suicidé (par pendaison) à la suite d'échecs accumulés dans son atelier d'architecte. Il avait commis la faute de ne pas s'apercevoir qu'il avait laissé construire des habitations sur un terrain instable. John avait alors cinq ans. Ses parents étaient divorcés, et le suicide du père était survenu le jour du remariage de la mère.

Construire un sol en sachant, comme le dit Walter Benjamin, que la découverte du sol est aussi essentielle que la reconnaissance de ce qu'il contient procède de la mise en œuvre d'une analyse. En ce sens, il ne serait pas abusif de prétendre que la construction du sol est exigée du père. Et c'est précisément – tout comme pour Maître Solness – ce qui lui a fait défaut.

Le marécage du cauchemar ou de l'angoisse rappelle à John que pour enterrer ses morts, il faut construire des tombes dans la terre. La sépulture, n'est-ce pas une œuvre commencée ? Le rêve est, en quelque sorte, dans la nuit, le seuil des passages entre les vivants et les morts. Pour John – qui attend de se souvenir de nouveau de ses rêves –, ce sont ceux-ci qui peuvent lentement lui restituer ce qu'il a ressenti : il s'agit moins d'espérer rêver ce que la pensée a négligé que de rêver en prenant le temps de reconnaître par le rêve les morts survivants qui sont là présents. John attend de son analyse ce mouvement de retour vers des figures ignorées. Mais il pourrait dire aussi que le rêve doit lui restituer une image complète de sa femme morte. Cette image complète et intègre serait celle où il verrait sa femme *comme* une morte. John désignera, en certains

2. Voir *supra*, chapitre IV : « De la présomption dépressive. »

moments, son état comme l'état d'une extermination vécue, sans images ni souvenirs ressentis. Pourquoi, dit-il, ne pas penser à une extermination psychique laissant les vivants déambuler, insensibles, à leur propre mort ?

Dans « Todtnauberg », Paul Celan prononce la mort. C'est celle des camps de concentration – *Auschwitz* étant ce marécage sans lieu désigné par les nazis comme « l'anus du monde ». Horreur absolue d'une mémoire dépressive qui ne peut ni compter ni raconter ses morts.

Et pourtant, comme je l'ai dit, ce qu'on désigne communément comme « état déprimé » est bien, jusqu'à un certain point, cet oubli protecteur des morts auxquels, dans une figure unique, le déprimé s'« identifie ». Il s'agirait moins de faire le mort que de l'incorporer mimétiquement : le rêve, lorsqu'il revient, anime l'inanimé et accorde aux morts ce que j'ai appelé ici un seuil de vie. Les morts n'ont pas eu le temps de tout apprendre du temps où ils étaient en vie.

Le psychanalyste n'exige rien de plus – ni dans sa théorie ni dans sa technique – que ce dont nous disposons, si nous voulons – comme le dit Genet – accepter ce « pouvoir étrange de pénétrer le domaine des morts ». L'« innombrable foule des morts » que visitent les sculptures de Giacometti est, en un sens, complètement présente à la mémoire anachronique du transfert. Cette mémoire anachronique est le temps anamnestique de l'hallucination négative. Mais encore faut-il que l'attention hautement silencieuse recueille les mouvements de cette foule et rende le langage disponible à leur dénomination singulière. Une sépulture, c'est un lieu, et c'est aussi le nom que porte désormais ce lieu.

Dans la psychothérapie des états déprimés, on ne pourrait dire que les morts sont exhumés. Ce qui compte, c'est la construction et la nomination de ce lieu.

Les patients déprimés ne peuvent guérir que s'ils sont aidés à rentrer en contact avec leurs morts – morts dans une mort inaperçue.

C'est même là que se pose la question de la guérison de la dépression. Que veut dire guérir de *la* dépression, si ce n'est pas simplement voir disparaître les symptômes si handicapants ?

Certes avancera-t-on, comme je le fais ici, que la guérison de l'état déprimé tient dans la réacquisition d'une capacité dépressive, c'est-à-dire des potentialités de la vie psychique (la subjectivité des temps, l'intériorité, la régulation des excitations...). Mais cette réponse, aussi satisfaisante qu'elle soit, est insuffisante. Guérir de la dépression, n'est-ce pas plutôt accroître le travail du rêve et aussi son pouvoir d'interprétation, afin que s'« approfondisse », comme dit Yves Bonnefoy, la connaissance intime de l'endeuillement ? Les cultures tribales accordent aux vivants les moyens de vivre avec les morts et de donner à ceux-ci, jusque dans les locutions de la langue, la place qui leur revient. L'abstraction de notre propre culture n'entraîne-t-elle pas à l'oubli ?

CHAPITRE VI

Le rêve et l'œuvre de sépulture

Dans *L'Interprétation des rêves*, Freud fait allusion à ces rêves indistincts où les formes humaines sont semblables à des ombres qui absorbent toute l'attention du rêveur dans son rêve et qui se soustraient à toute reconnaissance au réveil – laissant persister une assez intense sensation de malaise, d'autant que tout le langage paraît faire entièrement défaut pour les nommer.

En présence de tels rêves – dont on hésiterait à prétendre qu'ils sont « typiques », tant ils ressemblent si peu à des rêves – comment ne pas être évidemment tenté de *croire* que ces ombres sont des morts sans sépulture ou plutôt de ces âmes errantes dans l'attente de la sépulture que le dormeur voudrait bien prendre soin de leur accorder par son rêve ? Car rêver est sans doute la seule façon de *penser* à nos morts. Et alors, tout ne se passerait-il pas comme si la *négligence de l'oubli* laissait ainsi errer les morts sans nom, tandis que l'hésitation du rêve à les accueillir rendrait pour un temps impossible la venue d'une mémoire de leur identité ? Mais si rêver est la seule façon de penser à nos morts, cela ne signifie pas qu'il s'agit de voir en rêve ceux qui nous ont quittés. C'est sans doute aussi cela, mais pas seulement. Car les apparences humaines qui viennent en rêve et qui sont tissées de notre propre personne portent la marque de la disparition. Le rêve, ai-je dit, est un approfondissement de la dépressivité du deuil.

Comment ne pas songer à cette première visite du vagabond au royaume des morts ? Reconnaître ses morts est pour Ulysse ce geste absolument nécessaire qu'il doit accomplir par le langage, s'il veut ne pas rester menacé par le mythe muet de l'empire maternel. La mémoire accorde généralement la conscience du souvenir et croit ainsi s'acquitter de la dette à l'égard des générations passées. Ici cette mémoire ne suffit pas. Et rien ne se passe, si elle ne fait que compter et raconter ses morts. On dirait alors qu'elle ne suffit pas à la substance des morts. Comment doit être faite la mémoire des hommes, si elle veut accorder à ses morts une sépulture qui protège les vivants et permet à ceux-ci de continuer à s'entretenir avec eux ? *Serait-ce seulement le rêve qui disposerait de la juste nature propre à accorder aux morts la sépulture dont ils sont dignes et qui – mémoire masquée – les garderait à l'abri de l'oublieuse conscience des souvenirs ?* C'est cela que j'ai avancé. Mais il reste à comprendre comment le rêve convient à la survivance et ainsi à la substance des morts.

La connotation dépressive des rêves indistincts ne fait guère de doute. Ce ne sont pas des rêves d'angoisse, bien qu'ils soient propres à susciter le malaise de l'inquiétante étrangeté. Et ce ne sont pas non plus des cauchemars, quoiqu'ils en prennent parfois la forme et le malaise. Ces rêves indistincts peuvent pénétrer la pensée avec une très grande force : ils s'agrippent alors au rêveur et ne lâchent pas prise. Ajoutons que ces rêves s'apparentent à des rêves dont on dirait qu'ils auraient été rêvés juste avant le réveil – tenant en quelque sorte en otage le rêveur empêché de se rendormir et ne pouvant non plus se réveiller. Ces rêves du matin sollicitent un sommeil qui devrait hâtivement faire rentrer les morts dans ce qui reste de la nuit. En somme, seul le rêve éclairé de la nuit profonde devrait être ce vrai tombeau construit pour la sépulture des morts. La parole du ressouvenir ne remonte-t-elle pas de ces rêves qui portent en eux la *survivance* ou, autrement dit, les affects et les tonalités d'image qui font voir un geste, un visage, entendre une voix ? L'intériorisation de ces affects de rêves est, sans doute, ce processus qui met en œuvre la sépulture du rêve.

Que les rêves indistincts apparaissent dans l'analyse comme expression de l'absence – voire d'une absence par disparition – devrait appeler ici toute notre attention. La disparition n'a-t-elle pas ceci de particulier, qu'elle empêche toute localisation du corps et qu'elle tourmente alors l'attente du vivant ? Est-il bien mort, ce disparu ? C'est la question du supplice du survivant. Car caractériser la connotation dépressive des rêves indistincts devrait en réalité nous conduire à mieux comprendre ce qu'on appelle *dépression de l'être déprimé* – précisément en relation avec une incapacité du psychique à porter ses propres morts. L'être déprimé est un *état d'affect* que l'on caractériserait donc comme cet état *affecté* ignorant qu'il est ainsi par *oubli des morts*. Cet oubli équivaut à l'étouffement assourdissant et à l'extermination – ceux-ci fussent-ils portés sur des proches vivants.

Certes a-t-on souvent établi la relation entre « état dépressif » et travail de deuil inachevé. Sous l'appellation d'« état dépressif » – par trop extensive – se confondent « capacité dépressive » et « état déprimé », dont j'ai marqué la distinction. L'état déprimé surviendrait comme l'équivalent pathologique d'un deuil impossible, et la psychothérapie devrait, en quelque sorte, délivrer le mort de son emmurement pour lui accorder une terre qui l'abrite. Si la psychopathologie psychanalytique a su prêter très tôt attention aux deuils pathologiques – sachant notamment voir dans ces formes la défense et la protection contre ce que réserverait l'horreur de la découverte du mort, elle n'a pas su mettre en évidence l'oubli des morts, que l'on voit à l'œuvre dans le froid emmurement du déprimé.

L'intérêt psychanalytique porté ici aux rêves indistincts ne devrait pas entraîner à une phénoménologie des vécus oniriques : cet intérêt ouvre plutôt à une autre considération touchant, cette fois, au transfert dans la cure. Certes l'analyste peut-il être lui-même inquiété par l'indistinction des formes qui sont ombres de formes. Plutôt que des formes déformées, ces ombres de formes ne retiennent plus de contenus d'image : après tout, ne disent-elles pas ainsi de quelle substance psychique sont faits les rêves, en deçà du leurre qu'ils produisent chez le rêveur d'avoir vu dans le rêve telle ou telle personne ? Mais l'angoisse en présence de ces ombres de formes ne serait pas non plus l'angoisse de l'inquiétante étrangeté qui valorise le miroir. *Seulement le rêve pour support des ombres*. Et la parole rend le rêve irracontable. Si ces rêves indistincts ont ce pouvoir d'inquiéter l'analyste, ne serait-ce pas parce qu'ils le menacent de *détruire sa présence en personne* ? Cela pourrait signifier que ces rêves indistincts sont, en effet, les rêves les plus régressifs d'anéantissement de l'analyste comme personne. C'est ce que le contre-transfert donne parfois à comprendre de la menace si violente que le déprimé vient à faire vivre au thérapeute dans son propre silence. Comment peut-on s'emparer d'une présence sans que personne ne s'en aperçoive ?

La captation du rêveur par les ombres de formes – le rêve, somme toute – tient de la fascination. Le rêve a touché le mort dans sa nuit. *Qu'est-ce qui rend, par le rêver, le rêve impossible ?*

On serait aussitôt tenté d'ajouter : ce que les rêves indistincts rendent impossible, c'est l'hallucination négative. Il ne serait plus dans le pouvoir du rêveur de faire apparaître/disparaître les personnes. La vengeance des morts seraitelle à ce point violente que le rêveur resterait immobilisé et ainsi contraint – tel dans *L'Enfer* de Dante – à se laisser emmurer par celui ou celle auquel il refuse sépulture ? La condamnation infligée au survivant par le mort sans sépulture équivaut à celle de devenir mort-vivant enterré dans le sommeil.

Les ombres des formes échappent à la mobilité des initiatives hypnotiques du rêveur dans son rêve. Ce qui revient à dire que le patient déprimé est, de même, privé de cette capacité de pouvoir absentiser l'analyste présent en personne. Le transfert est-il encore possible, dans ce cas, s'il n'est pas, à l'instar du rêve, le mouvement d'une hallucination négative ? C'est l'un des traits techniquement les plus remarquables que l'état déprimé met en défaut : l'action magique de la pensée envers les morts, qui dépend à la fois du rêve et du transfert. Et, corrélativement, les morts paraissent exercer une véritable vigilance insomniaque dans le sommeil.

La connotation dépressive des rêves indistincts ne fait pas de ceux-ci un trait de la dépression. Dans *Route de nuit,* Clément Rosset a admirablement désigné les rêves aux détails insignifiants du sommeil épuisant du déprimé. Bien plutôt, il me faut ici prétendre que les rêves indistincts mettent métaphoriquement en lumière cette *hypothèse métapsychologique* de l'identification aveugle à un mort par le déprimé. L'état déprimé du patient est cet état d'affect qui s'entend comme perte de vie psychique, c'est-à-dire comme cet *arrêt de mort* sur le mort.

Mais où commence la fin de la vie ? Non pas *quand,* mais *où* ? La question est nietzschéenne plutôt que freudienne. Elle appelle cet accroissement de l'étendue de la pensée – sans doute son désert –, lorsque le corps commence à se raréfier et à devenir trop étroit, en quelque sorte. Si la question appelait une réponse dans la durée du temps, elle entraînerait sûrement cette capitulation lyrique – sorte de lâcheté de l'âme – par laquelle les humains se font passifs sous le temps. Depuis son enfance, ce qu'on appelle humain connaît fort bien les angoisses qui travaillent à intérioriser la mort alors encore sans nom. Depuis longtemps, la mort a le pouvoir de rendre subjective toute pensée. Le rétrécissement du corps, sa raréfaction qui, depuis l'intérieur, offre cette générosité inattendue de porter un corps à se simplifier dans une sorte de formule, cette raréfaction abandonne au regard des autres la rapidité de voir disparaître. Ainsi peut-on savoir chez un individu quand a commencé la fin de sa vie. Parfois depuis très longtemps. Ou encore, parfois, depuis peu, mais de façon accélérée. Mais qui peut dire *où* a commencé la fin d'une vie ?

Est-ce d'ailleurs le temps qui compte ? Pourquoi devrait-on toujours – assez systématiquement – se servir du temps pour compter ? Ne serait-ce pas plutôt cette localité de la mort que la psychanalyse chercherait à désigner chez l'autre ? « Où est sa mort ? » se demande-t-on, face à ce visage qui parle dans le premier entretien. « Quel lieu occupe-t-elle qu'il ne connaît pas ? » L'intuition nietzschéenne d'un accroissement de cette folie relève précisément de la pensée qu'il est nécessaire « d'accroître le désert » : le désert *est* cette danse que devrait danser la marche du mourant s'avançant vers sa mort. « Lorsque l'homme s'approche de la mort, il ne marche plus, il danse », dit Zarathoustra. Les philosophes nous avaient appris que notre vie devait nous préparer à mourir : Nietzsche écarte cette formule, car – dans leur lâcheté – les humains sont plutôt menacés de se servir de la mort pour survivre en un sommeil sans rêve. Précisément ce sommeil qui – selon le mot d'Héraclite – évite de « toucher au mort ».

La conception freudienne d'un « travail de deuil » n'est, sans doute, pas dissociable d'une croyance nécessaire dans la durée : le bénéfice psychique de l'élaboration d'une perte est celui du renforcement narcissique de rester en vie et – du point de vue de l'animisme – de neutraliser l'action des morts par un *usage anesthésique de l'affect de dépression.* D'ailleurs, n'y a-t-il rien de plus proche de cet affect que le « psychique », dont l'économie est d'éviter la souffrance de la séparation et de la perte ? Corrélativement, il ne fait pas de doute que l'expérience du deuil – qui psychise les représentations et affects associés à la perte d'un être aimé – non seulement protège le survivant contre la terrible vengeance des morts, mais aussi lui évite l'angoisse de se sentir menacé dans sa propre intégrité par une représentation en quelque sorte trop vivante de la décomposition du cadavre. En un sens, *le problème du deuil est le problème de l'encombrement du survivant par le cadavre* ! Et, de ce point de vue, il ne serait peut-être pas abusif de prétendre que le travail du deuil équivaut à une protection que s'accordent les humains, afin d'intérioriser le temps de la mémoire et de l'oubli ou encore (ce qui revient au même) payer une dette symboliquement et imaginairement exigée pour rester en vie.

Distincte du « travail de deuil » et ne pouvant de même être assimilée au « travail du trépas » (Michel de M'Uzan), l'œuvre de sépulture concerne l'acte d'ensevelissement du mort, mais aussi cette préparation, après la mort, du lieu qui rendra possible la communication entre les vivants et les morts. Or, une telle préparation, réglée par des rituels funéraires qui dépendent, dans une culture, de la place qui revient aux morts au sein de la cité des vivants, accorde généralement une très grande importance aux aspects du corps que l'on veut conserver au-delà du cadavre. Et n'est-ce pas d'ailleurs le visage, les gestes familiers, l'intonation de la voix, un simple mouvement du corps, etc., qui sont les modalités stylistiques de la survivance ? Précisément, ce sont les affects dans le rêve qui sont délivrés par telle image singulière de l'expression du disparu. La sépulture pourrait alors être dite cette *mémoire réminiscente de l'intimité d'un corps écartant la pensée du cadavre.*

On sait que les sentiments d'intégrité et d'identité – d'un individu comme d'un groupe – dépendent très étroitement de cette place concrète accordée aux morts dans la vie. En ce sens, il convient d'entendre que l'œuvre de sépulture est à la fois psychique et culturelle : elle ne saurait se limiter au seul rituel défini de l'ensevelissement des morts. Dans ces conditions, l'œuvre de sépulture signifie que l'ensevelissement du mort évite le risque de sa disparition. *Il s'agit de rendre l'oubli impossible.*

L'acte d'ensevelissement – de mise au tombeau – s'accompagne traditionnellement de rituels soutenant les honneurs et les hommages rendus au disparu. Le verbe latin *sepelio* – dont provient le mot « sépulture » – n'évoque généralement que la pratique culturelle de l'ensevelissement des morts – laquelle est l'une des façons de traiter le cadavre, afin que lui soit accordé et que lui soit construit ce lieu du recueillement. *Ce lieu est le lieu d'une mémoire du nom. Et c'est aussi le lieu dont les parents et amis ont besoin pour continuer à communiquer avec leurs morts*. En ce sens, la construction d'une sépulture est, dans sa vie, avec ses proches, la tâche quotidienne de chacun, devant ainsi ne rien négliger de la réceptivité à l'autre dans tous ses mouvements d'expression. Une théorie de l'affect ne saurait sous-estimer cette pensée qu'à chaque instant, une rencontre humaine rendra ou non possible cette sépulture dont dépend la vie. Émile Benveniste, dans son travail sur *Les Institutions européennes,* a souligné comment on s'accorde généralement à entendre que les dispositions juridiques et religieuses (d'origine romaine et indo-iranienne) fixent non seulement les modalités de l'identité mémoriale du mort, mais, dans un acte de civilisation, les attitudes de soin qui devront prévaloir dans l'intérêt de la mémoire des morts pour les vivants.

Et dans son ouvrage sur *La sculpture funéraire : de l'ancienne Égypte au Bernin*, Erwin Panofsky a su restituer l'horizon anthropologique de l'approche critique de l'historien de l'art. « Il fallut – écrit-il – beaucoup d'observation et de réflexion pour comprendre que le corps de l'individu mort se décompose et disparaît finalement de lui-même, tandis que son pouvoir – en bien ou en mal – reste intact : ce qui continue apparemment de fonctionner et de faire intrusion dans le monde des vivants est quelque chose qui persiste lorsque le corps a péri [1]. » En un sens, l'idée de personne se trouve avoir été formée d'une perte de matérialité corporelle et, corrélativement, d'un renforcement de la matérialité spirituelle – animique – que l'on peut appeler « ombre », « spectre », voire même *fantôme*. Mais ce qui m'intéresse ici, c'est la substantialisation des images sensorielles du mort. De l'Égypte à l'époque romaine, la sépulture doit maintenir le seuil d'un passage d'une lumière entre vivants et morts. Panofsky souligne que l'art égyptien de la sépulture funéraire pourvoit « à l'avenir des morts à un niveau que l'on pourrait qualifier de magique ». Rappelant que le *ka* est, chez les Égyptiens, le double insaisissable du défunt, Panofsky ajoute un peu plus loin que « les Égyptiens firent de la préservation des corps un des beaux-arts ». « Une fois retirées les entrailles – que l'on conservait dans quatre urnes séparées, souvent baptisées de façon trompeuse "vases canopes" – le corps était embaumé, enveloppé dans de nombreuses épaisseurs de lin, doté de

1. E. Panofsky, *La sculpture funéraire : de l'ancienne Égypte au Bernin*, Paris, Flammarion, 1995, p. 13.

chaussures, d'un bâton et d'un pectoral, puis placé dans un "sarcophage intérieur" soigneusement peint, qui servait à la fois de réceptacle et de réplique[2]. » Le *ka* a besoin de l'artifice humain pour rendre le corps impérissable. La momie risque toujours de se décomposer. Il faut ici prendre toute la mesure de cet art du corps dont la forme doit persister pour le ressouvenir, au-delà du cadavre. Si la pensée devait rencontrer la décomposition du cadavre, ne dirait-on pas alors qu'elle est détruite dans son pouvoir de pensée ?

Lorsqu'on suit les remarquables analyses de Panofsky, on est frappé par cette intelligence des arts funéraires qui tentent à la fois de préserver le mort contre la décomposition de son corps (sa mélancolie de devenir cadavre !) et de produire à l'identique une forme qui est l'apparence vivante du disparu et qui serait faite de la substance psychique – onirique – à laquelle il est destiné, afin de ne pas être oublié et, en quelque sorte, décomposé par une cadavérisation de l'âme.

Tout se passerait alors de telle sorte que l'oubli du mort relève de la seule mémoire consciente, qui ne dispose en elle-même d'aucun moyen pour garantir l'intégrité du mort dans la mort. Les matériaux qui concernent la conservation du mort et la capacité substantielle de survivance – y compris au titre de la sépulture – doivent être en affinité matérielle avec la matérialité psychique et sensorielle des images du rêve. *Seul le rêve dispose ainsi de la véritable mémoire des morts*. Mais le rêve ne saurait se faire tombeau, à moins de faire courir le risque de l'état déprimé. Cette mémoire du rêve est de nature réminiscente : elle n'est que souvenance. Les morts doivent être faits d'une matérialité d'âme qui est telle que rien ne saurait ainsi les laisser se décomposer. Dans l'*Odyssée* d'Homère, il est rappelé que rester sans sépulture *(athaptos)* serait non seulement un outrage à la fidélité, mais un acte privant les vivants du message détenu par le mort à leur intention et

2. *Ibid.*, p. 17.

pour leur salut. La honte de laisser le corps du mort sans sépulture est à l'origine de cette mélancolie qui ronge l'âme et menace de l'intérieur le vivant dans sa propre vie. La mélancolie – ou la maladie mortelle – est le résultat de cette faute d'avoir négligé ses morts et de les avoir privés de la sépulture du rêve.

La question qui se pose ici serait dès lors celle-ci : *dans la pratique psychanalytique, la prévalence accordée aux affects ne souffre-t-elle pas de l'effet de catégorisation qui équivaut à la rationalité cartésienne des passions ?* Ou encore – selon la corrélation, somme toute œdipienne, entre affect et représentation – n'est-on pas porté à sous-estimer les tonalités d'affect et leur engendrement de l'une à l'autre ?

Cette question mérite d'autant mieux d'être posée que, s'agissant du *deuil* et de la *dépression*, il n'est pas concevable de « comportementaliser » la tristesse en relation avec la perte. Et précisément, ce qu'on désigne par dépression comporte une variété parfois imperceptible de tonalités d'affects passant l'une dans l'autre. Ce qu'on reprocherait ici volontiers à la sémiologie des états dépressifs (y compris aux échelles de ralentissement dépressif), c'est l'objectivation des signes, de telle sorte que ces signes en viennent à ne plus rien signifier, et notamment de ce qui est en jeu quant à la mort et à la disparition de l'autre. En effet, lorsqu'on suppose absence d'affect ou figement intérieur ou encore vide de pensée, on néglige complètement en quoi l'état déprimé tente de conserver psychiquement un mort (ou des morts) oublié(s). On ne tient que très peu compte de cette particularité de sépulture que constitue le fait de se faire soi-même sépulture – sans rêve ni sommeil – d'un mort oublié. *L'une des significations tout à fait majeures de la dépression est* – en relation avec le mouvement et l'immobilité – *cette constitution psychique d'un tombeau pour l'autre dans le corps.* C'est encore ici à l'œuvre plastique et littéraire qu'on peut avoir recours.

« Les tombeaux de Ravenne » d'Yves Bonnefoy est consacré à un tombeau « aperçu naguère au musée de Leyde ». La description qu'en donne Bonnefoy est une écriture de l'échange entre l'obscur et la clarté. « Rien dans l'aspect de cette tombe, venue d'un camp romain de la Rhénanie, qui ne soit de l'espèce la plus grossière. C'est une gangue, inégale comme la paroi d'une cave. Je ne connais pas le nom de cette pierre terreuse, dont la surface est en friche. Elle paraît tout utilitaire, vieux drap qu'on a roulé sur un corps. Mais le couvercle est ôté, la tombe vide [...]. Quelle contemplation qui fende les cieux peut plus profondément ouvrir la maison de l'Idée, quel éclair peut sauver d'un coup âme plus forte et plus libre ? Les parois intérieures du sarcophage sont d'une substance joyeuse et fine. Toutes ont été sculptées. Et comme autant de catégories que l'esprit exilé recouvre, voici rangés dans le bas-relief, resserrés dans l'espace de la tombe comme au vrai lieu de leur être, la maison et ses dépendances, et l'intérieur de la maison, sièges, armoires et tables, et lit où la morte est allongée. Il y a aussi des amphores, où l'huile et le vin se sont conservés. Il y a dans la poudre de cette pierre un frisson infini de rideaux qui ne bougent plus [3]. »

Lisant ce texte et nous le (re)donnant à lire, Georges Didi-Huberman rappelle que « l'évidence de la *visibilité* » caractérise les tombeaux en Occident : « Ils sont sculptés pour être vus : ils sont *sculptés pour les vivants*. Ils s'adressent au dehors [4]. » Mais l'objet que décrit Bonnefoy a été « sculpté pour la morte ». L'habitation – si le mot est pris à la lettre de sa pleine métaphore de geste de regard du corps sur lui-même – regarde en dedans : elle est cette forme intérieure produite par le corps de la morte pour « embrasser le cadavre lui-même ». Et Didi-Huberman ajoute : « L'image ici se replie à l'intérieur ou plutôt elle se livre au paradoxe de s'ouvrir dans la clôture même du tombeau [...]. » Elle donne une existence, non pas invisible absolument, mais visuelle et repliée, de quelque chose qu'il faut bien appeler avec Bonnefoy, une « clarté imprati-

3. Y. Bonnefoy, « Les tombeaux de Ravenne », *in L'Improbable*, Paris, Mercure de France, 1959, p. 19-20.

4. G. Didi-Huberman, *Phasmes – Essais sur l'apparition*, Paris, Minuit, 1998, p. 208.

cable[5] ». L'image est entièrement là : elle n'est compréhensible – et sans doute déjà appréhendable – que dans ce rapport à la mort et à la sépulture du mort.

Aujourd'hui, ce qu'on appelle « humanisation de la mort » (par exemple, dans les services de médecine) procède d'une volonté légitime de ne pas laisser les mourants dans l'isolement et la solitude. Et l'idée d'accompagnement des malades et de leur famille suscite parfois de terribles mises à l'épreuve des soignants, individuellement et dans leur équipe, méritant ainsi notre estime et notre reconnaissance.

Cependant, est-il vraiment possible d'*humaniser la mort* ? On sait qu'il faut parfois bien peu de choses au mourant, de la part d'un proche ou d'un ami, pour qu'il accède à sa sérénité devant la mort. Affaire d'un visage, d'une parole, d'un geste. Alors, il n'y a pas d'humanisation possible de la mort, si la mort est devenue déjà trop abstraite. Car c'est dans le commerce quotidien des humains entre eux que la mort se donne les moyens de sculpter de l'intérieur les visages. La sépulture du rêve commence dans la vie de tous les jours bien en deçà du deuil.

La fonction accordée au rêve et à son œuvre de sépulture reconduit à une réflexion de nature anthropologique. Ce qu'on appelle communément dépression ne procède-t-il pas d'un esprit d'abstraction consistant à isoler un état – pourtant état d'affect – que l'on aurait finalement tendance à banaliser dans un comportement ?

Mais, dès lors que la mort vient au centre de l'état déprimé et qu'elle met en jeu la nature du rapport entre les vivants, on s'aperçoit que la problématique de la psychothérapie de la dépression doit tirer tous les enseignements de *Deuil et mélancolie*. Dans ce texte, Freud ne s'en tient pas à une comparaison entre le normal et le pathologique : la mélancolie met au jour l'épreuve tragique de l'humain dont la vie dépend de la place qu'il donne, dans sa vie, à la mort, et à laquelle il accorde le pouvoir de son enracine-

5. *Ibid*.

ment généalogique, ainsi que les potentialités créatives du temps. La mort chez le déprimé peut être obsédante au point d'occuper le vide de la pensée, faute de pouvoir être prise en charge par un rêve. Le manquement tragique dont parle le mélancolique (« Ah, si je n'avais pas fait cela ! ») évoque, dans l'autoaccusation, la faute ou le défaut dans la relation avec ceux qui ne sont plus là et dont l'absence rend le temps irréversible.

CHAPITRE VII

Il faut être deux pour guérir

À quoi pourrait-il bien servir de parler quand on est déprimé ? Les proches, qui supportent mal leur propre impuissance, en appellent à la volonté du déprimé pour qu'il guérisse et encouragent toutes les initiatives personnelles (rencontres, voyage, sport, nouvelles occupations...) qui devraient l'arracher à son état. Quant à entreprendre une psychothérapie analytique, cette démarche, souvent recommandée par les psychiatres et les médecins généralistes, n'est pas sans se heurter, chez le déprimé lui-même, à de très fortes résistances. L'espérance portée par la parole n'est-elle pas déjà dissuadée dans la plainte qui met l'autre au défi de changer quoi que ce soit ? Cette plainte n'est pas seulement l'expression directe d'une souffrance : elle est aussi une parole qui porte plainte contre « celui » qui a été incapable de porter secours et qui a abandonné.

Comme l'énonce une patiente profondément déprimée, « je suis venue parce que le docteur X. m'a dit de venir. Je n'y crois pas. Comment vous parler serait d'une quelconque utilité ? Il faut que je retrouve toute seule la volonté de m'en sortir. Cette rupture avec mon ami m'a laissée en ruines. C'est lui qui pourrait m'aider, s'il revenait. Vous, vous ne pouvez rien contre ma dépression ». Elle ajoutera, peu après, que si c'est pour des raisons psychologiques qu'elle en est arrivée là, elle doit pouvoir se guérir toute seule. D'ailleurs, n'est-ce pas d'un excès de ressassements et de pensées qu'elle souffre ? N'est-ce pas cela qui la plonge dans l'inertie la plus totale ? Mieux vaudrait retrouver une vie saine et simple, sans vie psychique. « Ça irait mieux ainsi. »

Me voilà conduit à énoncer une bien étrange évidence – une sorte d'*évidence paradoxale* : celle qui consiste à affirmer que *la psychothérapie se donne pour objectif de prendre soin de la souffrance psychique, que son but n'est autre que de parvenir à guérir les humains de ce psychique qui les fait souffrir.* Proche de l'aphorisme, cette formulation ferait de ce qu'on nomme « psychique » ce corps invisible, incorporel, capable de douleurs engendrées par lui-même ou infligées par les autres. Ce serait l'existence même de ce psychique qui se trouverait en cause, et dont la reconnaissance est à l'origine religieuse de la psychothérapie. Délivrer l'âme de sa possession maléfique ou diabolique : délivrer les humains de leur âme tourmentée et infernale.

Cet aphorisme n'est pas tellement éloigné de l'expression que suggèrent certains patients encore incertains d'entreprendre une psychothérapie, alors que l'addiction à une drogue a créé chez eux une dépendance dont ils restent maîtres. Le détour par la clinique de la toxicomanie s'impose précisément dans un travail sur la dépression. Non seulement parce que le phénomène de dépendance addictive révèle un état de dépression primordiale, mais surtout parce que la recherche d'une substance susceptible de changer cet état appartient bel et bien à l'espérance de guérison du patient gravement déprimé. L'addiction toxicomaniaque peut donc être vue comme un révélateur de la détresse dépressive face à l'existence du psychique.

L'ennui qui colle à la peau, la douleur constamment lancinante éprouvée dès le réveil et cette « laideur déformante du visage des autres » privent ces patients de tout plaisir de désirer et de rêver. *Nul autre* ne paraît pouvoir en devenir la source et la ressource suffisamment fiables. Pour de tels patients – que l'on hésiterait à catégoriser comme « toxicomanes », tant la toxicomanie est diverse dans ce qu'elle recouvre – *c'est bel et bien le psychique qui fait souffrir à vif.* La dépendance addictive à des substances paraît alors un moindre mal, tant sont incertaines et fluctuantes les chances que les autres peuvent accorder à la créativité de la vie psychique. Il ne s'agit pas tant de chercher à guérir que de provoquer la production d'un nouvel « état mental » et de l'entretenir de façon autarcique pour s'extraire du tourment harcelant de la *vie psychique*.

De quoi cherche donc à guérir le toxicomane par l'usage qu'il fait de sa drogue, sinon du psychique ? On pourrait suspendre la question – et la suspendre à chacun de ses termes. S'agit-il de guérir quoi que ce soit ? N'est-ce pas le leurre de certains analystes de croire que le manque addictif appelle l'usage d'une drogue en réponse, par défaut d'une capacité d'élaboration et de symbolisation ? Alors, c'est encore la névrose qui joue le rôle d'étalon ! L'acception aujourd'hui extensive du terme de « toxicomanie » et la prise en compte de son pouvoir analogique ne conduisent-elles pas à un de ces enfermements tautologiques de la théorie où l'addiction toxicomaniaque vaut pour tout état de manque ? N'est-il pas nécessaire de savoir à quelle catégorie pharmacologique se rattache la drogue utilisée par celui qui en devient dépendant ? Cet usage mérite l'attention, si l'on ne veut pas le laisser définir *psychologiquement* une toxicomanie[1]. Les effets psychiques recherchés et obtenus par la drogue électivement utilisée – même si celle-ci entre en combinaison complexe avec d'autres drogues – ne sauraient être pensés à partir d'une seule référence théorique, tant reste difficilement appréhendable l'économie biochimique d'un organisme singulier dans le rôle qu'y jouent les facteurs psychiques.

La mise en suspens de la question, par ses propres termes, offre l'avantage d'une précaution de méthode face à la tentation de recourir à une sorte de métapsychologie de la détresse et du besoin qu'elle semble traduire. Il convient plutôt de se confier à une clinique du phénomène dans sa diversité, car c'est de sa lecture que dépend l'inven-

1. À cet égard, les espoirs placés dans la neuropharmacologie ne sont pas vains : il n'est certainement pas indifférent de savoir quels sont les récepteurs mis en cause par des substances aussi différentes que la nicotine, la cocaïne, l'héroïne, la morphine…

tivité métapsychologique imposée par le phénomène ou le symptôme[2]. Ce n'est pas une des moindres réserves qu'impose la clinique psychothérapique du patient toxicomane que de nous désorienter par rapport à l'usage que nous faisons habituellement du symptôme en psychanalyse. Certes, les symptômes ne manquent pas pour caractériser le comportement toxicomaniaque, mais on constate aisément qu'ils ne sont pas toujours spécifiques de la toxicomanie : les registres névrotiques et/ou psychotiques auxquels ils appartiennent devraient au moins nous empêcher de nous conduire comme si nous étions en présence d'une nouvelle entité nosographique. En revanche, le *phénomène addictif* est inévitablement présent dans de nombreuses manifestations symptomatiques que l'on voit apparaître au cours d'une cure. Et si l'on s'en tient à la considération du phénomène en lui-même, ce que l'on peut en inférer, c'est qu'il n'est pas seulement l'expression d'un manque, mais que l'*action physique* qu'il représente avec une grande violence est une *action du psychique* concernant une *affection* qui serait le *psychique lui-même.*

À formuler les choses ainsi, on n'est pas loin de l'énigmatique aporie qui ferait du toxicomane l'autocratique pharmacien du psychique, bien connu de la découverte freudienne, comme ces « personnages » de la psychopathologie équivalant à des contradicteurs dont la vertu de négation vérifie *in vivo per mortem* la diabolie théoricienne. Le paranoïaque est incontestablement l'un de ces personnages – l'obsessionnel l'est aussi. Il reviendrait alors au personnage toxicomaniaque de renforcer et de compliquer les traits de *l'autocrate* psychique auquel l'hypnose aurait arraché la prétention exorbitante de vouloir se guérir lui-même – sans un *autre.*

Tout se passe comme si *l'autocratisme de la vie psychique* renvoyait à l'une de ces formes d'emprise du psychique sur le psychique. Cette emprise (le mot utilisé par Freud est

2. Je parle ici de *phénomène* selon l'acception que H. Tellenbach a donnée à la distinction entre phénomène et symptôme. Voir *infra,* chapitre X : « Modernité de la dépression. »

celui d'*Eigenmächtigkeit*), le thérapeute la connaît par l'opposition qu'elle manifeste à toute forme d'influence venant de la présence d'un autre et s'exerçant sur le corps. Et j'ai dit ailleurs qu'elle défendait contre toute *altération* venant de *l'existence d'un autre*, comme si le transfert « intrapsychique » qu'elle réalisait était de l'ordre d'une filiation secrète au moyen de la maladie et par le pouvoir de celle-ci d'accorder la guérison.

Disons alors que le toxicomane connaîtrait le *psychique* comme une affection de l'altération et que son recours pharmacien à la drogue qualifierait celle-ci tout à la fois comme *substance* (du) *psychique* (autoattribution d'un néopsychisme) et comme force destructrice du psychisme altéré. Au cours de psychothérapies avec des toxicomanes, on est souvent frappé par l'équivalence substitutive que ceux-ci accordent à *leur* drogue, comme si elle était leur véritable *vie psychique,* en dehors de laquelle aucune pensée, aucune imagination ou sensation, aucun langage n'existe. Et l'on n'est pas moins étonné d'entendre que personne ne pourrait leur accorder ce qui leur est donné par la substance qui leur est propre. Il n'est pas rare non plus d'apprendre que les premières découvertes d'une drogue sont intervenues pour sortir de la sensation extrêmement pénible du psychique comme ennui ou comme marasme – sorte d'hypocondrie d'un organe psychique.

Penser la toxicomanie dans la continuité d'un « traitement psychique » où la substance toxique est prise comme équivalent métonymique du *psychique* lui-même et se qualifie tout à la fois comme poison (à l'instar du psychisme affecté) et comme remède de substitution (autoengendrement d'un néopsychisme), c'est certainement – à défaut d'explication – ébaucher un déplacement de la question. Comment le *psychique* peut-il donc en venir à se vivre et à se ressentir comme une affection de l'altération ? Ou encore comment peut-il se constituer comme un organe douloureux, exigeant *de lui-même* sa suppression ou sa transformation ? Et dans quelles conditions ce qui est psychique, identifié à la présence de l'autre, est-il pressenti comme étant de nature transférentielle au point de rendre cette présence excédentaire ? Car c'est bien de cela qu'il s'agit dans l'autocratisme toxicomaniaque qui s'oppose à toute menace d'influence liée à la présence d'un autre et même à sa seule existence « en tant qu'autre » – *la figure du psychanalyste thérapeute* représentant « par excellence » la menace la plus forte de l'altération en raison de l'attente qu'elle suscite.

Désigner « ce qui est psychique » comme une affection de l'altération est, en un sens, assez paradoxal. Mais nous sommes tellement accoutumés à concevoir « ce qui est psychique » comme un fait de développement et comme une conquête de l'autonomisation des conduites humaines, que nous en avons oublié « l'épuisante fatigue » que cela comporte. L'expression est de l'un de mes jeunes patients dont la mère, obsessionnelle, omniprésente depuis la toute petite enfance, avait développé chez lui une véritable *addiction d'absence.* Cette addiction s'était traduite très tôt (vers l'âge de onze ans) par la recherche de sensations autres, notamment celles produites par l'inhalation, d'abord fortuite, de substances à usage ménager, puis par la découverte des colles. Évoquant cette époque au cours de laquelle il s'était initié à ces sensations fortes, il faisait état, de façon fort subtile, de l'« alchimie » qui était en son pouvoir : celle de transformer la sensation pénible d'une « attente » de « toujours rien », de la seule absence de sa mère (identifiée à une odeur envahissante), en une sorte d'enivrante imagination qui lui redonnait l'initiative de fantaisies et de rêveries. L'« épuisante fatigue », pour lui, n'était-elle pas entraînée par cette contrainte de « devoir penser » – façon d'attendre rien ?

Ce que j'ai nommé *addiction d'absence* concerne cette phénoménalité *psychologique.* Non seulement celle-ci est de l'ordre des manifestations qui entrent sémiologiquement dans la nosographie des névroses et des psychoses, mais elle est en étroite relation avec la production de *l'hallucination négative* inhérente au *rêve* et au *transfert*. L'hallucination négative est cette *capacité physique du psychique d'absentiser* l'autre en sa présence, ou encore de rendre sa « personne transparente comme l'air[3] », ce que Zoé-Gradiva, amoureusement, reproche à Norbert : « J'étais pour toi transparente comme l'air et tu étais aussi imposant qu'un archéoptéryx, oui, je crois que c'est le nom de ces mystérieux oiseaux fossiles d'avant le déluge. »

Dans cette formule se donne l'étroite mais énigmatique conjonction entre le temps géologique des formes conservant le psychique[4] et la fonction *optique* que possède, *au présent du rêve, du délire ou du transfert*, la *personne en présence* capable de produire *personne* et de provoquer, ainsi, un *oubli du voir.* Il ne fait pas de doute que l'hallucination négative, qui s'apparente au phénomène hystérique, entre dans le premier modèle de *l'expérience de satisfaction*. Elle appartient, de ce fait, à l'expérience endopsychique d'une perception de l'objet. Il s'agit, pour Freud, d'un « état primitif de l'appareil psychique » – *primitif* voulant ici désigner la qualification du psychique (processus primaire) par son « mouvement » (désir) en présence de la *personne*, c'est-à-dire aussi bien l'illusion de sa réponse que sa disparition. Le transfert est, à cet égard, le processus d'une hallucination négative génératrice de *neutralité.* Comme on le verra dans l'*observation* qui suit, c'est là toute la question de *l'intelligence pharmacienne* du psychique par une « drogue », en son pouvoir de soustraire à la dépendance de l'*autre* dont l'existence est *altération.*

La clinique psychothérapique a contribué, on le sait, à éclairer les très grandes difficultés rencontrées avec les patients, souvent désignés comme *borderline,* qui présentent des troubles profonds de la personnalité et des carences narcissiques graves. Ceux-ci pressentent, dans l'« attachement » transférentiel, la menace démesurée d'un anéantissement, en raison de la dépendance totale à un *autre humain*, par définition *mortel*, et, par nature, dans l'incapacité de devenir l'exclusif autre de soi. Comme je l'ai

3. Voir *infra,* chapitre VIII : « La psychothérapie dans la psychanalyse aujourd'hui. »

4. Voir *supra,* chapitre II : « Un affect glaciaire et ses guérisons critiques. »

montré, il n'est pas rare de constater, chez nombre de patients déprimés, ces comportements-limites qui les font vivre dans un déni du psychique par un excès d'action (supposée jouer la fonction de décharge des excitations). Le traitement psychothérapique leur accorde très progressivement un tissu de pensée et de représentation, sous la protection de la séance, mais qui semble se dissoudre, en peu de temps, jusqu'à la séance suivante. Car ce qui compte, dans l'œuvre de névrotisation par la cure et donc dans la découverte d'une *vie (du) psychique*, c'est la sécurité intérieure assurée par la présence de l'analyste et, pour quelque temps restreint, le lien de confiance à celui-ci.

On pourrait légitimement prétendre que les obstacles rencontrés par la clinique psychothérapique ont été d'une riche fécondité heuristique, donnant accès à la compréhension des formes addictives du psychique, le psychique équivalant dans son vécu solipsiste aux plus violentes angoisses de détresse destructive. Désigner les formes addictives du psychique, c'est tout à la fois lui reconnaître une puissance considérable d'anéantissement de soi, la maîtrise de cette puissance destructrice, une désillusion fondamentale quant à l'amour vrai que l'autre pourrait apporter continûment et, enfin, *la recherche d'un « corps étranger*[5] *» pouvant être incorporé, parce que corps incorporel*. L'incorporéité de ce corps-substance pourrait bénéficier de la même définition ontologique que le psychique : elle serait tout aussi bien drogue qu'influence, impression transférentielle, voire substance sexuelle – pourvu que l'autre ne se représente pas comme extérieur et distinctement dépositaire de la substance qui agit[6]. Car ce qui est ici en cause – comme on le voit dans les anorexies dépressives –, c'est la corporéité mortelle de l'autre qui, par sa *présence réelle et manifestée* (parfois, en excès), fait obstacle au don de sa substance. On pense ici aux anorexiques pour

5. Cf. S. Le Poulichet, *Toxicomanies et psychanalyse – Les narcoses du désir*, Paris, Presses universitaires de France, 1987.

6. Cf. G. Sissa, *Le plaisir et le mal – Philosophie de la drogue*, Paris, Odile Jacob, 1997.

autant qu'elles disposent de cette « méthode » si physiquement psychique de se nourrir en silence et à l'insu de l'autre de la substance incorporelle de son corps. C'est l'altérité qui est la cause de la souffrance de l'existence psychique et c'est cette altérité prometteuse qui est à la source de la véritable dépendance et donc de l'aliénation. Dissoudre cette altérité consiste à lui voler l'effet bienfaisant de sa présence en lui déniant le pouvoir de guérir *en personne*[7].

Ce qui fait contrainte au psychique et qui, finalement, en vient à identifier le psychique à la contrainte, n'est-ce pas la subjectivité d'une pensée qui ne pourrait plus penser car elle ne serait qu'attente de l'autre et frustration du « désir insatiable » (Giulia Sissa) auquel l'autre ne répond pas ? Freud notait justement que les humains se sont dotés d'un discours intérieur – psychologiquement métaphorique – pour tenter d'exprimer et de traduire les enjeux extrêmement violents (amour/haine, vie/mort, sexualité, culpabilité) qui ne disposent pas de représentation ni de discours dans l'inconscient. C'est avec ce discours métaphorique que nous travaillons dans la cure analytique, puisqu'il ne saurait être question pour l'analyste d'inférer quelque causalité neuro-physiologique ou somatique. C'est pourquoi la *névrose de contrainte (Zwangsneurose)* – plus communément et traditionnellement appelée « névrose obsessionnelle » – constitue le véritable paradigme d'une souffrance dépressive imposée à la *vie psychique* par le psychique. Ce paradigme est celui de l'isolation autarcique du psychique dans sa tentative désespérée de se guérir lui-même et par lui-même ; il est, en même temps, celui d'une condition de la vie psychique prise ainsi dans le filet de la répétition compulsive et devant finir par s'éteindre en s'épuisant.

La notion de *traitement psychique* présente l'intérêt de désigner – à partir de l'hypnose – l'action thérapeutique requise, de la part du médecin, pour soustraire le malade à

7. Cf. P. Fédida, « L'addiction d'absence », *in Cliniques méditerranéennes*, n° 47/48, 1995.

sa propre influence, pour l'aider à se dégager de ce qui appartient à sa « maladie » et en renforce la violente détresse – à savoir sa prétention à pouvoir se guérir lui-même[8]. La psychothérapie exige donc *d'être deux* et le processus de guérison ne peut être obtenu si le thérapeute ne dispose pas de cette intuition de la vie psychique de son malade (et de son opposition à la guérison), ainsi que de *l'intuition correspondante des moyens psychiques dont il est capable pour agir sur lui – cette capacité d'agir par le psychique sur le psychique.*

« À partir du moment – écrit Freud – où les médecins ont clairement reconnu l'importance de l'état psychique dans la guérison, il leur est venu à l'idée de ne plus laisser au malade le soin de décider du degré de sa disponibilité psychique, mais au contraire de lui arracher délibérément l'état psychique favorable grâce à des moyens appropriés. C'est avec cette tentative que débute le *traitement psychique* moderne[9]. » La guérison peut survenir, dans bien des cas, par « les affects, le recours à la volonté, le détournement de l'attention, l'attente croyante ». Ces forces assez circonstancielles de la vie quotidienne, mises en œuvre avec succès, échouent en revanche, lorsque le patient oppose au thérapeute une formation psychique de nature « autocratique », c'est-à-dire une emprise du psychique sur le psychique *(Selbstherrlickeit* ou *Eigenmächtigkeit)*. Cette emprise renforce la personnalité malade au moyen d'une « volonté » toute-puissante de se guérir soi-même – seul et sans l'aide de quiconque. Une telle formation psychique offre la particularité de prendre divers aspects – y compris l'inertie et la fatigue dépressives – et de donner ce sentiment que le patient connaît fort bien le pouvoir dont il dispose secrètement pour agir sur les autres et sur son propre corps de façon complètement négative. Tout se passe donc

8. Voir *infra,* chapitre VIII : « La psychothérapie dans la psychanalyse aujourd'hui. »

9. S. Freud, « Traitement psychique (traitement d'âme) » (1890), *in Résultats, idées, problèmes*, t. I, Paris, Presses universitaires de France, 1984, p. 12.

comme si cet autocratisme pathologique savait exercer une action psychique destructive et mettait en cause le risque de modification – et donc d'altération – que comporte l'intervention de l'autre par son action psychique.

Les symptômes hypocondriaques qui accompagnent assez généralement la souffrance dépressive engendrent cette plainte de l'organe malade qui est l'équivalent, en cauchemar, du rêve dont l'effet est de produire, nous dit Freud, l'incompréhension. Le détournement de l'attention par rapport au « psychique » et la mise en échec des identifications et inférences animiques par rapport aux représentations et aux affects seraient une sorte de leurre : il rendrait impuissante toute tentative d'aide thérapeutique et de guérison.

N'est-ce pas pourtant dans de telles conditions que se pose le véritable problème de la guérison ? Autrement dit, *ne serait-ce pas par sa négation que la guérison a quelque chance de se penser ?* Ce n'est pas par goût de l'artifice dialectique que l'on formule une telle question. De la découverte de l'opposition à guérir et de la résistance au traitement, jusqu'à la « réaction thérapeutique négative », on sait que Freud n'a cessé d'approfondir la connaissance des forces inconscientes (culpabilité, masochisme, destructivité) qui accroissent (en même temps que l'aporie technique) la spéculation métapsychologique. Et les progrès accomplis par la psychanalyse, en matière de réussite thérapeutique, sont à mettre au compte de la pratique avec les cas difficiles (états-limites, pathologies narcissiques, troubles psychotiques de la personnalité) plutôt que de la fameuse « cure type » des patients névrosés. On pourrait en rester à l'idée que la guérison – obtenue « de surcroît » – est toujours « asymptotique » et que la psychanalyse ne saurait se transformer, sur un mode philosophique, en « psychosynthèse ». En revanche, il est bien vrai que c'est dans la mesure où l'analyste désigne la guérison comme une représentation-but participant à la résistance – au même titre que la représentation-but de sa personne pour l'analysant – que peut se poursuivre le travail de l'analyse. Dans ces conditions, l'intérêt de faire porter l'attention sur les formations négatives du psychique est de nature à nous éclairer sur ce qui guérit dans une psychothérapie.

L'autocratisme que vient renforcer la plainte hypocondriaque appartient, chez beaucoup de déprimés, à ce qui peut passer pour une formation de caractère. Freud a raison de laisser entendre que de telles personnalités pathologiques redoutent d'autant plus le traitement psychothérapique – et, par définition, l'hypnose – qu'elles en craignent les effets *modificateurs*. C'est dire que cette réaction négative au traitement assimile la guérison psychique à un changement d'état équivalant à une perte d'intégrité interne et, donc, à une menace de désintégration. Aujourd'hui, on ne serait certainement pas aussi prompt à assimiler cet autocratisme du malade à l'expression d'une résistance au traitement. L'attention prêtée par la clinique psychothérapique à l'*angoisse de modification par la guérison* permet de mieux appréhender la fonction du *faux self* comme garant de l'identité personnelle, de la mobilité psychique et de l'adaptation créative.

De telle sorte que *c'est bien à une véritable remise en cause de l'idée de guérison que l'on assiste dans la pratique psychothérapique analytique aujourd'hui* [10]. Cela ne revient évidemment pas à sous-estimer la fonction bénéfique des soulagements constatés et des améliorations produites au cours de la psychothérapie. Mais une telle perspective offre l'intérêt *d'éviter de désolidariser la psychothérapie de la psychanalyse et de l'en dégager. Elle fait porter l'accent sur les processus transférentiels et contre-transférentiels en jeu et veille à l'incidence de la représentation de la guérison, lorsque celle-ci s'impose à la pensée de l'analyste ou à celle du patient.*

De façon tout à fait pathétique, peu de temps avant de mourir, Sándor Ferenczi s'en prend à Freud – sans le nommer –, à qui il s'est senti transférentiellement soumis sans trouver en retour la « mutualité » espérée – ce qui ne pouvait, à ses yeux, que le livrer lentement à un processus

10. Voir le volume de la *Nouvelle Revue de psychanalyse* consacré à « L'idée de guérison », n° 17, Paris, Gallimard, 1978.

d'anémie pernicieuse. On sait que c'est une telle anémie (dite de Biermer) qui confrontera Ferenczi à un état d'épuisement dramatique, accompagné de la conscience d'une lutte somatique destinée à reconstituer de nouveaux globules rouges, et qui, finalement, l'emportera dans une « crise sanguine [11] ». Ferenczi note : « Et, de même que je dois maintenant reconstituer de nouveaux globules rouges, est-ce que je dois (si je peux) me créer une nouvelle base de personnalité et abandonner comme fausse et peu fiable celle que j'avais jusqu'à présent ? Ai-je ici le choix entre mourir et me "réaménager" [...] [12] ? » La désignation du *faux self* emprunte chez Ferenczi, dans ce même *Journal clinique*, la métaphore anatomo-pathologique du *tératome* – cette tumeur (bénigne ou maligne) dont le tissu d'origine est le testicule ou l'ovaire – qui équivaut à un jumeau. Cette tumeur pourrait donc être un jumeau, et le *faux self* se définirait, par conséquent, comme un *soi* intragemellaire déformé [13]. Ferenczi revendique alors la fonction préservatrice de ce jumeau tératologique qu'il faudrait pouvoir métaphoriquement sauvegarder et auquel il attribue – en tant que *formation de faux self* – le génie de savoir comprendre et soigner les autres malades. En cherchant à faire accéder le sujet à sa « vraie personnalité » – *avec ces deux objectifs conjugués de la vérité de soi et de la guérison* – la technique psychanalytique ne conduit-elle pas au risque de priver le patient de la créativité de sa folie, qui tient dans cette relation interne entre soi et faux-soi ? C'est hors de toute évaluation des résultats que gagne certainement à être reformulée une problématique où « guérison » ne voudrait pas dire « guérison de symptômes », mais bien plutôt capacité *de*

11. Cf. S. Ferenczi, *Journal clinique*, trad. fr. par l'équipe du Coq Héron, Paris, Payot, 1985.

12. *Ibid.*, p. 284.

13. Cf. P. Fédida, « L'hypocondriaque médecin » *in* M. Aisenstein, A. Fine, G. Pragier, *L'Hypocondrie. Monographies de la* Revue française de psychanalyse, Paris, Presses universitaires de France, 1995.

faire coexister chez le sujet perception interne de son identité et folie créatrice.

S'il s'agissait de revenir à la conception de la psychothérapie comme pratique de soin visant à la guérison des symptômes, autant alors accorder crédit à l'enseignement de Charcot, pour qui symptôme et miracle ont, au fond, la même structure et la même genèse de production. C'est ce qu'a très bien étudié Georges Didi-Huberman dans le *Commentaire* qu'il consacre à l'ouvrage de Charcot et Richer sur *Les Démoniaques dans l'art* [14]. Il écrit notamment : « La grande leçon que nous aura certainement donnée Charcot, dans *Les Démoniaques dans l'art* aussi bien que dans *La Foi qui guérit*, c'est d'avoir mis en évidence le lien structural du miracle – fût-il de guérison – et du symptôme. Charcot a explicité le miracle en termes de symptômes [15]. » Didi-Huberman apporte une argumentation fine et très informée à cette proposition de l'équivalence du symptôme et du miracle – le miracle étant ce « hors-norme » monstrueux ou prodigieux qui témoigne d'un véritable génie démoniaque d'inverser les formes et de pousser l'image à l'excès de ses possibilités d'imitation, de telle sorte que le symptôme livre sa nature propre dans sa guérison. En somme, ce serait le pouvoir d'imitation de l'image qui produit la guérison : « Les miracles de guérison à Saint-Médard – écrit encore Georges Didi-Huberman – fonctionnèrent souvent, en effet, comme une dialectique du difforme, du plus-que-difforme et du retour à la forme (à la "bonne forme"). Autrement dit : de la monstruosité, de sa *sur-monstration*, et sa dé-monstration (disparition démonstrative). Telle monstruosité du visage ou d'un membre, par exemple, recevait du contact avec la tombe, la déflagration symptomale d'une monstruosité encore plus grande – un rictus convulsif qui défigure plus encore le visage, ou bien une contorsion qui achève d'affoler le membre. Mais dans ce passage même par la plus grande monstruosité, s'opérait "à

14. G. Didi-Huberman, *Les Démoniaques dans l'art*, Paris, Macula, 1984.

15. *Ibid.*, p. 128.

l'instant" le renversement miraculeux, la conversion de beauté [16]. » Ce qui est recherché, c'est la potentialité de *figure* du symptôme qui ne saurait en rester à cet état où il est donné à voir passivement à l'observateur clinicien. La clinique thérapeutique commence ici par cette dialectique symptomale qui accordera chez Freud, et après lui, la capacité de figuration – la figurabilité – à condition que le symptôme soit propre à engendrer chez l'autre la déformation absolue.

Au fond, la conception prépsychanalytique de la guérison offre cette commodité du miracle qui subsistera dans la psychothérapie, pour autant que celle-ci accorde au praticien le pouvoir de la suggestion de l'image. Cette image peut être celle que produit la parole dans une relation de dépendance affective. Elle peut être aussi engendrée par les effets de présence du thérapeute. Elle constitue, dans tous les cas, comme le dit Freud, un ajout de matière et, en ce sens, un artefact dont la particularité est qu'il semble aussi sensible et versatile que l'affection humaine du symptôme. On sait en quels termes Freud, en 1904, dans son texte « De la psychothérapie [17] » dit avoir renoncé depuis huit ans à la suggestion : « Je désespérais de rendre les effets de la suggestion assez efficaces et assez durables pour amener une guérison définitive. » C'est que *l'idée* même de « guérison définitive » voudrait – à l'instar de la suggestion – ne pas « se préoccuper de l'origine, de la force et de la signification des symptômes morbides ». La comparaison s'impose avec la peinture qui – selon Léonard de Vinci – procède *per via di porre* et donc par application de substance sur une surface blanche propre à la recevoir. Ce n'est pas dénigrer la peinture que de parler ainsi ; c'est plutôt signifier comment l'image qui naît de cette application produit l'effet d'un ordre de la forme réalisée depuis le chaos de la chose. Il n'en va pas de même avec la sculpture – Freud poursuivant la comparaison – qui opère *per via di*

16. *Ibid.*, p. 132.

17. S. Freud, « De la psychothérapie » (1904), *in La Technique psychanalytique*, Paris, Presses universitaires de France, 1953.

levare – « en enlevant de la pierre brute tout ce qui recouvre la surface de la statue qu'elle contient ». La métaphore est aristotélicienne : procéder *per via di levare*, c'est laisser se dessiner et faire naître la sculpture – la forme – du matériau qui la détient en puissance. Si c'est alors bien de cela qu'il s'agit avec la guérison, on ne saurait s'attendre à la voir produite par effacement du symptôme, puisque le symptôme contient un savoir de soi – *une théorie de soi* – que l'analyse met en œuvre et dont elle reconnaît le pouvoir d'individuation *dans sa résistance même à disparaître*. Autrement dit, toute guérison par suggestion de substance équivaut au *pharmakon* de Platon dont l'effet thérapeutique est illusoire tant qu'il n'est pas engendré de l'intérieur. Engendré de l'intérieur – littéralement « endogène » –, cela signifie que rien de durable n'est acquis par l'âme humaine, si celle-ci ne met pas en œuvre, de l'intérieur, ce qu'on peut appeler son travail de transformation, c'est-à-dire le passage d'une forme dans une autre forme. Comme l'indique Derrida au sujet du *pharmakon* [18], c'est seulement la mémoire réminiscente qui garantit que la parole n'est pas d'effet sophistique. La parole *per via di porre* ne s'écrit pas de l'intérieur, grâce à l'autre. La parole qui s'inscrit est bien de perlaboration *(Durcharbeitung)*. Ne sait-on pas que la parole peut emprunter toutes les expressions de la prise de conscience lucide et une implacable logique d'autoconviction, proche de la mélancolie délirante ? Donner de *l'arrière* à la parole (les associations et les résonances), n'est-ce pas ce que l'analyse rend possible ? Par voie de conséquence, on devrait donc pouvoir soutenir que la psychanalyse non seulement rencontre la guérison comme une entrave au travail en cours, mais qu'elle deviendrait une œuvre de fiction, si les processus qu'elle met en œuvre venaient à se prouver dans la réalisation d'une guérison symptomatique.

---

18. Voir *infra*, chapitre IX : « Une conjoncture sans précédent. »

Elle est venue sans savoir ce qu'elle pouvait avoir à me dire. Elle se sent très déprimée, mais ce qu'elle en éprouve ne justifierait pas le recours à des médicaments, car elle tient à sa douleur sourde qui persiste depuis des mois. C'est son identité, le refuge d'un soi-même.

Depuis longtemps déjà, elle n'a rien à demander à qui que ce soit. Elle n'a, non plus, rien à raconter à personne. D'aussi loin qu'elle se souvienne, elle sait que la *parole* auprès de *quelqu'un* comporte une espérance démesurée dont il faut se garder, tant l'autre est toujours prompt à produire malgré soi l'illusion du *proche*. Elle sait ainsi de façon quasi innée que la *présence de l'autre* entraîne inévitablement un détournement du désir ou encore *l'oubli de la mémoire* – somme toute, un risque d'être surprise par la négligence. Parler à quelqu'un équivaut à *manger en parlant* : le corps peut alors absorber toute sorte de choses mauvaises sans plus prendre le soin de discerner les aliments qui lui conviennent exactement. La pire des séductions n'est-elle pas que l'*autre* agisse à son insu, en toute honnêteté et en toute confiance ? Parler à quelqu'un qui vous écoute fait de celui-ci l'involontaire séducteur d'une *attente*. Chaque fois – assez rare, il est vrai – que cela lui est arrivé, elle a dû impérativement *se faire vomir,* afin de recouvrer la mémoire de ses pensées et la reconnaissance de ses sensations propres. Avoir attendu d'une présence de la compréhension, peut-être, lui avait fait l'effet d'une sorte d'enivrement ou, en tout cas, d'un excès qui l'écartait d'elle-même. En vomissant, elle réalisait cette convulsion nécessaire des *formes,* jusqu'à l'évanouissement de toutes les paroles tenues éveillées par le contact à l'attente de l'autre. Elle n'avait rien à vomir, sinon cette attente *vulgaire* qui l'avait, pendant un temps, rendue négligente des altérations qu'une présence est capable d'entraîner. Car comment l'attente de l'autre ne serait-elle pas vulgaire ? Elle déforme, fait grossir, même si on n'en prend pas un gramme de plus. Être droite, marcher, car attendre, c'est déjà s'exposer à son regard concupiscent.

Pourtant, elle est venue aujourd'hui à ce rendez-vous où elle savait à l'avance qu'elle devrait parler. Elle parla, en effet, avec tous les moyens dont dispose la parole pour *récuser*. Non seulement pour récuser confidents et confesseurs, témoins, juges et avocats, mais avant tout pour récuser cette *présence de quelqu'un*, qui « aspire la parole » et en « épuise le souffle ». Toute présence attentive n'est-elle pas un *foyer optique* d'attraction des mots au prétexte de ce qu'on appelle communication et dialogue ? Les hypnotiseurs sont les seuls à avoir l'élémentaire honnêteté d'expliquer ce qu'ils font : ils provoquent sciemment l'attente et font de celle-ci une *disposition de croyance* physique en leur personne. Ils suggèrent ainsi que leur *apparence* de corps et de parole tient lieu d'un rêve perdu et d'une communauté abandonnée. Ils ordonnent la manifestation de l'inconscient comme le ferait une *foule* soulevant et emportant un corps dans sa fuite. Foyer optique d'attraction visuelle, l'hypnotiseur exige l'abandon volontaire de la parole à une image extérieure. Tant de choses ont déjà été dites sur cette *servitude* de l'attente – notamment lorsque le motif de son objet est le bonheur ou la guérison. La dépression – la tristesse dépressive – est au moins une façon d'être très protégé par une immobilité intérieure. Cette tristesse est aussi un vrai contact de soi à soi.

Ainsi, pour Dominique – cette jeune femme de trente-deux ans –, l'engagement d'une cure psychanalytique a quelque chose de contradictoire avec l'évidence naturelle dont elle a, depuis longtemps, l'expérience intime, dans la solitude de l'écriture de ses poèmes et de la peinture. Non pas qu'elle redoute, comme beaucoup, une menace pour sa « création », mot qui ne l'intéresse pas. Pour elle, la vie au quotidien, avec les mots, tient plutôt de l'émerveillement instantané *hors de toute attente*. L'instant fait tenir le monde entier dans cette copulation généreuse des mots avec les choses. Exacte justesse d'*écriture* et de *peinture,* dans une alliance soustraite à la recherche de l'effet et, par conséquent, à la communication avec les autres. Car la communication n'est-elle pas un détournement du langage ou, pire, son écrasement par l'inévitable phénomène, comme celui de l'illusion du bâton rompu dans l'eau ? L'apparente transparence des visages, lorsque la parole leur est adressée, fait aussitôt éprouver à la parole l'effet de son reflet. Seul le visage des jeunes enfants accueille sans détournement la rectitude des mots improvisés. Ou encore, l'intimité avec l'animal – cheval ou chien –, qui préserve la certitude qu'il n'y a rien à attendre de l'expression des visages humains. La transparence des visages n'est autre que la manifestation de l'attente, feignant le dialogue pour banaliser l'*hostile*. Mieux vaudrait encore la manifestation de l'hostilité que connaissent entre eux les animaux *sans visage*. Le langage dépourvu du visage d'en face, tout entier retourné sur l'invisible visage d'une gorge – ainsi pourrait se désigner la pure *animalité du visuel* : hors visage d'en face, tout entier retourné sur l'invisible visage d'une gorge. Hors visage d'en face, le langage est sans attente de personne.

Dominique ne parlera guère des symptômes qui la font souffrir. D'abord, parce qu'elle reste de longs moments silencieuse, dans un regard souriant et intense. Et aussi, parce que le seul symptôme qui aurait justifié – il y a quelques années – une psychothérapie était une boulimie apparue à la suite d'une rupture avec un homme marié, boulimie aussitôt maîtrisée, dont on apprendra plus tard qu'elle lui a enseigné sa « méthode anorexique ». « Cette boulimie, dira-t-elle, était anorexique » ; et, en souriant : « Je lui dois beaucoup. » Pour elle, sa dépression n'est pas un symptôme.

La parole ne doit pas attendre réponse et doit, en quelque sorte, retourner *en amont*, se retourner vers le seul langage des mots.

À ses yeux, le scandaleux paradoxe de la psychanalyse consiste donc dans cette juste exigence de langage instaurée comme une *règle*, une règle de non-communication, tandis qu'une *attention neutre* serait là pour garantir que la *personne* du psychanalyste n'intervienne aucunement au commencement de la parole et à sa source. Aussi juste que soit la règle, dans son intuition, que la parole doit se retourner vers le seul langage et non pas attendre réponse, cette règle ne s'expose-t-elle pas radicalement à sa perversion, dès lors qu'elle s'exerce par le moyen d'une sorte de dénégation ? Dénégation de l'*autre* en tant qu'*étranger hostile* ? Et si le silence de l'analyste est exactement perçu pour ce qu'il est – opposition du langage et au langage –, comment ne pas croire en une extrême qualité éthique de sa personne qui, irrésistiblement, susciterait l'attente et peut-être même l'amour ? Car, à la différence d'un état amoureux ressenti pour quelqu'un, l'amour pourrait être ce plaisir de l'*ambiguïté* renouvelant les mots en se parlant. Ils renouvellent sans cesse l'attente de *deux* grâce à leur résonance. Tel serait le vrai amour – celui de la seule sexualité du langage.

Dominique m'apprend alors que son anorexie n'est pas tant une conduite alimentaire négative que cet *arrêt* de la négation sur la *parole boulimique* : parler à quelqu'un, accorder à sa personne la vertu d'inciter à parler – à raconter et à s'exprimer – est absolument vertigineux. Il faut parler avec ce que les linguistes appellent l'« opérateur de négation ». Si la séduction de la présence entraîne la parole à s'épancher, à venir comme un torrent, seule l'*anorexie* peut assurer la négation nécessaire qui réapproprie les mots prononcés. Parfois jusqu'au mérycisme. Et il est vrai aussi que le danger est celui de l'*autisme,* qui annule les choses au profit des mots pris pour les choses.

Mais Dominique n'est pas dupe des scandaleux paradoxes qu'elle énonce. En un sens, ils tiennent du raisonnement philosophique, voire du sophisme, dont elle se méfie par-dessus tout. Si elle est convaincue, par tout ce qu'elle dit, que la *présence de l'autre* est propre à susciter l'attente d'une *réponse* et à détourner ainsi la parole de la sensation innovatrice des mots qu'elle prononce, elle sait aussi que l'*autre* peut devenir en quelque sorte la *distance d'hésitation* des mots à eux-mêmes, leur chance de traduction grâce à une *communauté* de la langue.

À quelle distance les autres doivent-ils donc être tenus par la parole pour que celle-ci ne se sédimente pas sous l'effet de masse de présence ? À quelle condition la parole peut-elle disposer de cette vue que les mots réservent pour l'écriture – cette lecture de la lecture – et pour la ressource de leur mémoire, sans leur faire courir le risque d'être paralysés par une présence visible dont le regard annihilerait la vision ? Car s'il est vain de croire que l'on puisse supprimer cette tension virtuelle des mots de la communauté envers la parole – pour ainsi dire leur *résistance* –, il est non moins vain de prétendre que le poème se passe du *dire de l'entendu* et ne rétablit pas ainsi une attente sourde-muette de la langue tournée vers lui. C'est la communauté de la langue qui attend le poème – *contre toute attente*.

C'est ce cheminement qui porta les pas de Dominique à la rencontre d'un homme, puis de l'étranger – celui-ci devant être une *personne* en présence et non pas l'effigie d'une absence. Cet étranger fut un musicien plus jeune, rencontré quand elle avait vingt-six ans. Elle fit sa connaissance par hasard, quelque part en Grèce. Il était anglais et comme elle, il nageait seul. Elle ne l'a jamais revu, n'a jamais voulu le revoir. Elle se souvient qu'il jouait du piano et lui expliquait l'art de la fugue. Et puis ce fut, un an après, à Istanbul, la découverte émerveillée d'un médecin plus âgé. Elle avait séjourné dix jours dans sa clinique. Il vivait seul. Elle fit une fois l'amour avec lui et s'en alla le lendemain. Et ce fut encore ce charpentier italien connu lors d'un voyage en Toscane. La passion intense dura un mois. Ensemble, ils ne parlaient pas. Il l'emmenait sur ses chantiers. Elle crut mourir de cette passion et préféra partir une nuit où il l'attendait. Ne pas laisser de trace.

Jusqu'à récemment, elle ne savait pas quand ni quel étranger – quel analyste ? – elle rencontrerait. Ses lectures des écrits de psychanalystes lui suggéraient des noms. Aujourd'hui, elle n'exclut pas d'aller voir quelqu'un dont elle s'est dit qu'elle n'aurait avec lui ou avec elle aucune affinité. Et juste avant de prendre congé, en guise d'avertissement, elle me dit qu'elle s'oriente mieux, face à ceux qui deviennent pour elle des *obstacles* et dont elle n'attendrait rien d'autre qu'ils soient là et seulement là – comme médecins prenant en charge insomnies, angoisses, dépressions et tous tourments du corps, aussi loin que possible d'une fonction d'oracle. L'attente à l'égard du médecin n'est-elle pas qu'il guérisse son patient ? Et les questions qu'il pose sont si simples dans leur propre attente ! Où avez-vous mal ? Et le médecin palpe, ausculte, examine, commande des examens complémentaires. Il prescrit. En palpant, il sollicite de son malade les réponses douloureuses. On le reconnaît à son art de déduire et à l'économie de son investigation. L'analyste pourrait être ce médecin impénétrable qui ne personnalise pas son rapport au patient et *traite chaque chose* comme un signe hors d'atteinte de la subjectivité privée. Dans ce cas, la passivité de l'attente est légitime, parce qu'elle neutralise, chez le patient – le temps de l'examen –, l'intériorité du corps et du langage. Cette passivité fait renoncer à la pudeur et à la honte. Pourquoi la psychanalyse ne serait-elle pas cela ? Ou aussi cela ?

Après avoir achevé des études supérieures, semble-t-il, assez brillantes, Dominique décida de renoncer à toute pratique de son métier pour se consacrer exclusivement à l'écriture et à la peinture. Elle prit cette décision grâce à un héritage modeste qu'elle acquit à la mort de son grand-père maternel. Mais pour autant que l'aspect financier y jouait son rôle, son aspect déterminant tenait en ce qu'elle héritait, avec sa sœur aînée, de la part de sa mère, morte d'une leucémie, alors qu'elle avait deux ans. Élevée par ses grands-parents maternels, elle vécut une enfance et une adolescence formées à l'intérêt pour les choses de la culture et au respect des valeurs traditionnelles, dont elle n'hésite pas à dire encore aujourd'hui qu'elles inspirent sa vie. Ayant fait preuve qu'elle pouvait exercer un métier, mais estimant qu'elle avait cette chance insigne d'être à l'abri des contraintes matérielles de la vie, sa décision d'écrire et de peindre est donnée pour un choix de travail personnel qu'elle ne destine pas à une reconnaissance sociale – qu'elle n'exclut pas pour autant le moment venu.

Tout est dit en peu de mots, avec une extrême sobriété. Dominique donne le sentiment qu'elle mène une vie, sinon austère, qui a su, du moins, se donner des limites. Elle ne mentionnera l'existence de son père que pour dire qu'elle a « depuis longtemps cessé de l'attendre ». Il quitta sa femme peu de temps après la naissance de Dominique, apparaissant quelquefois, au cours des premières années de sa vie. Elle ne l'a revu qu'une fois, « à la puberté ». Elle sait qu'il est remarié depuis longtemps et qu'il a des enfants. Il lui arrive de penser à lui, mais elle n'éprouve aucun sentiment.

Il se passa plus d'un an avant que Dominique ne reprenne rendez-vous auprès de moi, afin d'engager une analyse. Entre-temps, elle n'avait pas éprouvé la nécessité de rencontrer d'autres psychanalystes. La durée de cette attente – mais était-ce une attente ? – m'intrigua suffisamment pour que je ne puisse m'empêcher d'y voir une étrange préparation à la première séance. Cette fois, Dominique paraissait assez impatiente de commencer et d'obtenir qu'il soit pris date de la première séance. Pensant que le paiement des honoraires de l'analyste ne pouvait provenir de l'argent acquis par héritage – la part de la mère –, elle s'était, entre-temps, réengagée dans une activité rémunérée. Cela, pensait-elle, modifiait son attente. L'argent acquis par héritage ne la mettait-il pas dans cette disposition où elle voit le temps lui glisser entre les doigts et où les autres restent au loin ? Alors l'héritage pervertit le sens humain de la mortalité : ne renforce-t-il pas une sorte d'immortalité, sous le prétexte que l'inconscient ne connaît pas le temps ? Mais à partir du moment où intervient l'argent gagné par le travail, c'est toujours l'impatience de *commencer*, et c'est l'insupportable attente, dans une dépendance à l'autre par attente. Survient alors le risque de l'*excès*, telle une irritation physique ne pouvant être calmée qu'au moyen de nourriture, d'alcool et de tabac. Dominique se refuse à se laisser entraîner à de tels moyens habituellement en usage pour *tromper l'attente*. Mais elle n'ignore pas ce penchant à devenir « toxicomane » pour ne rien attendre des autres. Boulimiques, alcooliques, tabagiques, ne sont-ils pas ceux – ou plutôt, celles – qui sécrètent leur *double* ou, mieux encore, qui se donnent ainsi un procédé de *dédoublement* fait de transactions hors langage ?

L'*attente ne doit pas être trompée*, sinon, c'est le langage qui en pâtit. Alors ne pas tricher, c'est souffrir de l'angoisse du langage qui porte l'inévitable attente de l'*autre* dont la *manifestation silencieuse* évoque la certitude qu'il existe des mots et que la parole est toujours une *traduction auprès de l'étranger.* Mais l'analyse de Dominique n'est-elle pas déjà commencée ? Ce qu'elle attend, c'est d'en finir avec l'impuissance d'une certaine attente où la dépendance à l'autre empêche la *distance hostile*. Enfant et adolescente, elle a été dépendante de ses grands-parents maternels par impuissance. Aujourd'hui – ce jour où elle me parle –, elle est en colère. N'a-t-elle pas été négligente, dans l'« oubli » de son père depuis longtemps indifférent à son devenir ? La réussite de ses études ne l'a-t-elle pas fait se tromper, en raison de son idéal de pouvoir se passer des autres et, notamment, de ses parents ? Et son amour pour son grand-père maternel, tout entier tourné vers elle, ne l'a-t-il pas enfermée dans un passé de la tradition, au point de lui confier l'étrange croyance d'une présence vivante des ancêtres depuis longtemps ensevelis ? Jusque-là, la « tranquillité » de la vie de Dominique, son attention si « juste » à une exigence de « ne jamais déborder » ne seraient-elles pas l'expression d'une *parcimonie* anorexique venant à se retourner en une « lâcheté » de l'existence, lorsque la vie perd le courage d'une générosité de la *dépense* et n'est, en fin de compte, qu'une consumation discrète au profit d'une mort insensible ? Car *tromper l'attente* peut aussi être cela : faire que la vie soit « digestivement » la mort dépourvue de toute angoisse. Peut-on, en quelque sorte, « faire l'économie » du père ?

Je ne chercherai pas ici à rendre compte et non plus à raconter l'analyse de Dominique. L'*instauration de la situation analytique* était engagée par ce *questionnement* dont on vient de voir qu'il portait sur *cette attente de personne* – non pas en rester à l'expérience désabusée de ne jamais attendre personne, mais faire en sorte que la *présence de quelqu'un*, pressentie comme indispensable pour ne pas « tromper l'attente », ne détourne pas de ce rapport d'une parole au langage, là où le langage ne peut qu'être le seul interlocuteur possible de l'attente portée par la parole. Ainsi qu'il a été indiqué, Dominique était au fait d'un certain usage de la parole qui raconte la vie et qui, ce faisant, suggère à l'*autre* qu'il doit, au fil du temps, se représenter imaginairement comment peut être le quotidien de l'histoire privée. Si l'attention de l'autre est ainsi, alors on se confie à la mémoire d'une sorte d'identité psychologique qui n'est qu'un leurre de plus. Le commencement de l'analyse de Dominique s'est effectué sous le signe de cette « surveillance » de l'attention de l'analyste. *Parler* dans la séance exigeait du silence qu'il ne donne rien de la présence et qu'il restitue tout de l'hésitation des mots. La nécessité du rêve est là tout entière. Le rêve dont on se ressouvient au cours de la séance doit être assuré qu'il ne sera pas compris. Le ressouvenir du rêve et la venue de sa parole en fragments ne commandent-ils pas, en outre, que l'analyste ait trouvé sa « place », à cette distance où le langage ne rencontre pas l'obstacle du *trop de présence* ? Comme le savent les enfants, à l'instant où ils découvrent qu'ils sont capables de rêver dans leur nuit, il convient de ne pas méconnaître qu'un rêve raconté est toujours déjà un *visage modifié*. « Ton visage ne pourra pas oublier mon rêve. » Dominique attend même de la parole de ses rêves qu'elle affaiblisse légèrement l'attention trop consciente de son analyste, qu'elle confie à son silence une sorte de sommeil pour y déposer l'ombre des images. N'est-ce pas là la véritable intimité asociale du rêve ? Le rêve n'est-il pas fait pour aller aussi loin que possible rechercher en *arrière* l'interlocuteur qui, alors, n'est autre que le *subjectile du langage* ? Et si ce silence convient à cette attention hypnotique – égale, flottante – portée au rêve, c'est parce qu'il peut être, dans la situation analytique, le matériau de toutes les figures des images défaites. Seul donc le rêve pourrait mettre à l'abri de l'attraction de la présence et produire, par sa parole, le seul interlocuteur qui soit digne de l'espérance des mots prononcés – *le langage à la naissance imprononçable des images* en lesquelles le rêveur a cru. L'analyse peut avoir lieu sans que l'analysant raconte un seul rêve. Pourvu qu'en parlant des événements de la veille, il ne se réveille pas. Ce que les humains appellent « cauchemar » n'est, sans doute, rien d'autre que l'accroissement d'une conscience de la « réalité » ne laissant aucune ombre, aucun miroir sonore, pour s'entendre dans les mots. Le cauchemar est la destruction de toute attente, jusqu'à l'extrême rareté des mots.

Tout sonnait si juste dans le cheminement d'approche, et d'évitement, par Dominique, de l'analyse. L'essentiel n'avait-il pas été dit lors de la première rencontre avec elle – ce premier rendez-vous ? Dominique pensait alors que la condition d'existence du langage jusque dans le poème et la peinture tenait à cette *ascèse* qui consiste à ne jamais attendre rien de personne et surtout pas du père. Elle savait de longue date que l'attente est comme une hallucination de qualités sensibles, persistant depuis un corps absent. Elle n'ignorait pas que la mort précoce de sa mère l'avait contrainte à une véritable hypocondrie de son propre corps dont l'anorexie était la *méthode*. Et elle avait toujours cru que l'attente/non-attente de son père lui donnait, de même, le moyen de soustraire sa féminité à l'attachement incestueux – « trop sensoriel, trop sexuel » – aux images d'un homme.

Tout s'était apparemment si bien passé jusque-là, comme dans ce rêve de début d'analyse où son père est dans un profond coma, mais semble au loin, ou au fond du tremblement de terre, réagir aux échos de la voix ! Dans son rêve – qu'elle aurait aimé ne pas faire – Dominique est auprès de son père, elle ne lui parle pas, car elle n'a pas de réponse à attendre de lui, placé dans l'état de mort apparente. *Elle parle auprès de lui sous la seule forme allusive qui soit possible, lorsque la parole se garde d'être intruse par sa demande*. Dans le rêve, Dominique sait que si elle lui parlait directement, elle pourrait commettre à son encontre un meurtre. Car le meurtre est impatience de l'attente. Il ôte aux vivants leur seule et légitime espérance de s'approprier dans leur vie leur *propre mort* ; ou, comme on dit communément, de préparer la vie à la mort. Dans le rêve encore, elle parle légèrement, à l'écart de son père, sa voix orientée vers le mur qui lui fait face. Et sa voix est comme le voile des paupières mi-closes qui abrite une étrange mémoire aux souvenirs imperceptibles. C'est alors qu'elle s'aperçoit – en marge – que la parole réminiscente de cette voix fait entendre, venant de la nuit du coma, un *souffle* de résonance.

En un sens, l'analyse de Dominique fut l'accomplissement de ce désir de rendre vie au père, afin qu'il puisse mourir de sa propre mort. Et l'impatience de commencer l'analyse s'était entendue comme une effroyable angoisse que le père vienne à mourir sans avoir retrouvé vie, ou encore qu'il soit déjà mort, incarcéré et étouffé par son oubli.

Ce que je viens de relater ici pourrait fort bien emprunter la *forme de la fiction*. Dominique exprime aussi précisément et le plus justement possible que la parole, en présence de l'autre, détourne de ce *retour en amont* sur le langage et de ce centre de silence, qui est lieu d'identité heureusement jamais acquis – toujours à construire. Dominique m'apprit beaucoup de la *distance temporelle* dans laquelle j'avais à me tenir, dans mon rapport à mes propres mots qui me venaient avec ses mots à elle. Si la cure analytique devait être définie, à cet instant, selon une finalité, on dirait que celle-ci réside dans la découverte de la dépressivité telle que je l'ai définie, de cette condition favorable, selon Winnicott, où le va-et-vient des pensées, l'hésitation dans l'usage des mots, l'éveil et le repos de la parole parlante constituent une sorte de jeu de la perte et de l'émerveillement à laisser tomber. Rien n'est objectivable de ce « métier à tisser » (J.-B. Pontalis), car les temporalités de la vie psychique de l'analyste et de l'analysant se renvoient les unes aux autres et forment, à même les gestes invisibles du langage, le tissu de l'assez bonne dépressivité pour penser, rêver, désirer. C'est, ainsi que je l'ai rappelé [19], l'une des leçons majeures du texte célèbre de Ferenczi sur « L'élasticité de la technique psychanalytique » : *tact* et *contact* deviennent les mots d'une technique qui – telle le jeu – ne saurait s'apprendre. Ce sont les mots de la musicalité qui, de Platon à Shakespeare, rappellent que chacun de nous est un instrument de musique

---

19. Voir *supra*, chapitre I : « Une maladie de l'humain. » Voir aussi *infra*, chapitre X : « Modernité de la dépression. »

dont nous devons prendre soin pour savoir, à tout instant, le réaccorder et lui redonner la capacité de ses résonances. La psychothérapie pourrait donc être *cela : accéder à la mobilité qui ouvre l'accès à la réanimation vivante des tonalités assourdies et écrasées par l'état déprimé.*

L'état déprimé est un affect ou un état d'affect tel que les sentiments éprouvés pour quelqu'un ou en présence de quelqu'un auraient cette particularité de pouvoir tromper et, surtout, de faire perdre la résonance de l'âme. L'autiste sait cela : ce sont les sons ressentis qui comptent.

Dominique savait que si elle était emportée à parler avec excès dans une séance, cette parole l'entraînerait à se précipiter sur une pâtisserie pour avaler plusieurs gâteaux à la file. Elle enfournerait et se goinfrerait pour étouffer la parole. Elle me rappela, un jour, qu'à la séance précédente, je l'avais laissée dévider « une parole qui ne pouvait pas pleurer » et qu'elle m'en avait voulu de ne pas avoir « incisé » là où il aurait fallu le faire. Dans la nuit qui suivit, elle rêva qu'elle vomissait sa langue et que le vomi se répandait partout autour d'elle et notamment sur un livre de poète auquel elle tenait par-dessus tout. Elle pensa que la mort précoce de sa mère l'avait peut-être sauvée des sentiments affectés, mais l'avait aussi privée des tons justes des tout premiers échanges. De fait, je pouvais imaginer qu'elle avait été un bébé tombant dans la dépression. Et si *vomir sa langue en face d'un miroir de salle de bains qui ne lui reflète plus aucune image d'elle* représente l'impérieux excès d'une parole gavée qui ne nourrit pas, la démesure orgiaque de cette parole logomaniaque est totalement terrifiante. *Parvenir à se réapproprier la mesure au travers de la démesure : ainsi pourrait être énoncée la chance analytique de la psychothérapie.*

Freud n'imagine pas autrement la réussite thérapeutique d'une cure psychanalytique que comme une *fiction*. « Cure d'amour » *(Liebeskur)*, dit-il à l'issue de son commentaire de la *Gradiva*. Entendons-le bien, en effet, comme il convient de le lire. Ce qui fait fiction n'est pas tellement l'anecdotique d'une histoire où Zoé Bertgang accompagne Norbert Hanold – l'archéologue fou – dans ses pérégrinations délirantes et tourmentées. Sa folie poursuit la recherche d'une forme féminine ensevelie et Zoé, l'amie d'enfance, sait qu'elle est morte et qu'elle doit lentement apprendre à revivre au fil du délire et des rêves de Norbert. Mais le *processus de la guérison* est compréhensible, tout en restant inobjectivable.

On dirait ici que la fiction est l'imagination dont dispose le langage. C'est l'imagination des possibles. Découvrir ou redécouvrir cette imagination de la liberté des possibles. Ces possibles sont d'ordre langagier et de pensée, mais aussi sensoriels et moteurs. Tout cela ensemble. L'épuisement de l'état déprimé signifie – ainsi que le disait Gilles Deleuze à propos de *Quad* de Beckett [20] – l'épuisement des possibles. *Exhausting* : ce petit tas de têtes et de mains posé sur la table. Comment serait-il concevable d'objectiver un processus qui est le processus d'engendrement autoérotique des possibles ? Ce processus ne peut pas se produire tout seul. Ou plus exactement : il appartient à l'*être seul* de l'*autos*, à condition qu'Éros *modifie* autos et ne l'enferme pas sur place, dans un lieu. Ce qui revient à dire que ce processus sollicite le *deux* où l'autre est dans l'horizon des virtualités, « transparent comme l'air ». L'autre de l'*autos*, c'est cela. C'est ce foyer non thématisable ni objectivable d'une présence de l'autre par le langage. Et la présence dans le langage peut tout écraser – par excès. Dominique dira un jour qu'elle n'aime pas les sentiments maternels et que, si elle avait un enfant, elle ne saurait être aux côtés de son enfant sans le faire disparaître, peut-être le faire mourir. À moins que le maternel, ajoute-t-elle, consiste à savoir s'absenter en étant présente.

Alors, la fiction de la cure d'amour est bien cette ouverture si étonnante aux potentialités réveillées du langage – des gestes et démarches entrelaçant les pas et les mouvements du corps entre Zoé et Norbert, les mobilités de places occupées par l'un et l'autre, le jeu des apparitions/disparitions/réapparitions au décours de la marche et des

20. S. Beckett, *Quad*, Paris, Minuit, 1992 (trad. E. Fournier), suivi de *L'Épuisé* par G. Deleuze.

changements de lieux, enfin et surtout le jeu avec l'ambigu – ce *zweideutig*, cette « double entente » des mots, dont parle Freud pour désigner une spécificité des interprétations partagées et se renvoyant les unes aux autres. Cette double entente est complètement accordée aux temps qui ne se confondent jamais et qui règlent les distances des corps et leur accordent leur mesure. La fiction est cette œuvre de langage de l'implicite et d'une progression. C'est à ce titre qu'on pourrait dire que tout traitement psychothérapique représente cette tentative de créer l'œuvre de fiction du langage, parce qu'elle a toujours fait défaut. *Ce qui guérit dans la psychothérapie devrait être désigné ainsi – la mise en œuvre du langage gardé en retrait et qui pourrait s'appeler, avec saint Augustin, l'œuvre d'amour de la grâce du verbe.*

À l'opposé du fameux « amour de transfert » – cette réaction thérapeutique positive qui vient, comme un incendie, détruire le langage et sa mémoire et ouvre le gouffre de la mélancolie – l'amour de langage (si on peut l'appeler ainsi) n'a rien d'une logophilie, mais est bien plutôt la renaissance créative de la sexualité infantile[21]. On sait que l'émerveillement des mots et de la vocalité, chez l'enfant, à l'orée du langage, va de pair avec l'extraordinaire éveil corporel de la sexualité, dans son sens le plus précis et le plus extensif. Or, cet amour sexuel du langage – qui est à la source de la mobilité d'Éros ne se laissant capturer par rien et déjouant tous les arrêts sur séduction – coexiste avec ce « *ici en deux* » (A. du Bouchet) et avec ce qui est *entre-deux* d'une situation de présence où la présence ne détourne pas de l'éclosion de la « magie des mots ». C'est lorsque la magie vient à cesser que la parole se laisse prendre sous l'influence de la présence de l'autre et ne peut alors devenir que vulgairement tendancieuse ou encore trop longuement et lourdement explicative.

---

21. Cf. D. Widlöcher (sous la direction de), *Amour primaire et sexualité infantile*, Paris, Presses universitaires de France, 2000. Dans ce volume, j'ai consacré une contribution à « L'auto-érotisme du transfert et la sexualité infantile ».

Je pourrais dire aujourd'hui que je ne sais certainement pas *ce qui a guéri* Dominique, si, toutefois, elle avait à guérir de quoi que ce soit : de ses « accès boulimiques », des états déprimés qui survenaient sans crier gare, de ses crises de détresse panique, dont elle m'apprit qu'elles la saisissaient parfois dans la rue aux moments où elle s'y attendait le moins, de ses insomnies fréquentes qui l'exténuaient le lendemain... Au cours de la cure, elle me fit part de tous ces « petits inconvénients de la vie » dont il lui fallait bien parler, mais dont elle se serait bien passée de se plaindre car, d'une certaine façon, je n'avais pas à me familiariser avec une représentation de sa vie quotidienne. Si j'entrais dans une telle représentation, je courrais – pensait-elle – le risque de trop la « comprendre » et de ne plus pouvoir l'entendre. De fait, elle savait fort bien m'indiquer ce que je ne devais pas faire avec elle et comment je devais m'y prendre pour éviter de reproduire ce qu'inévitablement, elle suscitait répétitivement chez les autres et qui rendait leurs comportements intolérables. En retour, faire état de tel événement psychique – une simple pensée, un rêve, un symptôme – pouvait devenir dans la séance une de ces monstruosités dignes de sa propre curiosité associative. Et lorsque j'apprenais incidemment que ses accès boulimiques, que ses détresses paniques ou que ses insomnies ne s'étaient pas produits depuis longtemps, j'aurais été bien en peine de pouvoir rendre compte des raisons de leur disparition. Car c'est cela aussi qui est de l'ordre de la fiction : l'analyste peut témoigner de son travail avec le patient, il peut communiquer avec d'autres analystes, en parlant de l'intérieur et au plus près de lui-même, en continuant à penser dans le tissu des coassociations, il peut formuler des constructions qui s'engendrent les unes les autres depuis les intuitions fortes dont il dispose, *mais il n'est pas en mesure de produire les causalités psychiques qui aboutissent à la guérison des symptômes*. Inversement il serait extrêmement suspect de prêter crédit à ceux qui voudraient expliquer ce qui a guéri un patient des troubles dont il souffrait.

Alors qu'il serait évidemment scandaleux de prétendre que la psychanalyse ou la psychothérapie n'a pas à guérir quelqu'un de quoi que ce soit, l'imposture ici inévitablement consiste à prétendre parvenir à la guérison des symptômes par le moyen de la psychothérapie analytique. Ainsi doit se dire le paradoxe. Mais ce paradoxe offre tout l'avantage de désigner *la fonction imaginaire des représentations de la guérison* (souhaiter que le patient soit délivré de ses angoisses, de ses inhibitions, de son état déprimé...) *et l'inadéquation essentielle de cette notion s'agissant de la vie psychique.* C'est pourquoi l'idée jungienne de la « guérison psychique » est résolument discutable. Le paradoxe freudien offre, en revanche, l'avantage de rappeler que le *furor sanandi* entre dans la nécessaire croyance psychothérapeutique de l'analyste, dès lors qu'il devient l'analyste du patient. Mais il ne peut devenir l'analyste psychothérapeute du patient que s'il ne se laisse pas prendre par le leurre que celui-ci lui tend d'une injonction à le guérir. Le patient le fait devenir son analyste en lui parlant de telle sorte que sa parole en souffrance – exerçant un puissant refoulement sur la pensée – l'entraîne à apprendre son « dialecte » et à interpréter, dans la langue commune, avec ce dialecte singulier et autochtone. Ce qui revient alors inévitablement à penser le processus psychothérapique comme processus de « copensée et coélaboration » (Widlöcher) ou encore de *transformation*.

Dans la situation analytique de la psychothérapie, le patient ne se trompe pas sur la disposition réceptive de l'analyste et sur sa capacité de se laisser déformer et transformer par les effets symptomaux de sa parole. « Le symptôme nous regarde », disait admirablement Georges Bataille. Dans tous les sens du terme, il nous regarde, en effet, ou, du moins, c'est son inquiétante étrangeté de psychique qui nous touche de sa vue. Dans l'intérêt de la poursuite du travail de perlaboration du patient dans le traitement psychanalytique, Freud, on le sait, justifiait le maintien de l'insistance du symptôme et considérait que sa rapide suppression relevait des effets thérapeutiques indésirables au regard du travail analytique de la levée du refoulement et de l'amnésie infantile. Ce qu'il ne pouvait alors pas encore avancer (en raison d'une insuffisante théorisation du contre-transfert), c'est l'idée de la fonction de transformation des représentations et dispositions intrapsychiques chez l'analyste pour autant, précisément, que le « psychique » du symptôme *touche directement* le psychisme de l'analyste. Freud, toutefois, a été celui qui nous a appris à découvrir l'extraordinaire et admirable monstruosité psychopathologique dont sont faits les symptômes, que l'on devrait alors plutôt désigner comme ces formes aberrantes qu'empruntent les humains au cours de leur développement, dans leur propre processus d'individuation. Les expressions déformées, passionnelles, du corps hystérique se prêtent, il est vrai, à une certaine distance objectivante du regard. Mais s'agissant de troubles de pensée obsessionnelle, voire même de variations dans la personnalité, comme on le voit dans les pathologies narcissiques et mieux encore, dans les états déprimés, les effets de ressemblance jouent pleinement – comme si nous avions toujours parlé ou nous savions parler ces dialectes étrangers. C'est, là encore, un leurre. Afin d'en sortir, l'analyste ne doit jamais renoncer à écouter l'autre comme étranger – *étrangèrement* – inquiétant, si l'on peut dire.

Lorsqu'on pose la question « Qu'est-ce qui guérit dans une psychothérapie[22] ? », les réponses convenues sont celles qui affluent le plus généralement. La *relation*, dirait-on, ou encore le *transfert*, la *levée de l'amnésie infantile*, la *dissolution du complexe inconscient*, etc. Ces réponses ont chacune leur pertinence intrinsèque, mais, lorsqu'elles font « formule », elles sont certainement loin de recueillir les capacités réflexives de leurs enjeux. Et la provocation naïve de la question posée ne reçoit alors que des réponses qui ferment à l'esprit d'argumentation.

---

22. Thème d'un Forum Diderot qui a eu lieu le 12 décembre 2000. À paraître aux Presses universitaires de France, 2001. Avec les contributions de J. Cournut, D. Clerc-Maugendre, R. Gori, J. Hochmann.

En ouvrant le volume de la *Nouvelle Revue de psychanalyse* consacrée à « L'idée de guérison », J.-B. Pontalis intitulait son propos « Une idée incurable ». Jusque-là, les humains n'ont pas réussi à guérir de leur désir de guérison et pourtant, c'est bien cette guérison qui paraît mobiliser et révéler le plus les puissantes forces négatives à l'œuvre dans le processus psychothérapeutique et semble se retourner contre elles pour les mettre en échec. *Au-delà du principe de plaisir*, on ne voit pas arriver le bonheur ! C'est la jouissance de la souffrance qui est alimentée par l'économie d'un « masochisme originaire ». Pontalis dit que « c'est quand on ne peut pas guérir qu'il faut guérir ». Et « *la réaction thérapeutique négative* » – entraînant chez l'analyste une dénonciation de son « orgueil thérapeutique », ainsi qu'une forme de découragement et, très souvent, de dépression – est, on le sait mieux aujourd'hui, ce dont il faut repartir pour réévaluer complètement la question de ce qui guérit dans la psychothérapie analytique. C'est certainement cette réaction thérapeutique négative, survenant au cours de la cure ou bien au moment où celle-ci pourrait s'achever (retour des symptômes anciens ou apparition de nouveaux symptômes), qui a très largement contribué à une meilleure pratique clinique et technique des débuts du traitement et, surtout, à un approfondissement de la compréhension de la fonction du contre-transfert, de ses modalités spécifiquement auto-analytiques, des incidences sur le patient des idéaux imaginaires de l'analyste, de l'accès aux formations primitives de la vie psychique dans la régression transférentielle.

Il est sans doute très remarquable de parvenir à la conclusion qu'en se dégageant de l'idée médicale de la guérison (encore que celle-ci mérite d'être complètement réévaluée en fonction des progrès effectués par les sciences du vivant), la psychanalyse n'a pas pour autant renoncé à s'en passer. Il est vrai aussi qu'on ne verrait guère s'appliquer au processus psychothérapeutique les critères d'évaluation qui visent à vérifier l'efficacité des résultats. Il serait cependant bien désinvolte et provocateur de revendiquer un refus de toute évaluation du résultat.

Par rapport à la guérison psychiatrique ou médicale du symptôme, ce que la psychanalyse a maintenu n'est bien évidemment pas une idée du salut par la persistance de la souffrance. Le symptôme est indésirable : il est néanmoins ce par quoi s'est effectuée une individuation au cours du développement. Non seulement il est régulateur, mais il comporte pour le sujet la capacité de son identité personnelle et ce n'est que grâce à une intériorisation des moyens de connaissance de soi qui lui sont inhérents que le progrès dans la vie psychique est possible.

En parodiant ce que Nietzsche disait du corps, on pourrait ici parler de la grande sagesse du symptôme. Ce qui guérit dans la psychothérapie est certainement le fait de rendre le symptôme non plus seulement mimétique, mais *dialogique*. Ce processus passe nécessairement par la disponibilité psychique du psychothérapeute pour entrer lui-même en dialogue avec le symptôme du patient.

Ainsi notre problème s'est-il déplacé, car s'il fallait, à présent, répondre à cette question : « qu'est ce qui guérit dans la psychothérapie ? », on ne pourrait plus prétendre simplement que c'est la « relation », car c'est le « transfert ». Les *modifications* apportées au « psychique », chez le thérapeute, par la parole du patient, les transformations engagées par les puissants effets du refoulement, ainsi que par les *insights,* qui sont de véritables percées hallucinatoires, et par le matériau de l'interprétation, sont décisives dans le processus psychothérapeutique.

Alors, oserait-on prétendre que le patient peut « guérir », lorsque le psychothérapeute reste garant du *négatif* et qu'il œuvre au chantier du symptôme du patient ? Ainsi que me le disait un jour quelqu'un : « Je vais mieux, mais il vous reste à vous guérir de mon symptôme qui vous a, durant longtemps, contaminé. Quand vous en serez guéri, je pourrai repartir tranquillement. »

C'est pourquoi Harold Searles a raison, avec Winnicott – et à la suite de Ferenczi –, d'attirer l'attention des jeunes analystes sur la très impérative nécessité de guetter, dans ce métier, les risques encourus par la vie psychique à ce point « exposée aux radiations » (S. Freud). Ces risques, on les connaît quelque peu : la fatigue, la dépression, mais aussi les formations codélirantes souvent inaperçues et qui consistent dans une proximité trop familière avec le contenu manifeste des événements de la vie du patient. Searles ne désignait-il pas, à propos des patients psychotiques, le contre-transfert paranoïaque qui résulte de trop fortes intrications empathiques nourries par l'angoisse et parfois la terreur ?

Il ne suffit certes pas de parler, comme Ferenczi, de « l'hygiène » de l'analyste. Mais ce serait pourtant du côté de l'analyste rendu malade par le patient qu'il faudrait, peut-être, se tourner pour comprendre pourquoi une psychothérapie se met alors en échec.

CHAPITRE VIII

La psychothérapie dans la psychanalyse aujourd'hui

Si la question des rapports entre psychothérapie et psychanalyse revient de nos jours avec cette insistance nouvelle, il est nécessaire de l'invoquer précisément au sujet du traitement de la dépression. Car il faut prendre la mesure de cette singulière conjoncture qui fait s'interroger corrélativement – mais distinctivement – sur la psychothérapie et sur la dépression [1]. Une telle conjoncture n'est pas mystérieuse. Au moment où s'affaiblit la nécessité d'une compréhension psychopathologique et où la part réservée à la clinique s'amoindrit [2], c'est la notion de dépression qui dispose, dans sa généralité, de la voie laissée libre pour se rapprocher d'une maladie banale, familière et quotidienne. Cette « maladie » serait alors soustraite à des connaissances structurales et elle se donnerait les moyens de pouvoir se faire disparaître. On ne serait pas si loin de devoir justifier, dans ces conditions, la psychothérapie morale ou encore la psychothérapie de comportement qui sont censées favoriser le retour à une efficacité de l'adaptation.

Quelles que soient les différences d'une aire culturelle à une autre, *le phénomène sociologique de la psychothérapie* a pris, depuis déjà quelques années, l'ampleur qu'on lui connaît. Et il serait vain de vouloir ignorer qu'il a su trouver tous les moyens médiatiques pour apparaître, à

1. Voir *infra*, chapitre IX : « Une conjoncture sans précédent. »
2. Voir *infra*, chapitre XI : « De l'importance de la psychopathologie pour la psychothérapie. »

certains égards, comme contestataire de la pratique de la psychanalyse. Se sont renforcés les arguments démagogiques à l'encontre du modèle de la cure analytique dite standard : contrainte de séances hebdomadaires régulières sur une durée longue et indéterminée, coût élevé des honoraires réservant la psychanalyse à ceux qui en ont les moyens financiers, incertitude des résultats thérapeutiques et défaut d'évaluation objective de ceux-ci, trop longue formation des candidats qui sont soumis à l'aléa du choix des patients pour leurs cures supervisées, etc. On ne doit guère être surpris que, dans ces conditions, l'expansion du phénomène socioculturel des psychothérapies ait trouvé le terrain le plus favorable pour accréditer l'idée de l'efficacité thérapeutique de pratiques non psychanalytiques et, ainsi, pour dissuader la clientèle d'avoir recours à la psychanalyse. En outre, les transformations en cours de la psychiatrie – qui, quoi qu'il en soit, était jusque-là la plus solide et la plus fidèle alliée de la psychanalyse –, transformations allant dans le sens d'une pragmatique de la prescription soutenue par la mise au point d'une nouvelle génération de psychotropes, laissent le champ libre à cet éclectisme des pratiques psychothérapiques.

Il me paraît que le débat ne doit plus *ici* porter sur la question des rapports entre la psychothérapie et la psychanalyse. J'ai brièvement évoqué dans quel contexte socioculturel revenait cette fois la *question* des « psychothérapeutes », question dont les psychanalystes auraient tort de penser qu'elle ne les concerne pas. Et, en choisissant pour intitulé de ce chapitre «La psychothérapie dans la psychanalyse aujourd'hui », j'ai clairement voulu exprimer le choix d'un parti pris : celui de considérer qu'on ne saurait concevoir qu'une pratique psychothérapique ne soit pas psychanalytique. J'ai évidemment conscience du caractère radical – éventuellement doctrinal sinon doctrinaire – de pareille affirmation, qui écarterait d'emblée toutes psychothérapies non psychanalytiques ! Cette affirmation, partagée par nombre de collègues, a néanmoins conduit à opposer, depuis des années, une fin de non-recevoir aux problèmes posés par la création de certaines sociétés de psychothérapie dont les formateurs n'étaient autres que des membres didacticiens des sociétés psychanalytiques. L'exemple britannique montre à souhait quelles sont les impasses de tels choix. Et l'affirmation d'une exclusivité psychanalytique de la psychothérapie conduit à ne pas prendre garde – au nom de la doctrine – à ce qu'une culture vient à produire et à laisser proliférer comme pratiques psychothérapeutiques qu'on ne saurait pouvoir réfuter au nom de la résistance à la psychanalyse dans ses formes nouvelles d'expression. *En rappelant que la psychothérapie fait partie intégrante de la psychanalyse, ce qui m'intéresse plutôt, c'est la nécessité* (que j'ai souvent soulignée) *de concevoir une psychothérapie comme une analyse compliquée*. La psychothérapie ne saurait, selon moi, se concevoir ni comme une simple implication de la dimension thérapeutique dans la psychanalyse, ni comme l'une des applications de la psychanalyse à la pratique des soins. Je m'efforcerai donc d'expliciter ici en quoi *une* psychothérapie est une analyse compliquée, à partir d'orientations éclairant ce point de vue dont l'enjeu, assez clair, est de solliciter de la part des psychanalystes – et des institutions psychanalytiques, dans la responsabilité qui leur revient quant à la formation des analystes – qu'ils prennent toute la mesure à la fois technique et théorique de cette *complication,* pourtant déjà largement mise en évidence par ce qu'on peut appeler la « clinique des traitements difficiles ».

Ne devrait-on pas s'étonner, sinon que la pratique de la psychothérapie fasse l'objet d'un débat public, du moins que l'on veuille conférer un statut à son exercice ? Cette pratique de la psychothérapie ne participe-t-elle pas de la disposition spontanée des humains à vouloir guérir eux-mêmes, grâce à une intervention surnaturelle (le *miracle* est de même structure que le *symptôme*) ou encore à vouloir guérir les autres *là où ils ont mal* ? Dans son texte de 1935, « De la psychothérapie », Ludwig Binswanger a désigné le fondement ontologique et existentiel de la psychothérapie dans ce *Menschsein* – cette « structure de l'être-homme en tant qu'être-dans-le-monde *(in-der-Welt-sein)* (Heidegger), l'être avec et pour l'autre[3] ». Et, en des termes héraclitéens, Binswanger ne manquait pas d'énoncer cette idée que la psychothérapie – qui met en jeu deux existences et deux existants – conduit à libérer l'être de « l'isolement aveugle de l'*idios cosmos* » (corps malade, rêves, délires...), de telle sorte qu'il puisse « participer au *koinos cosmos* » de la communauté.

Vouloir guérir les autres là où ils ont mal est donc d'abord rapporté à cette croyance animiste populaire qui consiste à savoir très tôt que, si l'on peut exercer sur l'autre le mal, l'on peut aussi exercer le bien par les moyens psychiques de la pensée, des sentiments et du langage. *Ce qui ferait problème, ce ne serait donc pas la psychothérapie en tant que telle, mais bien plutôt sa conception laïque comme exercice libéral défini par des normes professionnelles.* Inversement, évoquer une *tradition populaire de la psychothérapie* revient d'abord à admettre le rôle important que jouent diversement dans les cultures (notamment à référence religieuse polythéiste) l'usage de la langue et de certaines de ses expressions, le culte des images, l'imitation des comportements. Si j'insiste sur l'expression « tradition populaire », c'est que cette expression – qui appartient à une *Völkerpsychologie* chère au projet freudien – comporte la notion d'une *transmission* de l'héritage archaïque *(« archaïsche Erbschaft »)* de l'humanité, dont les rêves détiennent la mémoire onto et phylogénétique, tout comme la langue dans l'usage populaire, les contes, les légendes et les mythes en constituent la culture. À la différence de la *masse* – voire de la *foule* – qui désigne une formation hypnotique, le *peuple* et sa culture (surtout si celle-ci abrite encore des mythes vivants) sont la véritable ressource de la psychothérapie. Jusque dans la façon dont parle la langue dans le transfert, le *populaire* est présent comme horizon de la communauté. C'est de cette façon que le transfert échappe au solipsisme.

Afin d'éclairer quelque peu cette dimension populaire de la psychothérapie, je ferai appel au travail de Georges Didi-

---

3. L. Binswanger, « De la psychothérapie » (1935), *Introduction à l'analyse existentielle,* Paris, Minuit, 1971, p. 122.

Huberman sur « Image, organe, temps – Approche de l'ex-voto[4] ». Certes, *l'ex-voto* représente principalement les atteintes de membres et d'organes dont il est espéré la guérison ou la restitution. Mais en cherchant à mouler ou à modeler des fragments détachés du corps, ce qui est recherché par leur représentation, c'est la forme visible de l'« objet » de la plainte. Cette forme visible est, pour ainsi dire, rendue onirique grâce à *l'ex-voto*. Et la cire est la matière dépressive de cette forme pour qu'elle apporte la transformation désirée. J'appelle « dépressive » cette matière, car elle est sans forme, susceptible de prendre toutes les formes et devenir ainsi une création onirique pouvant rentrer dans le corps malade et le guérir par hallucination. Ce qui importe ici, c'est qu'il est question de « représentations très primitives » (Schlosser) – « *objets constitués psychiquement* par le lien votif » et dont la production plastique, généralement en cire, serait ainsi très proche de la plasticité psychique des formes corporelles. L'*ex-voto* – à vocation gratulatoire ou propitiatoire – a valeur de don, dans un échange, de la part du sujet malade, *là où il a mal et où il souffre* et « là où il veut être transformé » et guéri.

La *forme votive* « donne forme – une forme organique – au *temps psychique* », écrit Georges Didi-Huberman. « On comprendra, je pense, que le temps "immobile" ou "résistant" – stylistiquement parlant – des formes votives n'est que l'autre face d'une valeur d'usage qui, elle, apparaît comme perpétuellement ouverte, disponible, mobilisable. » C'est ici que semble se rejouer – au niveau de la forme-organe – cette subtile dialectique de l'inerte en mouvement ou encore de la dépression à la dépressivité. « La cire, comme matériau de toutes les *plasticités*, se prête parfaitement à toutes les *labilités* du symptôme que l'objet votif tente magiquement d'involuer, de guérir, de transfigurer. La cire [...] est polyvalente, reproductible et métamorphique, exactement *comme les symptômes* qu'elle a charge

4. G. Didi-Huberman, « Image, organe, temps – Approche de l'ex-voto », « Les organes », *Le Fait de l'analyse*, n° 5, septembre 1998.

de représenter, d'une part, de conjurer d'autre part. [...] Elle permet, si l'on peut dire, un *gain de chair,* cette chair qu'elle imite si parfaitement et à quoi elle revient si obstinément... » [...]. Le matériau *cire* révèle déjà sa capacité à fonctionner psychiquement comme un *matériau du désir*[5]. »

Ex-voto donc : l'image populaire que se donne le *vœu* ou *désir.* La découpe du symptôme où se nomme *là où on a mal et là où on a le vœu de guérir* est représentée par une image anatomique plus ou moins naïve – native, dirait-on – selon le cas : oreilles, crâne, mâchoires isolées, trachées, cœurs, testicules, poumons... Et le degré interne du mal peut produire des images en cire encore plus fantastiques car inobservables : « Toute *image* en ce domaine – écrit encore G. Didi-Huberman – a pour charge de manipuler ensemble, de conjoindre un aspect très *symbolique* ou contractuel, d'une part (le rapport à l'Autre, la relation *do ut des* : *je donne* la représentation de mon symptôme *en sorte que tu donnes* la réalité de sa guérison) et, d'autre part, l'aspect toujours très immédiat et *réel*, très charnel, de la situation votive (*mon* organe malade, *mes* vêtements ici sur l'effigie, les reliefs matériels de *ce* symptôme-ci ou de *ce* miracle-là)[6]. »

Ici, l'érudition de l'auteur nous renvoie à de nombreuses études sur cette pratique rituelle populaire d'une guérison par le psychique. Mais on pourrait être aussi tenté de rejoindre l'idée de la plasticité des formes que se donne le rêve à la fois dans sa nature hypocondriaque et dans sa vocation votive psychothérapeutique[7].

Georges Didi-Huberman – qui s'est vivement intéressé à l'œuvre de Charcot à la Salpêtrière et qui est l'auteur de *L'invention de l'hystérie*[8] – accorde à juste titre une valeur primordiale au *symptôme*. Le symptôme s'isole comme *ce*

---

5. *Ibid.*, p. 248-249.
6. *Ibid.*, p. 255.
7. Communication privée avec G. Didi-Huberman.
8. G. Didi-Huberman, *L'invention de l'hystérie. Charcot et l'iconographie photographique de la Salpêtrière*, Paris, Macula, 1982.

qui tombe, qui est un « reste ». Dans la perspective d'une tradition populaire de la psychothérapie, il est vrai que le symptôme représente d'abord une forme corporelle de la manifestation du mal. Et *parler au symptôme* ou, comme on le verra, en apprendre le dialecte, est l'essentiel de l'art du psychothérapeute qui, comme dirait Georges Bataille, se dispose *au regard du symptôme, afin de se laisser modifier par lui*. C'est en effet la grande leçon du miracle que d'être ainsi produit comme la réplique inversée du symptôme, de même structure que lui. Les opérations de guérison sont tout entières dans cette transformation pressentie par Freud jusque dans l'amour de transfert ; le thérapeute s'est à ce point laissé transformer, qu'il est devenu le miracle du symptôme !

Chacun de nous dispose sans doute, dans sa pratique analytique, de ces séquences où le patient ne croit pas dans sa guérison prochaine par la psychanalyse et – tout en poursuivant sa cure – va rencontrer un guérisseur, un radiesthésiste, un sorcier ou encore, « par hasard », quelqu'un dont il tombe amoureux. Ce qu'on pourrait appeler « actualisation d'un transfert latéral » joue, de fait, son rôle psychothérapeutique parfois seulement pour peu de temps ! Il revient alors à l'analyste de recueillir ce matériel comme tout autre matériel et de reconnaître, en effet, que l'efficacité thérapeutique est parfois très proche de la catastrophe psychique.

Dans les états déprimés, l'extrême sensibilité – voire *sensitivité* – du patient à ce qui peut faire miracle pourrait constituer un trait instructif de l'efficacité des symptômes-miracles. Quelqu'un me dit qu'étant tombé amoureux d'un jeune homme, il a aussitôt cessé de se sentir enfermé dans sa dépression. « Le transfert, ajoute-t-il, ne serait pas parvenu à ce résultat magique en si peu de temps. » À ceci près que, dans ce cas, c'est bien le processus transférentiel qui a permis la rencontre amoureuse homosexuelle et que la réactivité « thérapeutique » à cette rencontre est tout en même temps symptôme et miracle. Dans sa fuite narcissique, le patient commence alors à changer souvent de partenaires, jusqu'au moment où s'amorce un effondrement mélancolique à la faveur d'une nouvelle rupture douloureuse. On a sans doute sous-estimé la matérialité de la dépression, qui fait du corps inerte et silencieux le matériau qui condense et retient toutes les formes. Rien n'apparaît imaginable face à ce corps immobile, assis ou allongé, souvent enlaidi par son épuisement. Aucun mouvement ne s'en dessine. C'est pourtant la restitution d'une image par le thérapeute qui va tracer les premières formes vivantes. Ces formes sont appelées par les mots et les gestes restituant, grâce au rêve, les ébauches de sentiments et d'émotions.

C'est pourquoi s'interroger ainsi sur la psychothérapie des états déprimés conduit à prêter la plus extrême attention à la nature d'un affect de la dépression qui disposerait de cette rapidité à s'inverser en un affect répondant à l'affect éprouvé par le psychothérapeute, qui donne ainsi résonance à ce qui ne pouvait ni se ressentir, ni s'éprouver. La théorie de l'empathie n'a pas tiré ce qu'elle pouvait de ce modelage réciproque des affects.

Est-il besoin de revenir sur l'ancienneté de la tradition psychothérapique appartenant d'abord à la fonction des prêtres puis à celle des médecins ? Je n'entrerai pas dans l'histoire de la psychothérapie, si ce n'est pour n'en relever que l'aspect, selon moi, le plus essentiel – à savoir *l'instauration du sacré dans la rencontre avec l'autre-malade*. Ce que j'appelle « instauration du sacré » concerne certes l'enceinte du temple – dont Freud dira qu'elle pourrait s'entendre comme le rêve dans le sommeil – où sont prononcées des formules rituelles et où sont effectués des gestes propres à délivrer du mal. Cette instauration du sacré conserve aujourd'hui sa pleine signification, dès lors que n'est en rien banalisée (ou commercialisée !) la pratique psychothérapeutique. Après tout, ne devrait-on pas parler de l'angoisse dans la rencontre avec l'étranger et de l'énigmatique inspiration que fait naître le mal ? Semblable formulation permet probablement de redonner vigueur à ce que l'on désignait du temps de Charcot sous l'expression d'« attente croyante » inspirant au thérapeute l'imagination de sa croyance dans le pouvoir de guérir. Ne serait-ce pas le cadre théorico-technique de la psychanalyse freudienne qui aurait imposé peu à peu cette défiance à l'égard de la *croyance* supposée porteuse de *trop* de suggestion, de *trop* d'influence ? Tout est si rigoureusement et exactement juste dans le dispositif technique de la cure psychanalytique qu'on ne se risquerait certainement pas à vouloir défendre le projet d'une *psychothérapie* faisant fi de cette sacralité de la situation dans l'attention portée à la vie psychique ! Et pourtant, comment sauvegarder la force d'une *imagination thérapeutique* dans le cadre strict d'une cure analytique ? La question nous concerne tous, en raison du risque que nous connaissons de ces analyses devenues chroniques, du fait de la déperdition de l'*inventivité psychique* de l'analyste avec le même patient, plusieurs fois par semaine, durant des années. Du reste, la supervision des cures devrait souvent nous alerter sur l'appauvrissement psychique des candidats au cours de leur formation analytique – du fait même d'une implication trop intense dans la dramatique des contenus conscients. Il ne faut pas, en effet, sous-estimer cette difficulté de voir le langage se « familiariser » et perdre ainsi le pouvoir dont il dispose dans une cure analytique.

Cette *force d'imagination thérapeutique* a été fort bien éclairée par Claude Lévi-Strauss dans un article déjà ancien intitulé « L'efficacité symbolique[9] », par comparaison avec le travail de Mme Séchehaye, qu'il cite longuement, sur « La réalisation symbolique[10] ». Lévi-Strauss prend appui sur un texte magico-religieux des cultures sud-américaines concernant la *cure shamanistique* – en l'occurrence, les images et la voix d'un chant devant aider à un accouchement difficile. Le talent du médecin indigène est le *nele* qui est une inspiration innée, une sorte de *voyance* capable de figurer à la fois la cause de la maladie et

9. C. Lévi-Strauss, « L'efficacité symbolique » – initialement paru dans *Revue de l'histoire des religions,* 1949, t. 135, *in Anthropologie structurale*, Paris, Plon, 1958.

10. M. A. Séchehaye, « La réalisation symbolique », *Revue suisse de psychologie et de psychologie appliquée*, 1947.

les paroles-gestes s'adressant singulièrement à la femme malade et lui restituant son *double vital*. Le shaman – et ses *nuchu* (esprits protecteurs qui viennent s'incarner à l'appel du shaman dans les figurines qu'il a sculptées) – produit par son chant le chemin physique-anatomique du vagin et de l'utérus de la femme enceinte malade : « Le chant est une *manipulation psychologique* de l'organe malade et [...] c'est de cette manipulation que la guérison est attendue. » Lévi-Strauss prend soin de noter que cette « médication purement psychologique » (le shaman ne touche pas au corps de la malade et ne lui administre pas de remède) n'est possible que grâce à cette voyance qui a été en mesure de trouver sa force dans les images physiques de l'intérieur du corps de la femme – de *cette* femme enceinte malade : ces images procèdent de la voyance qui devient un talent et un art chez celui qui est réceptif au langage mythique vivant et à la culture à laquelle appartient la malade. « On va donc passer – écrit Lévi-Strauss – de la réalité la plus banale au mythe, de l'univers physique à l'univers physiologique, du monde extérieur au corps intérieur. Et le mythe se déroulant dans le corps intérieur devra conserver la même vivacité, le même caractère d'expérience vécue dont, à la faveur de l'état pathologique et par une technique obsédante appropriée, le shaman aura imposé les conditions [11]. »

La comparaison introduite par Lévi-Strauss avec la *cure psychanalytique* est d'autant plus intéressante qu'il part de l'inversion des termes : mythe individuel reconstruit, mythe social convoqué ; le psychanalyste écoute et le shaman parle ; l'incantation du shaman consiste à parler pour sa malade qui doit se laisser pénétrer par la bouche de l'interprétation de son état, alors que le transfert dans la cure psychanalytique serait censé laisser se constituer en silence chez l'analyste les constructions avec des interprétations nécessairement retardées. Toutefois, Claude Lévi-Strauss fait ici appel à la technique utilisée par Mme Séchehaye : cette technique d'inspiration psychanalytique, utilisée

11. C. Lévi-Strauss, « L'efficacité symbolique », art. cité, p. 213.

auprès de schizophrènes, se rapproche à certains égards de celle de la cure shamanistique. « Ainsi, pour résoudre un complexe de sevrage, la psychanalyste doit assumer une position maternelle réalisée, non par une reproduction littérale de la conduite correspondante, mais, si l'on peut dire, à coups d'actes discontinus, dont chacun symbolise un élément fondamental de cette situation : par exemple, la mise en contact de la joue de la malade avec le sein de la psychanalyste[12]. » Et Lévi-Strauss ajoute : « Les *gestes* de Mme Séchehaye retentissent sur l'*esprit* inconscient de sa schizophrène comme les *représentations* évoquées par le shaman déterminent une modification des *fonctions* organiques de la parturiente[13]. »

Les dernières pages de cet article ne manquent pas non plus d'intérêt dans le contexte où je me place. Rappelant que Freud considérait que la psychanalyse prend en compte le langage *psychologique* dans lequel les patients se représentent et expliquent leurs troubles profonds, et que ce langage pourrait disparaître devant une conception biochimique des processus en jeu, Lévi-Strauss évoque cette hypothèse où cure shamanistique et cure psychanalytique « deviendraient rigoureusement semblables » : « Il s'agirait chaque fois d'induire une transformation organique, consistant essentiellement en une réorganisation structurale, en amenant le malade à vivre intensément un mythe, tantôt reçu, tantôt produit, et dont la structure serait, à l'étage du psychisme inconscient, analogue à celle dont on voudrait déterminer la formation à l'étage du corps. L'efficacité symbolique consisterait précisément dans cette "propriété inductrice" que posséderaient, les unes par rapport aux autres, des structures formellement homologues pouvant s'édifier, avec des matériaux différents, aux différents étages du vivant : processus organiques, psychisme inconscient, pensée réfléchie[14]. » Je ne saurais entrer ici dans une dis-

12. *Ibid.*, p. 221.
13. *Ibid.*
14. *Ibid.*, p. 222-223.

cussion sur la conception de l'inconscient telle que Lévi-Strauss l'expose brièvement, lorsqu'il écrit, par exemple, que « l'inconscient est toujours vide [...] il se borne à imposer des lois structurales [...] ». Ce qui m'importe est plutôt de mettre en valeur cette vue prospective qu'il exprime, celle d'agir sur les processus organiques dans leurs déterminations biochimiques et, pour cela, de disposer de cette *force d'imagination* que le psychothérapeute trouve dans le *geste de voyance des métaphores verbales* entraînées par le mal singulier dont souffre *ce* patient. Même si on reste perplexe en présence de l'énoncé de ce double saut, reconnaissons à Lévi-Strauss le mérite d'avoir attiré assez tôt l'attention sur les raisons pour lesquelles on pourrait qualifier la psychanalyse de *magie trop lente* [15] : cette magie serait, en effet, trop lente, parce que trop réglée sur la maladie obsessionnelle de la pensée, elle empêcherait ainsi le thérapeute de se sentir aussi engagé dans son pouvoir d'action que l'est le shaman.

Quant à l'action d'induction d'une transformation organique par la métaphore des mots, l'idée en est-elle si éloignée de celle qu'exprime Freud dans ce texte cité de 1890, « Traitement psychique (traitement d'âme) », qui est – pour ainsi dire – un condensé de la théorie de l'action psychothérapeutique et qui annonce déjà ce qu'on entendra par théorie du transfert ? *Traitement psychique* s'entend comme « traitement prenant origine dans l'âme, traitement – de troubles psychiques ou corporels – à l'aide de moyens qui agissent d'abord et immédiatement sur l'âme de l'homme [16] ». Ce moyen d'agir par l'âme sur l'âme de l'autre « est avant tout le mot et les mots sont bien l'outil essentiel du traitement psychique [17] ». Dans ce traitement, le mot peut retrouver sa « force magique d'antan ». « Les mots sont bien les instruments les plus importants de

15. P. Lacoste, *Contraintes de pensée, contraintes à penser – la magie lente*, Paris, Presses universitaires de France, 1992.

16. S. Freud, « Traitement psychique (traitement d'âme) », art. cité, p. 2.

17. *Ibid.*

l'influence qu'une personne cherche à exercer sur une autre ; les mots sont de bons moyens pour provoquer des modifications psychiques chez celui à qui ils s'adressent [18]. »

Je ne rappellerai pas la démonstration que Freud met en avant. On sait que l'accent porte sur la disposition *éveillée* de l'hypnotisé par rapport à l'hypnotiseur : il « n'entend et ne voit qu'elle *[la personne qui l'a plongé en hypnose]*, la comprend et lui répond [19] ». Ce *rapport* est un phénomène comparable à l'endormissement de la mère qui nourrit son enfant. Le modèle rêve/sommeil explicite le rapport hypnotique et, en retour, celui-ci éclaire la présence thérapeutique du rêve – voire le pouvoir du psychique de faire apparaître et disparaître. On ne saurait donc s'étonner de la façon dont intervient dans le propos de Freud la fonction de *l'hallucination négative* qui est une dimension majeure de la régression transférentielle : « De même qu'on peut obliger l'hypnotisé à voir ce qui n'est pas là, de même on peut lui interdire de voir quelque chose qui est là et qui cherche à s'imposer à ses sens, par exemple telle personne (c'est ce qu'on appelle l'hallucination négative) ; et cette personne se verra dans l'impossibilité de se faire remarquer de l'hypnotisé par quelque stimulation que ce soit ; elle sera pour lui "transparente comme l'air" [20]. »

Je cite ce dernier passage, car il pourrait bien constituer un nouveau point de départ de ma réflexion. Si, en effet, dans la cure psychanalytique, le cadre accorde les conditions favorables pour que la *présence de l'analyste en personne* facilite cette *hallucination négative qui l'absentise*, le propre d'une psychothérapie n'est-il pas de faire coexister les manifestations communicationnelles de la présence et l'absentisation nécessaires à la régression ?

Nous touchons certainement ici à l'une des difficultés majeures de la pratique psychothérapeutique. L'analyste doit se laisser modifier par les transferts et, en même temps, tout excès de neutralité et une présence trop silencieuse peu-

18. *Ibid.*, p. 12.
19. *Ibid.*, p. 15.
20. *Ibid.*, p. 17.

vent susciter chez le patient un sentiment d'anéantissement qu'il redoute par-dessus tout. D. W. Winnicott exprimait cette difficulté en indiquant que, souvent, c'est l'analyste à lui seul qui vient à configurer et à porter la situation analytique, tandis qu'il doit simultanément – et de la façon la plus agile possible – maintenir à sa présence corporelle une fonction de communication vivante avec son patient. Tout se passerait alors comme si l'analyste avait à garantir une réalité d'identité, tandis qu'il serait celui qui engendre de sa propre présence corporelle les lieux polyscéniques sur lesquels le patient peut s'exprimer.

Une telle difficulté peut encore se dire ainsi : l'exclusion du tiers de la situation analytique instaure une rupture dans la communication socialisée ; le modèle freudien de la cure analytique est bien celui où l'analyste *devient* l'analyste du patient pour autant que celui-ci s'abandonne à une parole qui ne sait pas ce qu'elle va dire. Or, ce qui caractérise une psychothérapie, c'est que la personne de l'analyste est appelée à redevenir un tiers (imaginaire) pour autant qu'il reste l'analyste.

En 1900, Freud a pour ainsi dire élaboré une théorie de la psychothérapie. Les *Études sur l'hystérie* – en collaboration avec Breuer – ont ouvert la voie. Par la suite, les nombreuses indications communiquées par Freud confirmeront à la fois – sous le critère de la part de *suggestion* – la différence entre *psychothérapie* et *psychanalyse,* ainsi que la vocation d'une cure analytique de parvenir à des résultats thérapeutiques. Chacun certes a présentes à l'esprit les images de « l'or pur de l'analyse [21] » et du cuivre de la psychothérapie. Ou encore, on ne saurait perdre de vue cette idée que, dans une analyse, le symptôme doit être

21. Cf. S. Freud : « Nous serons aussi très vraisemblablement obligés, dans l'application de notre thérapie à la masse, d'allier abondamment l'or pur de l'analyse au cuivre de la suggestion directe [...] », *in* « Les voies de la thérapie psychanalytique » (1918), *Œuvres complètes, Psychanalyse,* volume XV (1916-1920), Paris, Presses universitaires de France, 1996, p. 108.

maintenu, alors que, généralement, une psychothérapie cherche à en soulager le patient le plus rapidement possible. Et l'on n'oubliera pas non plus cette lettre à Ludwig Binswanger où Freud, se montrant relativement pessimiste quant aux résultats obtenus par la psychanalyse (« elle est au-dessus des moyens de l'être humain »), considère néanmoins qu'elle accorde la seule compréhension rationnelle possible des insuccès thérapeutiques.

Mais le problème est sans doute encore plus complexe, car *l'instauration d'une situation analytique* [22], qui implique ce *devenir analyste*, n'est jamais une fois pour toutes assurée – elle se désinstaure et se réinstaure. Néanmoins, elle reste une *fiction idéale* dont l'analyste ne peut se passer et au regard de laquelle il règle la communication et l'action thérapeutiques. Encore faut-il que son engagement actif dans le travail avec le patient (activité de copensée, selon Daniel Widlöcher) soit tel, qu'il rende possible une véritable *régression transférentielle*. Comme s'il s'agissait bien, chaque fois, de *revenir à l'origine de la psychanalyse*, c'est-à-dire à *ce qui est sollicité d'originaire* (primitif ou archaïque) et pourra ainsi entraîner *une activité de construction*.

Revenir à l'origine de la psychanalyse signifie en effet faire retour sur ce moment où s'ouvre la voie de l'œuvre psychanalytique de Freud et aussi sur ce qui opère ce passage entre la psychothérapie de l'hystérie et le choix de la découverte technique et théorique. Ce *moment* est celui de la *Traumdeutung* et, plus précisément, *le rêve de l'injection faite à Irma*, rêve des rêves s'il en est, *rêve de la psychanalyse*. Je ne commenterai pas à mon tour ce rêve sur lequel nombre de psychanalystes ont déjà travaillé. Je le considère pour ma part, en suivant ici Lacan [23], comme *le rêve de l'angoisse et de la régression du moi de l'analyste* où est

22. Cf. P. Fédida, *Crise et contre-transfert*, *op. cit.*, et *Le site de l'étranger – La situation psychanalytique*, *op. cit.*

23. J. Lacan, *Le Moi dans la théorie de Freud et dans la technique de la psychanalyse – Le Séminaire,* Livre II (1954-1955), Paris, Seuil, 1978.

figuré l'éclatement de l'identification au rôle thérapeutique (les thérapeutes autour d'Irma sont des bouffons) qui se donne dans toute son impuissance face à Irma qui souffre et ne peut parler. Le fond de la gorge qu'elle donne à voir est affreux : « voir la chair » dans l'angoisse. La *Lösung* – la « solution » – est inscrite en caractères gras pour signifier, dans la formule de la substance sexuelle (la triméthylamine), qu'elle est le langage dans l'analyse. Mais ce qui m'intéresse ici concerne le contre-transfert de Freud dans le transfert sur Fliess : c'est au fond la révélation interne que, face à la souffrance de la malade, la toute-puissance des tentatives thérapeutiques signe en vérité leur échec. Et la régression du moi de l'analyste *dans son rêve – rêve* mettant en scène *sa* patiente et les figures des thérapeutes – paraît alors le seul *recours* de l'analyste pour s'approprier son échec thérapeutique et voir se dévoiler la *solution*.

Si je fais appel à ce rêve de l'injection faite à Irma comme *prototype du rêve de l'analyste*, c'est qu'on peut en effet se demander s'il n'est pas *ce rêve dont nous avons besoin dans la cure avec chacun de nos patients*. Il est clair que l'instauration de la situation analytique avec un patient dépend très largement – ainsi que le faisait remarquer Margaret Little, après Winnicott et Balint – de la capacité de l'analyste à se donner de la façon la plus intense et la plus forte les conditions hallucinatoires (dans le rêve ou dans le fantasme) de la *vision* de cette chair qui souffre et que l'on peut désigner comme l'*archaïque*. Sándor Ferenczi sera l'un de ceux qui comprendront le mieux cette condition de travail analytique et psychothérapeutique avec les patients. Ses recommandations – notamment sous la forme de la seconde règle fondamentale de l'analyse de l'analyste, aussi approfondie que possible – vont dans le sens de cette idée que le travail thérapeutique de l'analyste avec son patient exige qu'il soit toujours en contact autoanalytique avec les zones les plus obscures (les plus noires) de sa propre vie psychique. Comme s'il s'agissait de dire encore plus clairement que *le travail psychothérapeutique de l'analyste dans une cure dépend de l'engagement constamment actif de celui-ci à ne jamais quitter le matériau qui – dans sa nature primitive – est l'informe de l'angoisse régressive*. C'est sans doute à cette condition que la parole d'interprétation de l'analyste peut éviter le risque de la communication par trop interpersonnelle.

Ce qu'on retiendrait ici volontiers de la pratique psychothérapique de D. W. Winnicott avec les patients déprimés, c'est cette façon d'intérioriser, par des images vives et de plus en plus intenses, le mal dont souffre le patient dans sa dépression. Certains ont pu le comparer au shaman qui prononce les paroles faisant remonter la maladie pour l'évacuer. Cette intériorisation s'accompagne chez le thérapeute d'une puissante imagination interprétative et de reconstruction. La situation analytique reste intègre, tandis que s'engendre depuis le thérapeute un cadre qui s'accroît pour faciliter les expériences psychiques du malade.

Ainsi, non seulement je pose ici *la question de la psychothérapie comme psychanalyse compliquée* (car elle l'est, en effet, de par la nature de l'activité psychique de l'analyste dans la cure), mais je pose aussi *les questions corrélatives de l'analyse de l'analyste et de la formation psychanalytique dans nos instituts de formation, de la pratique insuffisamment active.* Il ne s'agit pas de justifier ici un retour à la « technique active », mais bien plutôt de se demander si la *dépressivité* inhérente à la vie psychique et au refoulement n'entraîne pas, chez l'analyste, une complaisance de la durée, sous l'argument qu'il faut du temps pour la perlaboration et l'élaboration. C'est dire que l'émergence précoce de la vie psychique et de sa capacité dépressive comporte le pare-excitations (protégeant contre les effractions internes et externes), et surtout une perception endopsychique des mouvements, des affects et des représentations. Ce qui suppose l'acquisition d'un temps rythmique, kinesthésique, qui évite au sujet de vivre des écarts émotionnels insupportables. Le problème est alors de chercher à comprendre pourquoi le recours à l'état déprimé signifie un défaut de la *dépressivité* et le refuge dans une immobilité qui englobe le psychique et le corporel. On se tournerait peut-être à nouveau vers cette hypothèse férenczienne de l'hygiène indispensable à la vie de l'analyste, s'il veut augmenter sa créativité grâce à son travail analytique et aussi au-delà de celui-ci.

La définition de la psychothérapie comme une moindre analyse ne saurait en aucun cas satisfaire notre exigence psychanalytique d'abord tournée vers soi-même. N'a-t-on pas trop souvent justifié la différence entre psychothérapie (une ou deux séances hebdomadaires d'une durée de trente minutes, en face à face) et psychanalyse (trois ou quatre séances hebdomadaires de durée plus longue, selon le protocole divan-fauteuil et pour plusieurs années) en se réglant sur le critère formel du cadre ? Comment ne saurions-nous pas qu'une prise en charge brève d'un patient en psychothérapie est d'une extrême difficulté – ne serait-ce qu'en raison du moindre investissement psychique de notre part, dès lors que les séances sont trop éloignées les unes des autres ? Je ne récuse pas ce modèle de prise en charge, mais je soutiens qu'il empêche une pleine prise en compte de ce qui se passe chez le patient en dehors des séances et qui entraîne des modes d'enfermement régressif, lors du traitement et souvent à cause de lui. *En insistant sur l'activité analytique psychothérapeutique agissant sur le matériau le plus archaïque, je ne fais en réalité que revenir à cette simple considération que ce matériau est à la source de toute l'imagination créative de l'analyste, sans laquelle les interprétations s'appauvrissent et les améliorations symptomatiques du patient, extrêmement précaires, deviennent entièrement dépendantes d'une éthologie du transfert*. Nous savons que la psychothérapie avec les psychotiques et les patients-limites – de même qu'avec les enfants – est souvent mal tolérée par les sociétés de psychanalyse. Pourtant, si de telles psychothérapies pratiquées par les analystes ont, à mes yeux, une très grande valeur, c'est précisément parce qu'elles témoignent d'une extraordinaire richesse technique et métapsychologique dont devrait bénéficier notre conception de la cure psychanalytique standard.

La psychothérapie dans la psychanalyse aujourd'hui : il n'est pas rare de constater que ce qui est considéré par certains analystes comme « psychothérapie » l'est par d'autres comme « psychanalyse ». Au point qu'au congrès de l'IPA, à Rome, en 1989 (sur les bases communes de la psychanalyse), on se demandait déjà si ce n'était pas le freudisme qui renforçait l'opposition entre psychothérapie et psychanalyse – là où des pratiques psychanalytiques différant quant à la technique mise en œuvre partageaient néanmoins une communauté de concepts, voire de modèles. *Selon la vue transversale que j'ai adoptée ici, j'ai en effet tenu à sortir de l'exclusive référence au symptôme* (sur lequel se règle souvent la définition d'une psychothérapie) *sans pour autant me départir d'une identité freudienne. Car la psychothérapie n'est pas seulement partie intégrante de la psychanalyse, elle en constitue de fait l'activité la plus investie en raison des organisations et fonctionnements archaïques auxquels elle a affaire.*

Le renouvellement de la pratique analytique et l'élaboration de nouvelles approches théoriques sont d'abord à attendre de la psychanalyse elle-même. Ouverte sur les cultures scientifique, technique, philosophique, artistique et littéraire, la psychanalyse peut, en effet, apprendre beaucoup de celles-ci, mais les psychanalystes disposent d'une telle ressource issue de leur expérience clinique que l'on peut parfois s'interroger sur les raisons d'un manque d'audace théorique... à moins qu'il faille rechercher ces raisons dans les avatars de la communication des analystes entre eux !

Dans le contexte que je viens de présenter, il serait certes bien malaisé de défendre une psychothérapie spécialisée des états déprimés. Il n'est en effet pas question de promouvoir une forme de traitement psychothérapique qui viserait à l'effacement direct des symptômes de la dépression. Toutefois, plusieurs approches s'imposent à ce sujet.

Le processus psychothérapeutique répond certainement au projet de restituer au patient déprimé sa *capacité dépressive*. Souvent, dès les premiers entretiens, un patient immobilisé et figé, commençant à parler en se sentant, dans cette situation, écouté, trouve une possibilité associative inattendue qui ramène à la surface tel souvenir douloureux, tel rêve et surtout des émotions qu'il était incapable d'exprimer. Le va-et-vient du rythme associatif correspond aussi à la production des temps de la vie psychique qui est alors réanimée de l'intérieur par des mises en liaison.

Il n'en reste pas moins vrai que la prise en traitement de patients déprimés exige de l'analyste des conditions de réceptivité sensible (et sensorielle) qui lui sont révélées par la manifestation figée et ralentie du corps du patient. Cette réceptivité sensible a pour particularité non seulement de *déplier* le temps (le temps pour recevoir), d'accroître la perception des impressions (visage et geste de l'immobilité), mais aussi de solliciter chez le thérapeute l'esquisse des gestes imaginables inédits et singulièrement produits par la présence. On rejoindrait ici cette évocation par Giacometti de l'inspiration dépressive du dessin du corps de l'autre – comme si l'état déprimé avait cette faculté d'engendrer le lieu de repos où se dépose ce qu'il y a d'incorporel dans un corps. La gestuelle « fantasmatique » de cette réceptivité sensible est extrêmement importante car elle donne à lire – en négatif – le défaut fondamental dont parlait Balint. Donner un lieu dépressif à l'état déprimé, ce n'est donc pas seulement constituer ce lieu commun comme lieu de parole, mais c'est aussi mettre à découvert les virtualités de la construction de l'archaïque enfoui dans la masse. Ce que l'éthologie clinique (Boris Cyrulnik) semble phénoménologiquement confirmer, ce sont les processus invisibles d'échange existant ou manquant dans les premières interactions du bébé et de l'environnement. Or, précisément, la restitution de la *dépressivité* protégeant contre la massification de l'état déprimé concerne le dessin rythmique des gestes non objectivés.

On devrait donc accorder toute sa valeur à l'esthétique (ou l'esthésique) de cette réception qui fait de la présence une *survivance*. Cela est d'ailleurs conforme à mon hypothèse selon laquelle l'autoérotique des échanges *est* à la naissance de la *vie* psychique. La question de l'apparition de l'état déprimé se joue sur ce qui est le moins objectivable des comportements interactionnels – se joue donc sur l'incorporéité du corps. Ce qu'il y a de si éminemment humain dans la dépression, c'est qu'elle intervient sur les zones les plus fragiles d'*émergence du psychique* et donc d'émergence du sens.

D. W. Winnicott et, à sa suite, Masud Khan insistaient très justement, à propos du *holding* des patients déprimés, sur l'environnement matériel du cabinet de consultation (température, lumière, repos...), ainsi que sur les modalités de présence de l'analyste (ne jamais être trop rapproché, mais laisser se ressentir la juste distance, perception tranquille par le patient du corps de l'analyste, de sa voix et de son regard...). L'enjeu de ce *holding* n'est pas simplement celui d'une « relaxation » favorable : il est dans la possibilité que découvre le patient de l'*humain* par rapport au « non-humain » de son enfermement déprimé. Ce mot d'« humain » si difficile à utiliser prend, sans doute, ici toute sa significativité dépressive : retrouver « quelque chose d'humain », c'est aussi le sens que donne une victime à l'extermination psychique, lorsque celle-ci peut commencer à se penser.

La ressemblance avec un humain vivant animé – pour parodier la remarque de Freud dans *L'Inquiétante étrangeté*[24] – est certainement ce dont le déprimé a eu le plus à souffrir dans l'expérience de l'incommunicabilité précoce : connaître tous les gestes du soin et de l'attention éducative, mais ne pas pouvoir communiquer avec ceux-ci. Et on comprend alors mieux que ce ne puisse être que le rêve dans le transfert qui dispose de cette capacité de réanimer de l'intérieur un vivant psychique conservé comme mort inanimé[25]...

---

24. Voir *supra*, chapitre II : « Un affect glaciaire et ses guérisons critiques » et *infra*, chapitre X : « Modernité de la dépression. »

25. Voir *supra*, chapitres III, V et VI : « Dépressivité du fantasme – Deuil et dépression », « Morts inaperçues » et « Le rêve et l'œuvre de sépulture ».

CHAPITRE IX

Une conjoncture sans précédent

La dépression offre aujourd'hui au psychanalyste l'intérêt majeur d'un *paradigme renouvelé de la clinique psychothérapeutique*. Non seulement les états dépressifs soumettent celle-ci à l'épreuve de son efficacité, mais ils lui imposent, le plus souvent, l'exigence de transformer ses théories implicites et surtout les dispositions techniques de leur référence. Enfin, le recours de la psychiatrie et de la médecine générale aux nouvelles molécules place certainement la psychanalyse devant la nécessité de prendre en compte *l'intelligence* – au demeurant redoutable – de produits propres à substituer un état mental à un autre. Cette *intelligence psychotropique du traitement chimique* ouvre de nouvelles voies de recherche clinique sur la *qualification médicamenteuse* de substances dont on connaît bien les modes d'actions neuropharmacologiques, mais dont le maniement thérapeutique reste encore assez souvent très approximatif.

Pourquoi, en effet, ne pas espérer d'une clinique psychothérapique qu'elle contribue (et selon quels paramètres ?) à qualifier ou requalifier la fonction thérapeutique d'un produit en relation étroite avec les effets de la parole ? La question est volontairement impertinente ! Et, avec un peu plus d'audace, on pourrait avancer que l'amélioration pharmacodynamique d'une substance chimique dépend en grande partie de l'*action psychothérapique*. L'hypothèse est certes audacieuse et on n'est sans doute pas près d'une preuve quelconque montrant que c'est la parole (transférentielle) qui qualifie une molécule chimique en médicament. Mais, cliniquement, elle mérite d'être pleinement prise en considération. Les effets médicamenteux d'un antidépresseur sont variables d'une dépression à une autre et, chez un même sujet, d'un produit à l'autre. La plupart des auteurs qui traitent de la dépression d'un point de vue psychopharmacologique, même ceux qui sont les plus résolus dans l'emploi du médicament, appellent d'ailleurs à un accompagnement du traitement par une psychothérapie. C'est une pratique classique et généralement admise.

Sans verser aussitôt dans les scénarios futuristes d'une toute prochaine catastrophe du sujet humain par l'effet de la normalisation d'un nouvel ordre mental – celui de « la drogue parfaite » (Alain Ehrenberg) –, ce qui s'impose au premier plan, c'est un néopragmatisme du « traitement psychique », qui accorderait au *chimique* des compétences, afin de produire de nouvelles représentations de soi à l'abri du sentiment d'altération. Ce *traitement du psychique par le chimique* offrirait, en quelque sorte, l'avantage d'« auto-engendrer » un bien-être (voire du plaisir) dont il ne pourrait être prétendu qu'il est une guérison pharmacologique, puisque l'état mental ainsi procuré aurait toute l'apparence d'un état thymique « naturel » – précisément, cette liberté intérieure toujours attendue de la levée d'un refoulement. Un tel avantage serait d'autant plus appréciable qu'il ne comporterait pas d'accoutumance à une drogue et qu'il n'induirait aucun risque d'effets secondaires défavorables, tant au plan physique que sous la forme de manifestations comportementales inadaptées.

Le *psychotropisme* de la molécule équivaudrait alors à l'une de ces ruses qu'imagine Descartes pour soumettre la pensée à l'exercice de son doute. Comme si, en somme, il existait une molécule chimique dont l'intelligence neurobiologique serait telle qu'elle emprunterait au *psychique* sa nature perceptive et rejoindrait une fonction primordiale de plaisir engendré de lui-même (autoérotisme). Cette molécule serait incontestablement *psychotropique*. Elle le serait à ce point que la condition hallucinatoire de l'autoperception pourrait, en retour, être désignée comme étant de l'ordre d'un processus neurochimique dont les effets subjectifs étaient jusque-là imputables au seul psychique. Dans une telle hypothèse, exprimée ici sous cette forme fictionnelle, le psychotrope trouverait ainsi le moyen de délier le symptôme et de le rendre obsolète. Il ne serait même plus question de faire de celui-ci la cible de celui-là : le symptôme n'intéresserait pas le psychotrope.

S'il fallait d'ailleurs convenir d'une qualification pour un psychotrope sérotoninergique, il suffirait sans doute de placer cette qualification en position de réplique au symptôme d'hypocondrie, qui est le modèle d'un traitement psychique autocratique [1]. Comme on l'a vu, c'est précisément ce qui, du psychique, fait symptôme à tenter de se guérir soi-même – d'exister, pour ainsi dire, « en tant que psychique ». Le psychotropisme d'un neuromédiateur comme la sérotonine, est, pour cette nouvelle génération de molécules, une *action tautologique* : le psychique est annulé, au titre de symptôme, par un moyen chimique qui, en agissant ainsi, donne du même coup la clé de ce qu'on appelait « psychique ». Et s'il n'est plus besoin, dans ces conditions, de parler de symptôme, ce n'est pas seulement par effet d'a-symptomatisation de la vie psychique, mais en raison d'une nécessité désormais moindre de concevoir une « demande subjective » – de nature transférentielle – entraînant le travail nécessaire de remaniement des représentations et des affects.

Pour autant que la psychologie populaire se contente d'une définition de la subjectivité par la permanence de l'identité de soi, rien d'artificiel ne porterait donc atteinte à celle-ci : la subjectivité serait sauve, tout en faisant l'économie du symptôme. On devine aisément qu'une telle sophistique à volonté pragmatique engage non seulement une remise en cause de la séméiologie psychiatrique et de l'esprit nosographique, mais entraîne un effacement pur et simple de l'idée même de psychopathologie. C'est par ce biais que s'exerce la plus forte contestation de la psychanalyse – jusque-là peu ou prou protégée, qu'on le veuille ou non, par la psychiatrie.

1. Voir *supra*, notamment chapitres I et VII : « Une maladie de l'humain » et « Il faut être deux pour guérir ».

À se vouloir une science des dysfonctionnements mentaux et comportementaux dont les modèles d'intelligibilité résulteraient d'inférences purement conjecturales, la psychopathologie se voit reprocher de promouvoir des entités (l'angoisse, la dépression, le délire, l'hallucination...) dont il n'est pas sûr du tout qu'elles correspondent à quoi que ce soit. Autrement dit : alors que la psychopharmacologie était assez largement solidaire d'une psychopathologie jusque dans sa référence approximative, la neuropharmacologie – en large part promotrice de la troisième génération des psychotropes – se tiendrait pour d'autant plus scientifique qu'elle est émancipée de toute connaissance des dysfonctionnements psychopathologiques de l'individu. Il n'est guère besoin d'ajouter que l'efficacité neuropharmacologique n'a aucunement besoin de se régler sur une *clinique* des processus.

C'est ainsi que se présente aujourd'hui la *nouvelle donne*. Si on évite d'assortir la fiction de toute annonce catastrophiste, on sera alors en mesure d'avancer de façon plus féconde des hypothèses renouvelées de recherche et de réflexion.

Les risques qui accompagnent les conditions de production industrielle des psychotropes de la nouvelle génération, ainsi que de leur diffusion sur le « marché », ont été, en partie, annoncés dès 1979 dans le très officiel rapport sur *Sciences de la vie et société*, rédigé par François Gros, François Jacob et Pierre Royer : « La consommation de *drogues psychotropes* connaît actuellement une véritable explosion dans les pays occidentaux [...]. Les travaux actuels sur les récepteurs des cellules du cerveau ont commencé à enrichir la pharmacopée de substances nouvelles. Il est probable que l'on disposera de drogues susceptibles de modifier l'humeur à volonté, de provoquer des émotions choisies, voire de gouverner certains aspects du fonctionnement cérébral sans avoir les effets d'accoutumance, de saturation ou de déchéance caractérisant les produits actuellement disponibles comme la morphine [2]. »

2. F. Gros, F. Jacob, P. Royer, *Sciences de la vie et société*, Paris, La Documentation française, 1979, p. 267.

Selon ces auteurs, deux scénarios sont alors imaginables, dès lors qu'il est possible de découvrir des composés chimiques permettant d'agir encore plus spécifiquement et plus électivement sur les centres d'« autostimulation » et de « plaisir » : « Des produits dont l'utilisation serait inoffensive pour l'intégrité physique de leurs consommateurs, mais dont les effets seraient puissants sur leur comportement, leurs sentiments, leur capacité de résistance, revêtiraient rapidement une grande importance stratégique et politique[3]. »

L'évident inconvénient des scénarios du futur est d'accroître des projections philosophiques – voire paranoïaques – privées de la mémoire des mythes qui racontent pourtant d'étranges histoires de métamorphose, de dédoublement ou de changement d'identité. L'inquiétante étrangeté n'est-elle pas toujours associée à la survenue d'un autre empruntant la forme du *même* – la personne se prêtant, pour ainsi dire, par définition, à de telles substitutions, ainsi qu'en témoigne le moi dans le rêve ? L'une des caractéristiques de notre époque semble être celle d'une hantise de la disparition de la personne – cette personne que cherche à penser l'« éthique biomédicale », plus que jamais sollicitée pour contrôler les pratiques scientifiques et biotechnologiques et pour opposer à celles-ci des critères de positivité philosophique et juridique. Les angoisses primitives de dépossession d'identité et d'anéantissement de la *personne* sont depuis longtemps explorées dans la psychanalyse et on sait – ainsi que rêves, délires et transferts aident à le penser – qu'elles se rapportent à la difficile constitution du moi propre par distinction du moi étranger. Et la pratique des psychothérapies avec des patients dits limites – à propos desquels la problématique de la personne et de l'identité est absolument fondamentale – donne toute opportunité de se rendre compte de la fonction extrêmement mobile jouée par la parole aussi bien dans les angoisses d'altération de soi que dans les

3. *Ibid*.

craintes d'anéantissement par l'influence de l'autre. La fécondité clinique et technique des cures analytiques de ces personnalités-limites réside notamment dans une sorte d'amplification prise par l'expérience de la parole sous ce rapport à l'identité de soi.

Cet inconvénient des scénarios du futur est loin d'être sous-estimé par ceux qui sont pourtant les promoteurs des nouveaux psychotropes. C'est précisément dans un souci de *qualification clinique* de ces psychotropes comme « médicaments » que, de façon tout à fait significative (bien qu'encore fort modeste), certains pharmacologues se préoccupent déjà de leur intégration thérapeutique – *y compris psychothérapeutique*. De récents travaux centrés sur leur action neuropharmacologique laissent la porte ouverte à des questionnements relatifs aux conditions cliniques d'une prescription mieux adaptée [4]. Et dans certaines de ses communications récentes, Édouard Zarifian se montre soucieux du retour à une psychiatrie clinique mieux informée par les connaissances psychopathologiques qui tiennent compte plus rigoureusement de l'approche psychothérapique [5].

Tout se passe donc comme si les psychotropes de cette troisième génération – dont j'ai dit combien ils disposent d'une réserve heuristique – pouvaient certes faire l'objet d'une commercialisation politico-stratégique, au même titre que n'importe quel produit de consommation, mais sollicitaient également un *nouvel esprit de recherche en psychopathologie* et, ainsi, une transformation de la pratique clinique thérapeutique. D'une telle alternative dépend l'avenir scientifique de la psychiatrie. Car, paradoxalement, l'un des renversements possibles consisterait dans un approfondissement à venir de ce qu'il faut entendre par *thérapeutique du psychique* et, selon cette occurrence, par *action psychothérapique*.

---

4. Cf. *Science*, 1994, 5, 34.

5. É. Zarifian, *Des paradis plein la tête*, Paris, Odile Jacob, 1994. Je fais aussi allusion à une *Communication* d'É. Zarifian, dans le cadre de l'*Euroconférence*, « Cerveau et psychisme humains », Paris, mai 1995.

La lecture du *Phèdre* de Platon par Jacques Derrida, publiée, dès 1968, sous le titre « La pharmacie de Platon[6] », contribue, de façon fort pertinente, à l'avancée de cette question. On sait qu'il faut accorder au *pharmakon* cette bi-valence de remède et de poison. Le *pharmakon* de Platon dispose, pour ainsi dire, de cette affinité très étrange avec le *psychique* et tout son pouvoir d'illusion, il le tient de là. L'opération platonicienne, telle que la dégage Derrida, consiste en la déqualification du *pharmakon* comme substance (c'est une substance, certes, mais c'est aussi une non-substance) et en sa requalification par la parole, si celle-ci est formée de l'intérieur et attribue à soi-même une mémoire qui ne repose pas sur l'artifice d'une extériorité. Si le mythe de Teuth est bien un récit de l'origine de l'écriture, alors le *pharmakon* est dans cette « position » de pouvoir être le paradigme de la mémoire retenue par l'écriture et encourageant à l'oubli de soi, ou bien aussi d'être le modèle d'une action qui, pour devenir bénéfique, doit s'allier étroitement avec ce qui vient de l'intérieur. L'ambiguïté du *pharmakon* le désigne non pas simplement par les pôles opposés de remède et de poison, mais lui accorde une subtile variation de valeur selon les conditions dans lesquelles il s'impose.

C'est ainsi que dans le *Timée,* l'usage du remède, sous la forme de drogues dépuratives, est à juste titre sollicité par des états du corps fatigué ou encombré. Mais préférer ces drogues par facilité ou paresse, et sans respecter la « composition de la maladie » qui « ressemble [...] à la nature du vivant », n'est-ce pas faire courir le risque que la drogue irrite le vivant en arrêtant la maladie avant son terme naturel ? « Or la composition de l'être vivant comporte, pour chaque espèce, certains délais de vie définis. Chaque vivant naît, avec en soi une certaine durée d'exis-

6. J. Derrida, « La pharmacie de Platon », texte repris dans le volume de la nouvelle traduction du *Phèdre* par Luc Brisson, Paris, Flammarion, 1989. Voir aussi le livre toujours très actuel de F. Dagognet, *La Raison et les remèdes,* Paris, Presses universitaires de France, 1964.

tence assignée par le destin, les accidents dus à la nécessité mis à part... Il en va de même pour la composition de maladies. Si par l'action de drogues *(pharmakeias),* on met fin à la maladie avant le terme fixé, des maladies légères naissent alors, d'ordinaire, des maladies plus graves, et, de maladies en petit nombre, des maladies plus nombreuses [...] mais il ne faut pas, en se droguant, irriter un mal capricieux [7]. »

Le privilège accordé à *l'endon* a valeur de règle de méthode en clinique : si le mouvement le plus favorable à l'évolution d'un individu est celui qui *vient du dedans* et qui « naît en lui par son action propre », l'art thérapeutique ne consiste-t-il pas à reconnaître, chaque fois singulièrement, cette *nécessité* de la maladie dans sa définition allergique – c'est-à-dire de défense face à des facteurs étrangers – de ne faire intervenir la substance pharmaceutique qu'en étroite alliance avec la parole qui est animation endogène de la vie, lorsque cette parole peut, *de l'intérieur,* reconnaître la substance et, pour ainsi dire, intérioriser son action ? Derrida écrit : « De même que la santé est auto-nome et automate, la maladie "normale" manifeste son autarcie en opposant aux agressions pharmaceutiques des réactions *métastasiques* qui déplacent le lieu du mal, éventuellement pour en renforcer et multiplier les points de résistance. La maladie "normale" se défend. En échappant ainsi aux contraintes supplémentaires, à la pathogénie surajoutée du *pharmakon,* la maladie suit son cours [8]. » Et Derrida ajoute un peu plus loin : « Le *pharmakon* est ce qui survenant toujours du dehors, agissant comme le dehors lui-même, n'aura jamais de vertu propre et définissable. »

Quant au *pharmakon,* il ne faut pas hésiter à en compliquer encore la pensée. Car s'il est bien clair que la maladie appartient dans ses mouvements et ses symptômes aux logiques singulières d'un être vivant et si, à la différence de Dieu, cet être vivant, exposé à l'extérieur, est nécessairement allergique (« Dieu n'a pas d'allergie »), inscrivant ainsi sa mortalité comme un temps dans lequel le *théra-*

7. Cité par J. Derrida, *op. cit., Timée,* 89 *ad.*
8. J. Derrida, *op. cit.*, p. 302.

peute observe et comprend *ce qui arrive* à un humain, il convient surtout d'éviter d'opposer un extérieur mauvais (nécessairement *pharmakon*) à un intérieur absolument bon qui, tout seul, pourrait de façon cathartique et dépuratoire se délivrer métaboliquement des éléments étrangers qui le menacent dans sa vie. N'est-ce pas en effet le sujet lui-même qui – *selon la façon dont il se dispose dans sa maladie et dans le recours à ses propres ressources internes* – doit faire usage de lui-même (de son corps ou de sa parole) comme d'un *pharmakon* ? Autrement dit, la parole peut mentir ou tricher à une substance irritative qui équivaut à un corps étranger. Ou encore : la personne du médecin se qualifie comme *pharmakon* par l'excès de sa puissance sur le malade et produira une sorte de leurre accompagné, chez le malade, d'un détournement ou d'un oubli de soi. La vraie science est *l'anamnèse*, au sens où la *question* qui s'adresse au malade porte avec elle la parole en parlant. La question se forme par intériorisation empathique du *thérapeute*. Avec le médecin Éryximaque, on sait que l'attribution d'un bienfait par l'art thérapeutique consiste, comme avec la musique, dans cette pratique de la *mesure* et de la *proportion* entre plein et vide. Il faudrait dire alors que le *pharmakon* devient substance altérante par dé-mesure et méconnaissance de la *proportion* juste, ou encore par dérèglement de cette proportion, lorsque le thérapeute néglige de faire venir en sa pensée la composition de la drogue, en accord avec la composition et le développement temporel de la maladie de son patient [9].

Le paradigme du *pharmakon* est mis au service de l'appréciation clinique thérapeutique de l'*écart* qui dérègle l'*endon*. Il ne signifie pas en soi *le* remède ou *le* poison, mais sa bivalence toujours mobile tient aussi bien à une qualification de ce qui le rend ainsi dans l'usage, par sa *res-*

9. Aujourd'hui les « vrais » prescripteurs de psychotropes – et notamment d'antidépresseurs – savent que l'intervention du médicament doit se régler sur un temps propre de la dépression. Trop tôt, l'antidépresseur augmente ses effets et les appauvrit de même, tant le juste moment est à rechercher.

semblance avec le psychique. Autrement dit, il est tout à fait concevable de penser le psychique par les moyens du paradigme du *pharmakon* tout autant qu'inversement [10]. Et si la parole – à la différence de l'écriture matérialisée sur des tablettes – garantit plus sûrement l'*anamnesis* de soi et l'autochtonie des affects propres, rien ne saurait empêcher qu'à tel moment, cette parole se fasse oublieuse de la réminiscence (qui approprie l'intérieur). Faudrait-il alors prétendre qu'à la manière du Roi, le thérapeute serait celui qui refuse à son patient l'accès à cette mémoire paresseuse de l'écrit – de la parole comme si elle était déjà écrite –, de même qu'il lui signifie qu'il ne suffit pas de parler pour être délivré ? Ce qu'on nomme *écoute analytique* ne consiste-t-il pas en la production d'une écriture non matérialisée et qui pourtant inscrit ?

La règle et le principe de l'*abstinence* dans la psychanalyse gagneraient dans ces conditions à être reformulées en fonction du *pharmakon*. Car s'il se trouve ainsi recommandé que soit évité – de la part du patient comme de l'analyste – tout apport de satisfaction substitutive venant effacer le symptôme, ce qui est clairement visé est la production d'un *pharmakon,* quelle que soit la forme que prenne celui-ci (compensation alimentaire, passages à l'acte, parole ou geste de réassurance et, bien sûr, absorption de médicament). Car le *pharmakon* n'est pas seulement cette substance ajoutée : il est l'intervention d'un tiers – fût-il la personne même de l'analyste. Les analystes sont aujourd'hui peu enclins à discuter de la règle d'abstinence – peut-être en raison de son étroite intégration à la pratique de la règle fondamentale. C'est pourtant à la faveur d'une théorie du silence que la question continue à se poser. Et cette question est *principale,* au sens où toute la réflexion qu'elle engage concerne la fonction du symptôme et, au regard de celle-ci, la distinction entre psychothérapie et psychanalyse. Quelles sont les *conditions de la parole pour qu'elle puisse ou non qualifier le médicament* ?

10. Cf. D. Widlöcher, *Les Psychotropes, une manière de penser le psychisme ?*, Paris, Les Empêcheurs de penser en rond, 1990.

C'est la connaissance de l'action thérapeutique par le psychique (inspiratrice du principe d'abstinence) *qui est propre à déterminer selon quelles incidences intervient une action pharmacologique*. Peut-être faudrait-il alors oser cette remarque que les analystes sont d'autant plus prompts à accorder une fonction favorable aux médicaments (par ailleurs prescrits à leurs patients) qu'ils n'accordent pas à la parole le pouvoir qu'elle détient dans les cures dont ils ont la responsabilité !

Certes soutiendra-t-on que le travail analytique dans la cure commande que *l'observation clinique* accompagne l'activité de construction et ne saurait se substituer à celle-ci. Dans ces conditions, l'analyste est peut-être le plus mal placé pour accorder une fonction quelconque au médicament et, *a fortiori,* pour prescrire. Et n'est-ce pas au psychiatre clinicien que revient cette tâche, dans l'attention qu'il peut porter à l'évolution d'un travail analytique et grâce à la connaissance dont il peut disposer des effets d'une substance dans la vie quotidienne du malade ? Il reste que la bi-focalité thérapeutique (psychothérapie-pharmacothérapie) est, dans certains cas, discutable et que, dans les cas où elle s'avère justifiée, elle ne saurait exclure chez le psychothérapeute une sensibilité clinique à l'incidence du médicament. Les psychanalystes se privent parfois de tout un champ d'élaboration en faisant de la croyance en la toute-puissance du psychique un parti pris d'ignorance de l'action d'une substance. Car, à leur insu, une telle croyance équivaut à celle d'une autocratie dont on a dit qu'elle fait du psychique le remède imaginé par ses souffrances.

Dans un article publié en 1986 sur « Clinique et expérimentation en psychopharmacologie [11] », Roland Kuhn retraçait les conditions historiques et méthodologiques de

11. R. Kuhn, « Clinique et expérimentation en psychopharmacologie », *in Psychanalyse à l'université*, t. 11, n° 41, 1986. Roland Kuhn – élève de L. Binswanger – est celui qui a été le premier à comprendre l'effet des substances chimiques propres à traiter la dépression. C'est à lui que revient le mérite de la mise en forme du Tofranil et de l'Anafranil.

la recherche patiente qui le conduisit à la découverte des effets antidépresseurs de l'imipramine. Les premières intuitions de cette découverte remontent à 1957, alors que le traitement des états confusionnels et délirants par les neuroleptiques avait été mis au point en 1952 ; c'est en 1957 que fut produite la première publication ouvrant la voie à de nombreux travaux psychiatriques et psychopharmacologiques sur le traitement par l'imipramine, et témoignant des bouleversements produits par la découverte des effets anti-dépresseurs [12].

Il n'est pas sans intérêt de revenir aujourd'hui sur la démarche suivie, au cours des ans, par Roland Kuhn. Celle-ci était alors assez *exemplaire*.

En maintes occasions – et notamment dans une contribution de 1990 sur « Psychopharmacologie et analyse existentielle [13] » –, Roland Kuhn a pris soin de préciser la dimension psychopharmacologique de la clinique psychothérapique, ainsi que la place qui doit être accordée à la réflexion philosophique dans la démarche du chercheur clinicien en psychopharmacologie, si celui-ci veut aller au-delà de la découverte des effets d'une molécule et prendre en quelque sorte possession du pouvoir heuristique de celle-ci aux fins de *création* en psychopathologie. Le chercheur doit faire en sorte que se conjoignent la connaissance neurochimique d'une substance, au sein des processus vitaux d'un organisme humain, et cette investigation phénoménologique des signes et symptômes psychiques, souvent déplacés ou cachés, qui sont produits dans l'histoire personnelle d'une existence singulière. Ainsi le chercheur clinicien doit-il, par cette conjonction, « inventer l'entité morbide pour laquelle une substance peut être un médicament spécifique [14] ». Car c'est bien d'une

12. Voir l'historique de la question, développé par É. Zarifian dans *Les Jardiniers de la folie*, Paris, Odile Jacob, 1988.

13. R. Kuhn, « Psychopharmacologie et analyse existentielle », *in Revue internationale de psychopathologie*, 1990, n° 1.

14. R. Kuhn, « Clinique et expérimentation en psychopharmacologie », art. cité, p. 115.

telle pratique d'invention que devrait procéder une psychopathologie rigoureuse (et non pas formellement allusive) : le médicament – c'est-à-dire la substance chimique qualifiée par la clinique thérapeutique – est, tout autant que le symptôme, une extraordinaire ressource de compréhension des processus psychiques [15], et il serait regrettable qu'une activité de théorisation s'appuyant sur la pratique thérapeutique se passe de l'imagination créatrice que comportent l'un et l'autre.

Outre qu'il n'est pas banal de relever l'incontournable nécessité pour la psychopharmacologie de se réfléchir dans une démarche philosophique et anthropologique, il convient de souligner la portée d'une critique assez décisive développée et argumentée à l'encontre des procédures expérimentales qui court-circuitent et ignorent la démarche clinique. En un mot, ces procédures ne s'intéressent qu'aux effets des produits et négligent délibérément la réserve thérapeutique de ceux-ci, lorsqu'ils sont utilisés cliniquement comme médicaments. Or, la réserve thérapeutique d'une substance est d'autant plus accrue que la psychothérapie sait la recevoir et en guider l'usage. Paradoxalement, ce qui est donc espéré de la pharmacologie, c'est qu'en devenant plus psychothérapique, elle acquière une efficacité mieux adaptée. Les procédures expérimentales par questionnaires et échelles valident un produit pour ses effets standard, selon le principe du placebo contre-vérificateur ; elles reposent sur une séméiologie sommaire et pseudo-médicale ; elles visent surtout une a-clinicité de la prescription, c'est-à-dire l'*administration* du médicament sur une base commodément signalétique qui réduit la plainte à une demande de réponse automatique. À propos de cette *intuition* qui doit orienter la pratique du clinicien – inévitablement psychopathologue –, Roland Kuhn écrit notamment : « Mais ce n'est pas une intuition quelconque dont on se fait une représentation plus ou moins nébuleuse. C'est une intuition fondée sur les struc-

15. Cf. D. Widlöcher, *Les Psychotropes, une manière de penser le psychisme ? op. cit.*

tures élémentaires et originelles de l'inexistence humaine. On ne connaît pas une telle structure en faisant de la pharmacologie, on ne l'apprend pas non plus par la psychopathologie généralisante qui se sert de l'induction pour trouver les règles qui mènent à décrire et à comprendre l'existence de personnes psychiquement malades. Seule une formation philosophique permet de connaître les directions fondamentales de réflexions qui conduisent à une expérience authentique aussi bien de l'existence humaine normale que pathologique[16]. »

Illustrant concrètement cette *intuition*, Kuhn développe, dans « Psychopharmacologie et analyse existentielle », la parenté clinique que vient à prendre un aspect de la dépression mélancolique avec un processus schizophrénique. L'approche clinique de cette parenté – qui n'ignore rien des différences entre mélancolie et schizophrénie – repose sur une appréciation de la temporalité de la parole sous sa distinction entre l'*aspectuel* (implicite) et l'*explicite indicatif* avec, entre les deux, cette subjonctivité du virtuel qui recouvre les potentialités de l'existence. « Un homme n'est bien-portant – écrit Kuhn – que s'il a conquis une voie pour se rendre du temps aspectuel à un temps historique "explicite" et peut se mouvoir librement de l'une à l'autre de ces deux formes de temporalisation. »

Certaines dépressions s'expriment, chez les patients, par une temporalité mélancolique de leur parole, qui n'est pas pour autant l'expression d'une mélancolie délirante. Et ces dépressions ne sauraient guérir par les seuls antidépresseurs. La reconnaissance de la forme psychotique d'une dépression est, pour ainsi dire, impossible sans cette perception clinique du temps de la parole du malade. D'où cette considération de Roland Kuhn : « La psychopathologie a reconnu un caractère spécifique psychotique chez les dépressifs (ainsi d'ailleurs que chez les maniaques avec toutefois certaines restrictions) et chez les schizophrènes parce que, dans les simples dépressions, le blocage

16. R. Kuhn, « Clinique et expérimentation en psychopharmacologie », art cité.

n'apporte qu'une *modification quantitative* de la pensée et de l'action, un appauvrissement des contenus, une simplification des rapports saisissables dans la pensée [17]. »

Dans les formes psychotiques, on arrive à *une modification qualitative* : les idées de ruine et de culpabilité représentent de telles modifications qualitatives. Il s'agit ici de *problèmes de signification ou de sens* qui jamais ne se laissent réduire à de simples *modifications quantitatives*. « L'observation et l'interprétation qui font appel à la psychopathologie, à la psychopharmacologie et à l'analyse existentielle *se compléteront l'une l'autre* de façon de plus en plus claire et si une de ces analyses fait plus de progrès, les *problèmes posés s'affineront davantage dans la différenciation.*

Nous en sommes arrivés assez loin maintenant pour pouvoir nous poser aussi des questions sur l'action spécifique des neuroleptiques dans le délire mélancolique. Nous devons nous les poser sur les *conditions de signification* [18]. »

En conclusion de son article, Kuhn considère que la découverte des particularités des antidépresseurs comme l'imipramine et la maprotiline n'a été possible que grâce à des recherches psychopathologiques cliniques fondées sur *l'analyse de l'existence*. Il avance aussi cette idée que l'éclairement des structures existentielles de la vie par la psychopharmacologie clinique crée de nouvelles conditions pour la psychothérapie et pour la compréhension psychodynamique du rapport entre le thérapeute et le patient.

Afin que la dépression offre tout l'avantage d'un paradigme clinique, il faut préalablement ne rien sous-estimer de la conjoncture idéologique dans laquelle se situe aujourd'hui la psychiatrie. La production d'une nouvelle génération de psychotropes a ceci de particulier, qu'elle s'adresse *de fait* et plus spécifiquement à des états dépressifs très fréquemment rencontrés sous les traits de patients exprimant, par leur plainte, une intense souffrance obses-

---

17. R. Kuhn, « Psychopharmacologie et analyse existentielle », art cité, p. 60-61.

18. *Ibid.*, p. 61.

sionnelle, comme si une telle souffrance mettait le psychothérapeute au défi de disposer en lui-même des moyens d'apporter un quelconque soulagement. Cette souffrance dépressive, entretenue voire aggravée par la plainte, éprouve le *psychique* comme cause de privation et, corrélativement, comme expérience quotidienne de mortification. On le voit tout particulièrement chez les patients dont l'hyperactivité mentale, verbale et motrice constitue le moyen de se protéger contre l'angoisse terrifiante d'un anéantissement par enfoncement dans la dépression. Comme si la mortification pouvait alors devenir une façon de rester en vie ou encore de faire cesser ce trop de vie qui rend d'autant plus redoutable le vide d'affects et d'émotions vrais.

Reconnaissons alors que la *psychothérapie de la dépression* constitue aujourd'hui une véritable question à double entrée. Sa particularité serait, de plus, qu'elle dispose d'une sorte d'actualité redoublée.

Pour diverses raisons, tant théoriques que conjoncturales, la *psychothérapie* est, en effet, au cœur de très nombreuses discussions et polémiques, dans lesquelles il convient de voir un indice important de changements. Ces changements sont relatifs à la référence majeure accordée à la psychanalyse freudienne et à sa théorisation. Même au sein de la communauté psychanalytique internationale – compte tenu de la diversité et de la multiplicité de ses courants et de ses écoles –, on voit s'infléchir l'idée de la psychanalyse « pleine et intègre » en faveur du principe des « adaptations » psychothérapiques. Le débat n'est pas nouveau, mais il s'est amplifié et accéléré au cours de ces récentes années. On ne saurait d'ailleurs sous-estimer, dans ce débat, l'influence grandissante prise par le développement des neurosciences et des sciences cognitives, ainsi que les changements de comportements survenus dans le contexte socio-économique. La situation peut se résumer ainsi : certes, on n'annonce plus le déclin ou la disparition prochaine de la psychanalyse ; on renforce plutôt – au nom de la recherche d'un statut de « psychothérapeute » – cette idée que la psychanalyse a une large extension et une diversité qui entraîne corrélativement l'abandon du *paradigme freudien*. Cet abandon du freudisme touche évidemment aux propositions primordiales de la métapsychologie : fonction du symptôme, du rêve, du transfert ; théorie des pulsions ; conception du fonctionnement psychique ; place de la sexualité infantile, etc. L'enjeu est donc de taille : peut-on encore parler de psychanalyse, lorsque les paramètres de sa découverte sont relativisés ou abandonnés ? La réponse est claire, pour certains : l'œuvre freudienne n'a plus compétence aujourd'hui à décider des critères de la psychanalyse, car ses bases scientifiques sont dépassées. Dès lors, rien n'interdit de prétendre que les thérapies cognitives sont intégrables à la psychanalyse délivrée des modèles freudiens. Et la psychothérapie devient, dès lors, l'objectif exclusif de la pratique analytique.

Si *la question de la psychothérapie* se trouve ainsi engagée par celles qui se posent dans la psychanalyse aujourd'hui [19], cette question a cependant une spécificité singulière au regard de l'insistance portée sur les critères d'évaluation de son efficacité thérapeutique. C'est même par ce biais qu'est envisagée l'évaluation comparative des psychothérapies de tout ordre. Selon une acception déjà réglée sur l'administration de la santé, sont en passe d'être privilégiées des pratiques psychothérapiques disposant de modèles – comportementaux, cognitifs, systémiques ou autres – dont les visées thérapeutiques sont clairement celles du traitement du symptôme et qui bénéficient ainsi de la preuve chiffrée de leur efficacité objective. Il va de soi que la psychanalyse freudienne – et la psychothérapie qu'elle comporte – aurait de la peine, dans une telle optique, à apporter la preuve de ses résultats. Alors, l'objection « scientiste-administrative » ne tarde pas : s'il en est ainsi – si la psychanalyse ne peut justifier de son efficacité thérapeutique par la garantie de la suppression des symptômes handicapants –, alors elle n'est pas une

19. Voir *supra,* chapitre VIII : « La psychothérapie dans la psychanalyse aujourd'hui. »

psychothérapie et elle ne saurait prétendre comporter une pratique thérapeutique impliquée. On voit aisément à quoi parvient le raisonnement, si on le poursuit : la psychanalyse n'est pas loin d'apparaître comme une pratique humaniste plus ou moins obscure et – pourquoi pas ? – de passer demain pour une discipline de secte !

Dans le mouvement psychanalytique contemporain, nombre d'analystes (notamment anglo-saxons) ont certes préparé la parade. Les publications ne manquent pas d'appeler à l'esprit de recherche « scientifique » ; elles encouragent à se tourner vers les neurosciences, comme si celles-ci disposaient de modèles propres à rénover entièrement les assises neuropsychologiques de la théorie freudienne. C'est même de la sorte que le vocable de « psychanalyse » paraît pouvoir aujourd'hui se soustraire complètement aux « conditions » exprimées par Freud pour sa reconnaissance et son appellation. Est-il encore besoin de désigner la fonction du rêve et du transfert dans la continuité de la compréhension du symptôme ? En quoi serait-il aujourd'hui utile de s'en référer à la sexualité infantile ? Et que dire encore de la pertinence de la théorie des pulsions ? Le « désossage » progressif de la théorie freudienne fait passer celle-ci dans l'histoire révolue de la psychanalyse. Car s'il s'agit bien de revendication pragmatiste quant à l'efficacité thérapeutique du traitement des symptômes, l'abandon du paradigme freudien revient nécessairement au retour d'une conception réduite (et réductrice), d'inspiration médicale, du symptôme et de la maladie mentale. Comment pourrait-on encore défendre l'idée que la formation du symptôme appartient à un processus d'individuation et qu'il détient pour le sujet une *théorie en puissance de soi* ? Comment légitimer la psychothérapie si le symptôme doit subsister tout au cours du traitement comme moteur du processus lui-même ? La réduction d'une séméiologie et d'une symptomatologie à un comportement qui serait l'expression d'une maladie ou d'une affection psychique ne peut, il est vrai, que conduire à confirmer l'inutilité de *la fonction du rêve et du fantasme dans la construction de la situation analytique*.

De ce point de vue, il est fort remarquable que se soit développée dans la psychanalyse contemporaine – notamment à partir de la clinique des états-limites – une attention majorée au *contre-transfert*. On serait même tenté de dire que le contre-transfert du psychanalyste tend à rendre quasi obsolète la notion même de transfert. Cela peut paraître contradictoire mais répond, en fait, à une sorte d'opération technico-théorique censée débarrasser la pratique du traitement de ce qui rendrait responsable d'une dépendance sans fin du patient et qui serait conçu comme un véritable obstacle à la guérison. Autrement dit, la pragmatique psychanalytique reposerait sur une conception « réduite » du transfert (réduite aux représentations d'imago s'exprimant par des comportements affectifs) et sur les modalités psychiques ou mentales – d'ordre représentationnel – de l'activité de l'analyste [20]. Le privilège accordé au contre-transfert – outre qu'il s'ajuste à un ordre éthique (d'autant plus éthique que la dynamique du transfert serait désamorcée) – offrirait donc cet insigne avantage de ramener la pratique psychothérapique à des tactiques de la *communication intersubjective*.

Si l'on en juge par les thèmes fréquents des revues de psychanalyse – notamment britanniques et américaines –, la *communication intersubjective* est à la mode et elle bénéficie de toutes les faveurs de théorisation de la part d'auteurs soucieux de trouver de nouveaux moyens de formalisation. Il s'agit donc de pouvoir penser efficacement *ce qui se passe* dans une analyse « thérapeutiquement orientée » (Kernberg). Le contre-transfert n'est-il pas – ainsi que l'avançait Harold Searles [21] – cette expérience de subjectivation dont l'analyste dispose pour se représenter les attitudes intentionnelles

---

20. Parmi les consignes données par les textes inspirés par les sociétés d'assurance, il commence à être recommandé d'arrêter la psychothérapie, lorsque le symptôme est résolu et de n'aller, en aucun cas, jusqu'à l'analyse du « transfert négatif ».

21. Cf. H. Searles, *Le Contre-Transfert* (1979), Paris, Gallimard, 1981.

variables du patient, ainsi que ses émotions et sentiments, à la fois tournées vers ses protagonistes imaginaires et exprimées auprès de la personne de l'analyste ? Le contre-transfert serait donc déjà une opération de reconnaissance de la « subjectivité » du patient dans le traitement, tandis qu'il est corrélativement chez l'analyste le moyen de connaître ses propres réactions internes et de garantir son intégrité et son identité stables. Ce qui prend ici valeur de *modèle contre-transférentiel de l'intersubjectivité*[22] dispose bien d'une vocation pragmatique, car la nature cognitive des opérations de changement repose sur une stratégie de conscience des interventions qui doivent être produites, afin de donner au patient les moyens de « *subjectiver* » ses propres pensées et ses propres agirs. Peu soucieuse de se donner les fondements phénoménologiques de ce modèle de l'intersubjectivité, la psychanalyse intersubjectiviste (c'est ainsi qu'on pourrait l'appeler) n'a qu'un besoin très relatif de la métapsychologie freudienne de l'inconscient. On pourrait même prétendre qu'il lui suffit de disposer d'une théorie du préconscient sans inconscient. La très grande difficulté phénoménologique de la problématique de l'intersubjectivité est résolument sous-estimée, voire complètement ignorée, par des psychanalystes notoires qui se réclament pourtant de ce modèle. Il est vrai que leurs auteurs philosophiques de référence, bien que « descendants » de la filiation husserlienne, sont ceux qui ont ouvert la voie à la « théorie de l'action » et à la *Theory of Mind*. C'est dire qu'ils appartiennent au courant philosophique déjà éloigné de la phénoménologie transcendantale de Husserl.

Pourtant, une brève incursion dans l'œuvre de Ludwig Binswanger ne manquerait pas de contribuer à poser la *problématique de l'intersubjectivité et du transfert*. Binswanger soulignait, en effet, que c'était là l'une des plus grandes difficultés – faire se conjoindre phénoménologie et

22. Cf. P. Fédida, *Crise et contre-transfert*, *op. cit.*

psychanalyse freudienne. Certes, Husserl et Freud ont suivi, dans le même temps, les mêmes enseignements de Brentano, mais cela ne saurait suffire à rechercher quelque parenté ou affinité de pensée entre eux. La méfiance de Freud à l'égard de philosophes qui étaient ses contemporains vaut pour leur théorie de la conscience et de l'inconscient comme pour leur conception de la communication intersubjective. Freud reste résolument fidèle à sa mythologie animiste qui consiste à inférer la connaissance de l'autre à partir de ses propres états subjectifs. Comme il l'explicitera plus tard, dans son texte sur « Constructions dans l'analyse » (1937), la situation psychanalytique s'instaure d'une rupture de la communication [23]. On ne saurait donc s'attendre à voir se formuler une théorie de la communication intersubjective du transfert. À l'instar du symptôme et du rêve, le transfert est une formation psychique de nature autoérotique qui ne se ramène pas à une communication interpersonnelle.

Comme on le verra par la suite, il n'est pas indifférent de noter que c'est à propos de la *dépression mélancolique* et de la manie que Ludwig Binswanger parle de l'intersubjectivité. Il laisse poindre l'idée qu'il est dans la nature de la dépression de poser le problème de la possibilité du traitement psychanalytique et donc du transfert. À la suite de Binswanger, Roland Kuhn mettra clairement en évidence comment peut être décrite – en termes husserliens – la *rupture de la communication intersubjective dans la dépression*. C'est, sans doute, tout le mérite de ces études phénoménologiques (parmi lesquelles il faut compter aussi celles de Tellenbach et de Tatossian) que d'avoir souligné que l'être-déprimé souffre de cet isolement infernal où il ne peut entrer en communication avec l'autre et où ses propres images de lui-même sont constamment éclatées et diffractées dans la représentation de l'autre. L'enfer du *Huis clos*

23. Dans ce texte, Freud met l'accent sur la préparation des « scènes » psychiques entre analyste et analysant, ainsi que des tâches de chacun (pour l'un se remémorer, pour l'autre construire).

de Sartre est très précisément la figuration la plus exacte que possible du huis clos du déprimé.

La conjoncture – si on peut l'appeler ainsi – fait donc apparaître que la *question actuelle de la dépression* emprunte tout à la fois la forme d'une nouvelle approche thérapeutique, au moyen de psychotropes parfaitement performants, d'une dissuasion de la psychanalyse freudienne, au profit d'une conception généraliste de la psychanalyse intersubjectiviste et d'une recherche d'efficacité des psychothérapies à visée symptomatique relationnelle, bien peu psychanalytiques dans leur inspiration.

La particularité de la dépression se révèle, ici, de façon quasi polémique : les patients déprimés espèrent un soulagement rapide de l'état dont ils souffrent comme d'une maladie du corps. Non seulement ils ne peuvent attendre de la psychanalyse une réponse à leurs maux, mais ils donnent, en outre, le sentiment que ces maux énigmatiques – de nature *vitale* – ne concernent pas la connaissance que la psychanalyse peut leur apporter. Ils espèrent que quelque chose ou quelqu'un vienne les extraire de cette prise en main qui abolit toute sensation de *vie* psychique ou encore fait du « psychique » un tourment sans fin, dans l'isolement.

Dans ces conditions, que pourrait faire la parole ? Le propre de la dépression est de porter si loin la dépréciation du langage et d'atteindre en son centre la confiance en l'autre...

Il est sans doute juste de tenir les états déprimés pour des *états d'affect* archaïques dont le vécu corporel est primordial. Dans chaque cas de patients déprimés, on trouverait certainement l'expérience d'un lien à l'objet particulièrement éprouvant (perte, abandon, mais aussi fusion annihilante, identification primitive au psychisme de la mère, etc.). Mais il n'est pas moins juste de différencier la dépression de la mélancolie, et il faut en tirer toutes les conséquences[24]. Parmi celles-ci, il faut reconnaître que

24. Cf. l'ouvrage de F. Pellion, *Mélancolie et vérité*, Paris, Presses universitaires de France, 2000.

l'état déprimé d'immobilisation et de figement apparaît souvent comme une défense vitale ultime contre l'effondrement mélancolique et l'hémorragie de la culpabilité et de la honte. Le sociologue Alain Ehrenberg a raison de remarquer que la notion de dépression nous fait sortir du « registre » de l'angoisse de la faute et, ainsi, du paradigme freudien de la névrose [25]. Toutefois, la question n'est pas seulement celle d'une maladie de l'adaptation amplifiée par les transformations de nos sociétés et de notre civilisation. La dépression est bel et bien *l'affection* par excellence de *l'humain*. C'est lorsque tout lien semble se défaire et qu'aucun horizon de parole et de visage ne subsiste plus qu'on peut, en effet, parler de dépression. L'expérience du déshumain est dans ce retrait qui laisse le visage immobile et muet, ne sachant même plus éprouver ce que signifie un regard ou un geste de l'autre.

L'expérience que le psychanalyste a des états déprimés vient étayer cette idée que la plus grande difficulté est de construire un espace pour la communication psychique et pour redonner vie – peu à peu et lentement – à un vivant inanimé. De là, serait-on en mesure de prétendre que la psychothérapie psychanalytique guérit la dépression ? Aucun analyste ne se risquerait à l'affirmer ! Il n'en est pas moins vrai que les états déprimés touchent au plus près ce dont la psychanalyse a fait son souci : *restituer de la vie psychique au symptôme et d'abord laisser le rêve produire ses transferts*. La technique psychanalytique est, dans sa pratique, *animiste* ! Et l'analyste est condamné à ne rien pouvoir, s'il ne participe pas complètement à cette croyance.

L'intersubjectivisme psychanalytique d'aujourd'hui cadre, il est vrai, aussi bien avec le projet néohumaniste d'accompagner un traitement antidépresseur par une « relation de parole ». C'est pourtant rester aveugle à ce avec quoi l'état déprimé est, lui, confronté : la *glaciation de la parole humaine*. Étrange conjoncture donc – sans précédent –, où la « guérison » psychiatrique et médicale des symptômes

25. Cf. A. Ehrenberg, *La Fatigue d'être soi*, Paris, Odile Jacob, 1998.

de la dépression pourrait valoriser une communication qui ne sait rien de ce qui est *entre* – entre-deux. Dans la notion d'intersubjectivité, c'est bien l'*inter* qui fait difficulté, dont procède la « subjectivité ».

CHAPITRE X

Modernité de la dépression

Il se pourrait que la dépression – si communément invoquée de nos jours comme une véritable « maladie du siècle » – ne soit, en définitive, qu'une *à-peine-notion* sans consistance *nosographique,* très vaguement descriptive, *déjà en cours de disparition*.

Encore faut-il s'entendre sur le terme de maladie [1]. Nombre de psychiatres, aujourd'hui captivés par la génétique, accréditent déjà cette idée que la dépression est précisément une maladie dont l'origine génétique ne fait pas de doute et sera, demain, soignée par une thérapie génique : on a, avec la dépression, un modèle particulièrement éloquent de récurrence épistémologique, où l'hérédité maniaco-dépressive reprend toute sa vigueur. Par ailleurs, la médicalisation des traitements, sur la base d'une séméiologie simplifiée, tend à banaliser la dépression, comme s'il s'agissait de la guérir à la manière d'une angine et le plus rapidement possible. Or, s'il ne fait pas de doute que le patient, dans son état déprimé, se sent malade – et même physiquement malade –, on ne saurait dire que la dépression est une maladie, à moins de soutenir, comme je le fais ici à la façon de Nietzsche, que c'est *la* « maladie humaine ».

En faisant l'hypothèse d'une *très vraisemblable et prochaine disparition de la notion de dépression*, on doit donc

1. Voir *supra*, « Avant-propos », note 3 concernant les nuances que propose la langue anglaise et que relève É. Zarifian dans *La Force de guérir, op. cit.*

ne rien négliger des avancées de la biologie contemporaine. Mais, prenant valeur de fiction heuristique, mon hypothèse offre momentanément le modeste avantage de concevoir la *notion de dépression* comme faisant suite à celles de « douleur morale », de « neurasthénie » ou encore de « psychasthénie », qu'elle ne recouvre d'ailleurs pas. Elle témoignerait de la prise en compte d'une plainte qui peut survenir avec des gradients différents aussi bien chez le sujet normal que chez celui qui souffre de syndromes psychopathologiques caractérisés (schizophrénie, mélancolie, etc.) ou de maladies somatiques apparemment sans causalités névrotiques. L'état déprimé dispose, médicalement parlant, d'une séméiologie assez simple (ralentissement, inhibition, désintérêt, sensation de fatigue, tristesse, absence de goût et de désir, perte de la capacité de plaisir) dont la lecture clinique objective se règle parfaitement sur la subjectivité appauvrie de la plainte intérieure. Alors, il n'y a qu'un pas pour considérer que le vocable « être déprimé » appartient depuis toujours au vocabulaire de cette « *psychologie populaire* » que sollicite la connaissance des « états mentaux » (croyance, perception, jugement). Et il n'y a encore qu'un seul pas supplémentaire à franchir pour s'apercevoir qu'une plainte subjective ne serait que métaphorique, tandis que l'état déprimé révélerait de lui-même son intuition biologique. Ne voilà-t-il pas que celui qui souffre d'un état déprimé, qui le livre à la sensation douloureuse d'avoir perdu sa pensée, son langage et ses initiatives d'action, *se sent malade* et fournit au psychiatre des arguments pour défendre la nature biologique de la dépression ainsi que les moyens de la guérir ?

Si je parle ici de la dépression en termes d'*à-peine-notion*, c'est certainement en raison de sa très large extension d'usage et de l'inévitable effet de banalisation entraîné par la généralisation de sa thématique simplifiée[2]. Toute-

---

2. La définition de la dépression par la caractérisation de ses traits cognitifs et comportementaux laisse, comme on l'a vu, complètement à l'écart ce qu'elle marque de tragique et ce qu'elle compte aussi de puissance créative. Mais une telle définition n'entre-t-elle pas dans

fois, il semble aussi qu'une idéologie soit à l'œuvre dans cette *à-peine-notion*. Cette idéologie – qui s'est développée durant plus d'un siècle et demi (de 1850 à nos jours) dans la psychiatrie – conduit à une sorte d'autorenoncement de celle-ci et à l'inutilité de se doter d'une fondation de sa pratique sur une psychopathologie et sur une clinique du malade. *Le résultat* – on peut le deviner aisément dans les données présentes – *serait de confirmer que la dépression est une affection psychique (ou psychosomatique) du registre de l'humeur, et qu'elle relève désormais plutôt d'une médecine générale assez sommairement prescriptive. Cette médecine générale croit pouvoir se passer de la connaissance psychopathologique et se dispenser de la durée nécessaire de l'attention*. De là, on peut aisément imaginer que c'est la psychiatrie qui a peu à peu produit les moyens de sa propre disparition. Sous peu – dès lors que le médicament antidépresseur pourrait être devenu suffisamment fiable – les molécules « antidépressives » relèveront de simples distributeurs ! N'y est-on pas déjà parvenu par une conception simplifiée de la santé ? Si la dépression se guérit aisément par des molécules appropriées, alors c'est qu'elle n'était qu'une affection simple et que le recours à la psychothérapie ne se justifie pas !

Pour servir le goût de la polémique, on aurait certainement tort de chercher à réduire l'enjeu de certains choix produits dans l'histoire, souvent à l'insu des protagonistes. Certes on pourrait avancer, sans risque de se tromper, que la dépression est devenue un bien bon motif de résistance à la psychanalyse ! De fait, c'est bien de cela qu'il s'agit. À condition de ne pas oublier que c'est l'effacement de la psychiatrie qui, paradoxalement, constitue la vraie menace

---

l'esprit d'une idéologie qui n'a cure du tragique et qui soutient plutôt la seule pertinence qui lui convienne – celle de l'opposition entre le *déprimé* et le *performant* (c'est-à-dire l'adaptation pragmatique) ? La menace de disparition qui porte sur la psychiatrie clinique n'est pas de l'ordre d'un épiphénomène. La tradition psychiatrique – et psychothérapique – n'est-elle pas celle d'avoir pris toute la mesure de l'existence tragique et de la valeur d'insurrection de la parole dans sa folie ?

sur la pratique psychanalytique ! Ce que comprennent aujourd'hui nombre de psychanalystes qui cherchent à « liquider » le freudisme et ses concepts fondateurs, au bénéfice de l'intérêt porté aux neurosciences et à l'introduction de modèles neurocognitifs. Rappelons qu'à la fin du XIXe siècle et au début du XXe siècle, Freud était un des rares à en appeler à la tradition de la nosographie psychiatrique et à solliciter cette référence pour promouvoir une transformation de ses notions sous l'influence de la psychanalyse. Comme on le sait, les occurrences du terme de « dépression » dans l'œuvre de Freud – plus fréquentes qu'on ne le croit – ne conduisent pas à une métapsychologie de la dépression, alors que la mélancolie, notamment dans son rapport au deuil et à la perte d'objet, constitue l'un des modèles majeurs d'une psychopathologie et d'une métapsychologie [3]. Quant à la neurasthénie, elle appartient chez Freud à son élaboration de la théorie de la libido sexuelle, et sa ressemblance clinique apparente avec la dépression ne permettrait certainement pas d'expliquer celle-ci par celle-là [4].

Au point où nous en sommes, on peut donc se demander si la notion de dépression ne doit pas être tenue pour l'un de ces opérateurs idéologiques – qui n'entraînent aucune théorie valide ni dans la neurobiologie ni dans les sciences psychologiques – et dont la fonction est d'agir, sur de longues durées, sur les sensibilités et les comportements, les discours collectifs, ainsi que sur les modèles de la représentation subjective. Alain Ehrenberg défend, on l'a noté, cette idée que le « concept » de dépression serait inhérent à une société – nos sociétés contemporaines – qui n'est plus basée, dans sa subjectivité, sur une culture de la culpabilité et du conflit intérieur, mais qui repose plutôt sur l'esprit

3. Cf. P. Fédida et P. Lacoste, « Psychopathologie / métapsychologie. La fonction des points de vue », *in Revue internationale de psychopathologie*, n° 8, 1992.

4. Voir à ce sujet la contribution de Mareike Wolf qui répertorie les usages du mot dépression chez Freud (Conférence de Montpellier, mars 2000).

d'entreprise et d'initiative majorant des idéaux d'adaptation rapide, de responsabilité et de réussite dans l'innovation [5]. Les slogans et mots d'ordre portés par les *discours de la crise* (sociale, culturelle, économique) ont encouragé « le temps vite » du dépassement de soi et ont commencé à produire médiatiquement la mentalité néolibérale d'une société en deux qui ne ménagerait aucune culture intermédiaire. Dans un tel contexte, la dépression serait devenue une sorte de *paradigme négatif de la nouvelle pragmatique du « soi-même »* et, ainsi, la contrepartie psychopathologique d'une idéalisation de la performance, nécessaire pour rester adapté et créatif dans les mutations et changements accélérés que nous vivons. En somme, si l'on est déprimé, ce n'est pas dans le passé de l'enfance qu'il faut en rechercher la cause (expériences de perte, d'abandon, de séparation). Et même s'il en était ainsi, la connaissance de ces facteurs prédisposant à la dépression ne serait d'aucune efficacité directe dans le but de parvenir à une guérison. L'adaptation performante suppose que l'état déprimé soit traité là où il est handicapant, c'est-à-dire au niveau de ses symptômes comportementaux. Le sociologue est ici fort bien placé pour apprécier la conjonction entre addictions et dépression et pour argumenter sur les expressions que prennent les modifications de la subjectivité – et cela, jusque dans la conception d'un usage généralisé du médicament et de la psychothérapie active. Ehrenberg avance donc cette thèse psychosociologique, selon laquelle le « succès de la dépression » repose sur le déclin du sujet intérieur inhibé et impuissant, parce que traversé de conflits et s'identifiant à l'être-coupable : ce qui pourrait se dire encore sous la forme d'un véritable déclin de la névrose.

Bien qu'il soit toujours quelque peu risqué de procéder par grandes hypothèses à vocation synthétique, reconnaissons que la dépression appelle, en effet, une évaluation par vue d'ensemble pouvant d'ailleurs facilement se corréler

5. A. Ehrenberg, *La Fatigue d'être soi*, *op. cit.*

avec des données objectives telles que l'expansion démographique des années d'après-guerre, le développement anarchique des conditions de vie, l'expansion du phénomène de drogue (comportant le tabagisme et l'alcoolisme), la désorganisation du tissu social, la violence. Cependant, afin de ne pas céder au catastrophisme des évolutions, il convient de ne pas laisser non plus la dépression résulter de certaines conditions socio-économiques et culturelles et donc d'apprécier en retour ce qu'elle concerne et met en jeu au regard de la psychopathologie et de la clinique thérapeutique. *Lorsque j'avance ici que la dépression pourrait être passée de mode, cela est à entendre comme l'abandon d'une notion très approximative en raison de son emploi idéologiquement banalisé. C'est précisément là que s'impose le retour nécessaire à une compréhension psychopathologique de sa phénoménalité subjective et intersubjective*. S'il est bien vrai – comme on l'a dit ici – que, dans un prochain avenir, une autre notion (par exemple celle d'anhédonie) peut se substituer à celle de dépression, cela relève des évolutions nominalistes auxquelles les praticiens sont accoutumés : il serait dès lors tout à fait abusif que la dépression ne renvoie qu'à la seule évocation d'un état banalisé.

Cette distinction est importante car le succès rencontré, au cours des décennies récentes, par l'usage d'un vocabulaire psychologique (voire psychanalytique) sert, en effet, la référence à des analyseurs de changement. De ce point de vue, on peut dire que la notion de dépression disparaîtra avec les transformations à l'œuvre dans les sciences du vivant et dans les sciences médicales. De ce point de vue encore, on peut songer que la psychiatrie est à la veille d'une révolution importante dans sa théorie pragmatique du soin. Mais on ne peut pas, pour autant, en inférer que la notion psychothérapique de dépression est devenue purement et simplement obsolète.

Il n'est pas indifférent de constater que ce sont, sans doute, les recherches de la psychopathologie phénoménologique, tout autant que les transformations théoriques acquises dans la psychanalyse, de par sa pratique technique, qui contribuent aujourd'hui à prêter une attention renouvelée au *phénomène de la dépression*. Je dis ici « phénomène » – dans ce sens où Tellenbach puis Tatossian ont privilégié l'usage de ce terme sur celui de « symptôme » : la phénoménalité de l'état déprimé laisse apparaître des *symptômes* (de nature hystérique, obsessionnelle, phobique, somatique...), ainsi qu'on peut entendre ce mot dans son sens freudien, mais la *phénoménalité de la dépression* renvoie à des modifications de l'« être au monde » par son état-déprimé. Ces modifications – non réductibles aux symptômes qu'elle comporte – qualifient la sphère biopsychique de la dépression. On devrait pouvoir schématiser les choses en disant que la médicalisation de la « maladie dépressive » repose sur une séméiologie sommaire des signes (inhibition idéatoire et psychomotrice, fatigue, tristesse, perte d'appétence, privation de plaisir...) qui *se signalent* comme tels pour constituer des *cibles* à des actions pharmacodynamiques. Traités ainsi, ces signes n'ont pas d'autre valeur que celle d'entrer dans une pragmatique de la prescription[6] : ils peuvent appartenir à une « échelle de ralentissement dépressif » et servent alors à la seule identification d'une altération pathologique. *La tradition psychiatrique* des patients déprimés – allant à l'encontre de la généralisation médicale des traitements systématiques par antidépresseurs – s'efforce, au contraire, d'appréhender dans *le temps* la phénoménalité de la dépression et d'intriquer étroitement une pharmacothérapie et une psychothérapie, la conjugaison de ces deux approches par *le même praticien psychiatre* pouvant être, dans certains cas, recommandée, en raison de l'étroite interdépendance des facteurs psychologiques et des facteurs biologiques. Ajoutons donc que *toute prise en charge psychothérapique (psychanalytique)* ne saurait se concevoir comme une psychothérapie spécialisée des états déprimés, puisqu'elle ne peut valablement travailler

6. Cf. P. Pignarre, « Comment passer de la "dépression" à la "société" ? », *in La Dépression est-elle passée de mode ?*, Paris, Presses universitaires de France, coll. « Forum Diderot », 2000.

qu'avec des formations symptomatiques qui, même si elles entrent de façon déterminante dans ces états, ne sont en rien spécifiques de la dépression.

Roland Kuhn avait clairement perçu ce problème, on l'a souligné[7], lorsqu'il recommandait, dès 1960, que la psychiatrie clinique se règle sur le traitement des patients déprimés, afin de se réapproprier complètement et dans sa complexité la thérapeutique tant psychothérapique que pharmacothérapique de la dépression. Il reconnaissait toutefois que certains patients déprimés pouvaient bénéficier d'un traitement bifocal, pour autant qu'une psychothérapie psychanalytique n'entraînait pas le risque de renforcement de la dépression.

« Le phénoménologue ne s'intéresse pas au comportement du malade comme symptôme, dans sa fonction d'indice de la maladie, mais comme phénomène, au sens heideggérien du mot : le phénomène est la modalité d'être propre du malade qui, à la différence de la maladie, se montre dans ce comportement mais souvent d'une façon cachée et qu'il faut mettre au jour par les procédures phénoménologiques[8]. » C'est ainsi que s'exprimait Arthur Tatossian dans un commentaire des travaux de H. Tellenbach sur la dépression mélancolique. La phénoménologie descriptive de la psychopathologie de la dépression a été nourrie par une clinique à la fois concrète et extrêmement fine de cas de patients déprimés : la mise au jour des déterminations communes à ces patients permet la distinction entre dépression et mélancolie, du point de vue de l'expérience vécue du temps. C'est ainsi que V. E. von Gebsattel considérait, dès 1928, que chez le patient déprimé « l'avenir est assombri et menaçant mais est donné : le flux du temps n'en vient pas à s'immobiliser[9] ».

7. Voir *supra*, chapitre IX : « Une conjoncture sans précédent. »

8. A. Tatossian, « Phénoménologie de la dépression », Communication présentée aux VIIIe Journées d'information psychiatrique, Marseille, mars 1974.

9. V. E. von Gebsattel, « Zeitbezogenes Zwangsdenken in der Melancholia », cité par A. Tatossian.

Rejoignant les vues exprimées par Eugène Minkowski [10], von Gebsattel tendra lui-même à reconnaître dans la dépression un phénomène unitaire qui est ce que l'on pourrait appeler *un affect spécifique du temps, qualifiant, selon certaines modalités, non seulement l'action et la représentation de l'action, mais le rapport à soi et aux autres* [11].

Mais ce qui, sans doute, est resté jusqu'à Ludwig Binswanger [12] assez largement inaperçu par la « phénoménologie descriptive », c'est *en quoi la dépression concerne les conditions intersubjectives de la subjectivité*. Ici, l'inspiration husserlienne (plutôt que heideggérienne) de Binswanger apparaît tout à fait essentielle à la compréhension de la dépression. La clinique des patients déprimés met clairement au jour les ruptures de la communication intersubjective et les échecs dans la constitution de la subjectivité. Dans le langage husserlien, on dirait en effet que l'entretien avec le patient – qui majore chez celui-ci la douleur de la rigidité corporelle et de l'exposition du visage – révèle les impossibilités *d'apprésentation* de l'autre et, corrélativement, majore la *présentation des représentations*. La parole dispose de la sensation des mots, mais elle ne peut pas parler. Dans ces conditions, ce qui se désigne immédiatement *en défaut,* c'est *ce qui est entre, entre-deux corps*. La violence du phénomène dépressif est coextensive de l'isolation (du) psychique et d'une sorte de brutalité de l'apparence corporelle. Binswanger avait raison de souligner que le terme de « psychothérapie » prenait ici sa pleine signification, puisqu'il s'agit de créer quasiment *ex nihilo* un espace pour l'ébauche d'une communication humaine. Comment croire que, même chez des sujets très socialisés, c'est la communication interpersonnelle qui, grâce à la

10. E. Minkowski, *Le Temps vécu*, Paris, Presses universitaires de France, 1995 et *Traité de psychopathologie* (1966), Paris, réédité par l'Institut de la communication Sanofi-Synthélabo, 1999.

11. Voir *supra*, chapitre I : « Une maladie de l'humain. »

12. L. Binswanger, *Melancholie und Manie : Phänomenologische Studien,* Pfullingen, G. Neske, 1960. *Mélancolie et manie : études phénoménologiques,* Paris, Presses universitaires de France, 1987.

parole, aurait un effet thérapeutique ? L'expérience psychothérapique apprend que la facilité d'expression verbale masque le plus souvent un vide d'intersubjectivité. Dans un enseignement non publié (1997-1998), j'avais attiré l'attention sur une ressemblance (et peut-être une parenté) entre dépression et autisme. Aussi incongru que paraisse, à première vue, ce rapprochement, ce que je mettais en valeur, c'est surtout le vide d'espace qui rend impossible la constitution de l'intersubjectivité. L'exemple qui peut le mieux illustrer cet *échec de la communication intersubjective* peut être trouvé – ainsi que je l'ai rappelé – dans le *Huis clos* de Sartre, où chacun a cette sensation insupportable d'être constamment pénétré par la pensée de l'autre (rupture des apprésentations), comme s'il lui était transparent : dans le huis clos, cette *transparence* fait qu'il est impossible de constituer une image de soi qui puisse être une image pour soi. Les miroirs ont disparu de la pièce et aucune pensée, aucun mot et même pas le silence ne permettent d'échapper à cette violence de l'intrusion de la présence de l'autre. Chacun présente sa propre représentation de soi et de l'autre.

C'est en se réglant sur cette désorganisation de la communication et sur les phénomènes temporels qu'elle comporte que Roland Kuhn a compris – dans la continuité des intuitions d'Erwin Straus [13] – que le rétablissement de la communication intersubjective n'est pas seulement la condition d'une réappropriation par le patient de sa subjectivité, mais fait partie de la restitution des tonalités affectives de la « sphère biopsychique » de l'individu. Dans sa dernière conférence prononcée à Zurich, à l'issue de son Séminaire ayant duré quarante ans, Roland Kuhn revient longuement sur l'histoire de la thérapie de la dépression [14]. Les propositions fondatrices du traitement antidépresseur sollicitent un approfondissement de la

13. E. Straus, *Psychologie der Menschlichen Welt – Gesammelte Schriften*, Berlin, Springer, 1960.

14. R. Kuhn, « Wissenschaft und Kunst in der Seelenheilkunde – Nach 40 Jahren », 1998 (texte communiqué par l'auteur).

notion d'*endon* et donc de celle d'endogénéité dans une *théorie de la dépression vitale*. L'expression de « dépression vitale » ne vise pas à rétablir un pseudo-biologisme de l'énergie vitale qui serait manquante dans la dépression : elle connote l'étroite intrication de l'intersubjectivité avec ce qui appartient à la sphère du *bios*. Le patient et exigeant travail clinique de Roland Kuhn, conduit durant près d'un demi-siècle, a consisté à approfondir la compréhension psychopathologique et anthropophénoménologique du phénomène de la dépression dans sa complexité extrême et différente d'un individu à un autre.

Il ressort de l'ensemble de ces travaux que l'une des particularités de l'état déprimé, c'est sa relation interne avec l'émergence du sens (du *psychique*) dans les formes élémentaires du contact et de la résonance, dès qu'il y a communication humaine. Selon une orientation voisine, on pourrait dire que l'état déprimé survient là où la vie psychique (« biopsychique ») n'a pas pu se donner la dépressivité nécessaire.

La distinction ici avancée entre *capacité dépressive (dépressivité) et état déprimé* (ou « dépression ») aurait l'avantage de faire concevoir la *vie psychique* comme cette *dépressivité nécessaire à la vie pour rester vivante et ainsi se soustraire à l'excès des excitations*. La question alors se déplace et devient celle-ci : comment et pourquoi quelqu'un devient-il déprimé ? Ou encore : en quoi l'état déprimé peut-il avoir cette fonction de survie au détriment de la dépressivité de la vie psychique ?

Nous parvenons ici à un étrange retournement. Alors que la notion de dépression pouvait nous apparaître comme déjà dépassée, voilà qu'elle se trouve non seulement réévaluée à partir de sa clinique mais que, de plus, elle commande une sorte de réhabilitation de la pensée psychiatrique dans sa double approche thérapeutique – à la fois pharmaco – et psychothérapeutique. Mais cela, à condition que la psychiatrie redevienne clinicienne et ne se laisse pas dissoudre par l'idéologie neuroscientifique. Comme s'il fallait alors justifier d'une nécessité pour la psychiatrie clinique de se réfléchir désormais dans une compréhension de sa pratique spécialisée.

Ce mouvement de retournement – qui reconnaît à la dépression non pas la valeur d'une maladie, mais bien plutôt celle d'un *proto-affect* (au même titre, par exemple, que l'angoisse avec laquelle elle est liée) – n'a pas échappé à la psychanalyse. Dans son ouvrage important sur *Depression. Comparative Studies of Normal, Neurotic, and Psychotic Conditions*[15], Edith Jacobson place très justement son travail sur la dépression dans le prolongement de sa pratique analytique avec les patients borderlines, ainsi qu'avec des patients traités en ambulatoire et appartenant au syndrome bipolaire, de même qu'au groupe schizophrénique des psychoses. Durant une longue période, elle s'est occupée d'états sévères de dépression chez des femmes qui, avant d'être accessibles à une cure analytique, ont bénéficié de façon très favorable d'une psychothérapie.

Le grand intérêt de ce travail clinique et théorique reste celui d'élaborer une théorie de *l'affect de dépression* qui, pour nous analystes, est de loin bien plus utile que ce seul repérage classique de l'*humeur*. Déplaçant la problématique de la dépression pour privilégier un aspect psychodynamique du moi face aux menaces qu'il subit, en raison des frustrations dont il est l'objet, E. Jacobson met très clairement en évidence les modulations de l'affect de dépression, d'une part en relation avec la puissance destructrice des excitations internes ou externes et, d'autre part, en étroite connexion avec l'angoisse et l'agressivité.

La plupart des patients déprimés peuvent, à certains égards, être considérés comme des patients limites (borderline states). La psychothérapie est tout à fait essentielle, d'autant qu'elle ne favorise pas alors une régression qui leur serait intolérable, car le matériel inconscient viendrait à affleurer, alors que les conditions de reconnaissance des affects ne seraient pas encore réunies. Travailler avec

---

15. E. Jacobson, *Depression. Comparative Studies of Normal, Neurotic, and Psychotic Conditions*, New York, International Universities Press, 1971.

l'affect de dépression, c'est rendre possible, chez le patient limite – en raison de la rapidité avec laquelle il peut passer d'un comportement à un autre opposé, il peut vivre alternativement les intensités de plaisir ou de douleur –, l'usage d'un puissant levier thérapeutique. On voit ici que *l'affect de dépression* se trouve donc placé dans une position théorico-technique de la plus grande importance. Il ne serait pas abusif de prétendre que *tout* est dans cet affect « glaciaire » et que c'est précisément pour cela qu'il est aussi puissant : on dirait alors que la dépression correspond à un tel assourdissement de la variété des affects (sentiments, émotions, etc.) que la conservation (au sens darwinien du terme) de ce qui est vivant oblige la fossilisation des temps psychiques de la vie [16].

Certes, le modèle métapsychologique de la mélancolie reste-t-il prévalent, lorsqu'il s'agit de penser la dépression dans son rapport au deuil et à la perte d'objet. Mais la clinique psychothérapique, de même que l'expérience technique des cures difficiles, a éclairé plus d'un aspect de ce *rapport entre dépressivité du psychique et état déprimé*. Autrement dit, ce ne sont pas simplement les formations symptomatiques de la névrose dans la dépression qui règlent l'intérêt de l'approche psychanalytique, c'est la dépressivité elle-même qui apparaît entrer dans la théorie métapsychologique du psychique – et cela, notamment sous l'angle du préconscient et des tonalités d'affect dans le langage.

C'est pourquoi la conception de la « dépression vitale » ne saurait rester étrangère à la théorisation psychanalytique, si, toutefois, celle-ci ne manque pas d'intégrer dans ses développements la fonction que Ferenczi accordait, dans sa conception de la « vie psychique », aux *modalités subjectives d'un soi* qui ne serait pas simplement la subjectivité réfléchie du moi. Qu'il s'agisse de « confusion des langues » (tendresse et passion) ou – du point de vue de la pratique – de « l'élasticité de la technique psychanaly-

16. Voir *supra*, chapitre II : « Un affect glaciaire et ses guérisons critiques. »

tique », Ferenczi a assez tôt pressenti que le dispositif de la cure psychanalytique devait comporter ces *attitudes de soin* de l'analyste dont on peut dire qu'elles sont « maternelles », mais dont on peut penser au-delà qu'elles tentent, dans le transfert, de restituer au patient la sensibilité dépressive à sa propre vie psychique et l'autoperception qui lui convient. Les états déprimés sont comme des modes d'identification primaire au *mort dans l'âme* – le mort oublié ou négligé s'étant donné pour sépulture le corps inerte du déprimé, qui lui attribue ainsi le pouvoir de le garder en vie. On l'a vu, les croyances en l'animisme que Freud sollicite dans nombre de ses textes – notamment au regard du *vivant inanimé et devant rester inanimé pour ne pas mourir* (voir « L'inquiétante étrangeté ») – sont, pour ainsi dire, essentielles à la compréhension technique du soin *psychothérapeutique* du patient déprimé. *Pour le psychanalyste, l'animisme est une théorie psychique du vivant !* On ne l'ignore pas : le patient dans un état déprimé est réellement menacé dans sa vie, dès lors qu'il sortirait trop brutalement de l'inanimé. Le soin psychothérapique du patient déprimé commande donc toute la fonction du rêve et du fantasme dans le transfert – comme si c'était seulement ainsi que la vie psychique pouvait recouvrer la dépressivité de son « animation » lentement et en temps voulu.

Modernité de la dépression ? Modernité ou postmodernité ? Si on empruntait ici le vocabulaire et l'idée d'un philosophe comme Jean-François Lyotard, on serait inévitablement tenté d'assigner à une phénoménologie critique, ainsi qu'à la psychanalyse, le rôle d'une *réécriture postmoderne de la modernité* de la dépression.

Comment la dépression a-t-elle été ou est-elle devenue cette *à-peine-notion* chargée de porter la théorie d'une maladie de la subjectivité tout entière dans cette plainte sans fin que la thérapeutique moderne serait censée pouvoir guérir [17] ? Et tandis que la subjectivité – *sous cette*

17. Cf. F. Roustang, *La Fin de la plainte*, Paris, Odile Jacob, 1999.

expression simple et banalisée – se faisait ainsi une sorte de produit de la civilisation des métropoles cosmopolites, ce qui était radicalement remis en cause, c'est que la douleur morale et l'épuisement psychique vital aient une quelconque causalité dans le conflit interne ou dans la culpabilité d'une faute. Ainsi, la modernité industrielle de la dépression serait bien celle qui définit l'épiphénomène de la subjectivité et de la parole à l'autre. À quoi pourrait donc bien servir la subjectivité individuelle, si les molécules peuvent en guérir, produire l'état hédonique et donner puissance à l'humain, afin qu'il développe ses capacités d'adaptation et de performance ? On ne saurait dire si la notion pharmacodynamique d'« antidépresseur » a encore une quelconque signification, dès lors que l'intelligent ciblage par les molécules chimiques porte moins sur des symptômes de la dépression que sur des opérations corticales et sous-corticales – la réussite de ces actions pharmacothérapiques se traduisant par l'effacement des sensations de souffrance dans les états dits déprimés. Autrement dit : *il pourrait bien être abusif de parler d'antidépresseurs* !

La *postmodernité* de la *modernité* de la dépression – retrouvant dans celle-ci le sens de *l'humanité du sens constitutif de soi* par l'autre – exercerait ici toute sa capacité « criticiste » de mise au jour de la construction idéologique d'un *homme nouveau* pouvant ainsi répondre à la fiction scientiste de *l'humain délivré de sa subjectivité,* parce que définitivement guéri de son état déprimé.

CHAPITRE XI

De l'importance de la psychopathologie pour la psychothérapie

On dispose aujourd'hui des moyens pharmacothérapiques permettant de faire disparaître les symptômes de la dépression. Et cela est fort appréciable, lorsque ces symptômes (notamment angoisse et inhibition) empêchent l'engagement ou la poursuite d'un travail analytique. Encore faut-il que le psychiatre prescripteur dispose d'une observation clinique suffisamment fine pour apprécier non seulement le choix du médicament, mais aussi la dynamique du traitement dans son ensemble. C'est à cette condition que la psychiatrie clinique conserve toute sa légitimité. La connaissance singulière du patient et des façons dont il réagit au traitement chimique ne peut que s'appuyer sur une compréhension psychopathologique de la place et de la fonction que vient à prendre un état déprimé dans une vie personnelle.

C'est pourquoi il faut faire retour à la psychopathologie, qui est à la base de cette compréhension clinique et, par conséquent, d'une approche à la fois historique et psychique de la vie du patient.

On peut toujours penser que le contenu des disciplines et leur dénomination doivent évoluer, se transformer, voire disparaître pour laisser place à de nouvelles formulations. C'est la question qui se pose, par exemple, avec la linguistique, mais aussi avec la psychopathologie.

La psychopathologie pourrait ainsi se retrouver aujourd'hui placée face à un dilemme pour le moins inattendu.

Alors qu'elle représentait au début du XXe siècle cette science des affections de l'esprit et des troubles de la personnalité – héritière d'une fort prestigieuse tradition philosophique et médicale – et que cette science se voulait au fondement de la psychiatrie clinique, la psychopathologie serait en passe de devenir une discipline académique parmi d'autres, privée des interrogations qui entraînaient son esprit de recherche. Et au moment où la psychopathologie serait susceptible de bénéficier d'un assez extraordinaire concours d'apports tant neurobiologiques et pharmacologiques que provenant de la clinique et de la théorie psychanalytiques, elle apparaîtrait assez inutile aux praticiens, du fait de la généralisation de notions telles que la dépression.

À vrai dire, la voie d'une possible destitution scientifique a été ouverte par les psychanalystes eux-mêmes, qui ont progressivement abandonné la recommandation freudienne de ne jamais quitter *l'observation psychopathologique*. Celle-ci ne garantit-elle pas contre le risque philosophique de la spéculation théoricienne qui survient inévitablement, lorsque la pensée est privée de l'étrangeté de l'autre et de la ressource des *symptômes* ? Le texte de Freud sur « L'inconscient » (1915) stigmatise l'attitude philosophique qui s'enferme aisément dans des tautologies, si elle méconnaît les *faits* d'observation psychopathologique. Ceux-ci assurent au contraire à la métapsychologie une ressource d'imagination, et une valeur de lisibilité clinique aux constructions avancées. Bien que la psychopathologie soit reconnue par les psychanalystes comme une nécessité plus ou moins incontournable de la formation, la tendance majoritaire n'est-elle pas de prétendre qu'il n'est point besoin d'en expliciter le contenu, sinon pour conserver avec la psychiatrie un champ commun de connaissances et d'échanges ?

Ou encore : la « psychopathologie de la vie quotidienne » n'est-elle pas dans la psychanalyse ce qui donne véritablement son sens à la psychopathologie de la normalité – étant entendu qu'un lapsus, un oubli, un rêve ou un acte manqué sont ces *moments critiques* de la vie psychique dans sa continuité dynamique ? Et la considération de semblable continuité des processus psychiques ne viendrait-elle pas, en retour, à l'appui de l'affirmation que la seule vraie connaissance est ici indissociablement liée à la pratique de l'écoute et de l'interprétation dans la cure psychanalytique ?

Sur un autre versant – celui d'une pragmatique psychiatrique de la prescription des psychotropes – on pourrait prétendre que la psychopathologie est de très faible incidence sur le choix d'un traitement [1]. La séméiologie d'un trouble et son identification nosographique ne gagnent-elles pas, dans une telle perspective, à être simplifiées et systématisées selon des critères somme toute assez comportementaux, pour autant qu'ils relèvent de la psychologie populaire des états internes régulièrement exprimés dans les plaintes des patients ? Serait-il besoin de comprendre l'origine et la fonction d'une névrose obsessionnelle, lorsque la simple discrimination d'un trouble compulsif-obsessionnel peut être tenue pour une manifestation « x » susceptible de céder à l'effet d'une molécule qui soigne aussi bien la douleur morale que la sensation de fatigue vitale ou encore l'état dépressif ? La connaissance neurobiologique des sites corticaux avait déjà ouvert cette possibilité de ne pas avoir à dénommer la manifestation psychologique (« angoisse », « dépression », « confusion », etc.), pour s'en tenir à la seule désignation de la cible neurochimique : la neuropharmacologie moléculaire a déjà inauguré une ère nouvelle de l'a-clinique où prévaut le choix instantané d'une prescription psychologiquement polyvalente [2]. Dès lors que c'est à l'intelligence de la molécule que revient le soulagement d'un trouble, l'intérêt d'une description et d'une compréhension psychopathologiques, rendant compte des complexités psychiques, passe au second plan. Par voie de conséquence, on peut aisément imaginer que la spécialisation clinique psychiatrique s'en

1. Voir *supra*, chapitre IX : « Une conjoncture sans précédent. »

2. À ceci près que Jacques Glowinski, professeur de neuropharmacologie au Collège de France, reconnaît justement que la clinique psychanalytique est essentielle à la psychiatrie. Voir *Le Monde des débats*, n° 13, avril 2000.

trouve fort réduite dans sa compétence et qu'elle est alors réorientée vers une vocation « sociale » de protection, de réadaptation et de réinsertion.

Mon propos ne saurait être ici celui d'énoncer les idées générales qui accompagnent le plus souvent l'annonce des menaces de disparition ! Nous vivons une époque où les transformations à l'œuvre dans nos pratiques théoriques et cliniques n'ont certainement pas à être redoutées – même si elles entraînent de façon accélérée de tels changements dans nos façons de voir, de penser, de comprendre et même de communiquer. Nous sommes ainsi invités à une mise à l'épreuve de nos référentiels et de nos cadres de réflexion. Aujourd'hui, *l'intérêt de solliciter la psychopathologie en vue du traitement* ne saurait surtout pas consister dans le retour à une séméiologie médicale et à une nosographie dépassée par la transversalité des notions. La prise en charge et le traitement – souvent exclusivement psychothérapeutique et parfois associant psychothérapie, rééducations, pharmacothérapie – appellent à la redéfinition d'un champ où objets et modèles diversement élaborés sont placés en situation de confrontation critique. C'est ce que Daniel Widlöcher désigne au titre d'un pluralisme psychopathologique et c'est ce que j'ai moi-même défendu, dans la perspective d'une *psychopathologie fondamentale* constituant les intersections théoriques précisément là où se décident de nouveaux *objets* qui doivent assurément beaucoup à la clinique psychothérapique.

On pourrait certes s'interroger sur la validité dont dispose de nos jours le principe avancé au XIXe siècle par la physiopathologie et selon lequel la connaissance des fonctions normales était enrichie et approfondie par l'observation des dysfonctionnements pathologiques. Dans l'usage que Freud a sollicité de la pathologie pour rappeler que le pathologique était un « grossissement » des phénomènes normaux, ne retrouve-t-on pas cette idée évolutionniste que la nature expérimente *(Naturexperiment)* et que les crises dans le développement, ainsi que les anomalies qui en résultent, éclairent le cours normal des processus ? Avec la psychopathologie, nous disposons de cette *vue* et de cette *compréhension* des conditions que l'individu s'est données pour pallier des états de carence ou s'adapter dans des situations de détresse, afin d'assurer sa survie. Une telle conception – qui conduit à faire cesser l'opposition du normal et du pathologique et à tenir le normal pour une fiction positive nécessaire à la description des formes et processus pathologiques – est à la base d'une formation à la clinique et, en un sens, elle est, en effet, inhérente à la pratique de la clinique psychanalytique.

Le thème ici abordé ne fait qu'énoncer la *nécessité* de se référer à un ensemble de connaissances sur la vie psychique et ses moments critiques, en vue de la prise en charge d'un patient et de l'engagement d'une psychothérapie. Mon propos introductif s'est contenté d'évaluer le risque d'un retrait de cette référence dans la conception d'une pragmatique psychiatrique de la prescription ou – d'un tout autre point de vue – par l'effet d'une généralisation abusive de l'« indication » de psychothérapie. Mais reconnaître « l'importance de la psychopathologie » ne saurait relever de l'exercice rhétoricien qui définit les prérequisits de la discipline la mieux adaptée. Cela ne saurait être non plus le retour à un schématisme médical du savoir positif des signes et des classes, à partir desquels un diagnostic est formateur des indications thérapeutiques requises. *La réévaluation de la fonction de la psychopathologie est ici mise en rapport avec le choix qui s'impose de l'engagement d'une psychothérapie. Et c'est celle-ci qui est propre à modifier le statut qu'il convient désormais d'accorder à ce qu'on appelle « psychopathologie »*.

J'ai choisi de présenter deux brèves séquences cliniques que je mets en correspondance pour mon propos. L'une est issue du premier entretien que j'ai eu avec un jeune garçon de sept ans, Hervé. L'autre est un très court fragment d'une séance avec une femme dépressive, Tatiana, plus d'un an après le commencement de sa psychothérapie. Au moyen de ces séquences, qui sont contemporaines, je voudrais mettre en évidence la façon dont se forme l'observation psychopathologique – non pas seulement la mienne propre dans la situation clinique, mais celle dont vient à témoigner le patient (enfant ou adulte) et qui peut, selon le cas, faciliter ou entraver le travail thérapeutique.

Lorsque je reçois Hervé, à la demande du pédiatre, ainsi que de la mère de l'enfant, je sais déjà qu'il développe depuis un peu plus de deux ans une « obésité dépressive » qui est une source de violentes angoisses pour sa mère – vivant seule avec l'enfant. Hervé a un joli visage très fin qui s'impose en contraste avec l'embonpoint malaisé de son corps, corps qui ne me paraît pas devoir être qualifié d'obèse, bien que son volume et son poids paraissent commencer à gêner le garçon. La pièce où je reçois les enfants comporte une table et deux chaises en vis-à-vis. Lors du premier rendez-vous, sur la table, seulement une grande feuille et un crayon. Les murs sont blancs et ne sont pas décorés. Aucun jouet en vue. Hervé est installé face à moi et reste quelque temps silencieux. Je ne lui parle pas. Il me demande où sont les toilettes. Je lui réponds que je les lui indiquerai plus tard. « Vous n'avez pas peur que je chie sur votre moquette », me dit-il dans une violente émotion qui bouleverse son visage. Et, aussitôt, il se met à pleurer. Je lui dis qu'il est très en colère d'être ici contre son gré et qu'il voudrait se vider de sa colère dans le trou du cabinet. Alors il se lève, tourne en rond dans la pièce et me dit : « Si j'avais un flingue, je me ferais exploser la tête. »

Nous commençons alors à communiquer. Je pense qu'une psychothérapie s'engage à ce moment précis où Hervé est à la fois dans la colère et dans un immense chagrin. Je lui dis qu'il tourne comme un prisonnier. « Chez moi, c'est pareil, avec maman qui crie tout le temps et qui ne veut pas que je bouge. Elle dit que ça lui donne mal au cœur, quand je bouge. » Hervé se rassoit et, après un silence de repli, commence à me parler un peu de sa vie et de son ennui de tous les jours. Il dit qu'il voudrait ne pas se lever le matin, « parce que maintenant, c'est toujours triste ». Il mange, parce que ça le fait dormir et, même s'il a peur en s'endormant, il préfère cela à tout le reste. « Je peux me raconter des choses même terribles et j'ai moins peur. » Le visage d'Hervé est redevenu tranquille en me parlant. Son regard est éveillé et il me donne, à ce moment-là, le sentiment qu'il a tout compris. « Maman est toujours fatiguée. Elle pleure souvent. *Elle voudrait que je sois mort, pour oublier mon papa.* »

En prenant du poids, Hervé se construit une forteresse surmontée d'une tour d'où il peut tout observer du délire dépressif de sa mère. C'est ce qu'il commence à dessiner devant moi. C'est une forteresse sans portes et la haute tour fine peut tout voir. « Des fois, je me mets dans le coin de la cuisine et je fais semblant de lire. » Les violences quotidiennes de la mère – qui, semble-t-il, sont surtout dans ses cris et dans ses pleurs, mais aussi quelquefois dans des coups – donnent lieu chez Hervé à une sorte d'identification empathique, par laquelle il cherche à se fondre en elle comme pour s'en défendre en s'insensibilisant. Il observe tout. Il se souvient de scènes entre sa mère et son père, alors qu'il avait trois ou quatre ans : son père voulait le prendre avec lui, mais lui, il s'accrochait au déchaînement de la mère, il s'enchevêtrait avec elle dans sa violence pour la garder dans sa confusion.

Durant les six mois où je m'occupe d'Hervé, il ne manque pas une seule de ses séances. À chaque séance, il parle et il dessine – nous dessinons ensemble sur la grande feuille disposée entre nous. Peu à peu, c'est comme si je me trouvais placé dans la situation d'un superviseur, car l'enfant me raconte ce que sa mère a dit ou a fait et ce que cela lui a fait, à lui, d'entendre « je te tuerai » ou bien « tu deviens aussi gros et aussi moche que ton père, tu es un porc », ou encore « je te couperai la langue ». Hervé me dit : « Maman est malheureuse de ne pas pouvoir se débarrasser de papa. » Et un peu après : « Elle voudrait bien m'aimer, mais elle a toujours mal à son ventre. Papa lui manque. »

L'intuition de Ferenczi – largement reprise depuis lors – était, on le sait, que le jeune enfant vivait souvent la violence passionnelle de l'adulte comme l'incitant à devenir le psychiatre de celui-ci, disons : son psychopathologue et son thérapeute. La violence psychique et la terreur qu'elle suscite solliciteraient ainsi une immobilisation dépressive de l'enfant qui doit faire taire en lui ses propres excitations et se protéger des effractions internes/externes. Ce qu'on appellerait ici effraction – ou encore « traumatisme » – mêle des sensations tout à fait disparates et hétérogènes. Une fois, Hervé me dira que sa maman était si violente que son « zizi a bougé tout seul ». L'effraction est un excès d'excitation pouvant conduire en même temps au plaisir et au déplaisir. Le retrait dépressif peut être tenu pour une défense psychologique contre cet acharnement de la vie à vouloir faire vivre, alors que le soulagement serait de mourir instantanément « sans s'en apercevoir », dit Hervé. L'observation psychopathologique que l'enfant développe sur le comportement de l'adulte et la compréhension qu'il en acquiert ressemblent à une condition de survie, tant lui est directement sensible et tant il partage le désespoir meurtrier auquel il assiste et participe quotidiennement. Et l'enclavement de l'*observation* – cette fine tour qui se dresse certainement aussi comme un pénis devenu incastrable à force de s'imposer – entraîne l'enfant à se reconnaître dans sa *vie psychique,* pour autant qu'il peut s'identifier de façon empathique à certains des mouvements psychiques et corporels de sa mère suscitant sa peur. Lors d'une séance, Hervé se montre très déprimé : la veille, il a vu sa mère s'alcooliser avec une amie, au point que sa « gaieté » lui est devenue, à lui, complètement incompréhensible et angoissante. Rien ne ressemblait à ce qu'il pourrait potentiellement éprouver. Il est assez fréquent, ai-je constaté, que les jeunes enfants se dépriment, lorsqu'ils perçoivent que la mère ou le père, sous l'influence de l'alcool ou des médicaments anti-dépresseurs, n'ont pas leur violence habituelle : ils ne savent pas retrouver l'identité de l'adulte dans leur colère ou leur peine.

L'empathie est peut-être ce mouvement animiste issu de la peur suscitée par l'autre. Elle est certainement à la source d'une *psychopathologie* et elle est ainsi la condition d'une subjectivation de l'hostilité et de la haine. Dans le cas d'Hervé, on pourrait dire que l'« obésité dépressive » offre l'avantage d'une formule en raccourci : il s'agit bien pour lui de rendre possible, sur ce mode dépressif, une protection contre l'effraction trop forte qui le priverait de sa capacité d'observation intense isolée. Mais il me semble aussi que l'enclavement de cette capacité d'observation psychopathologique – corrélative de ce sentiment d'impuissance à devenir le thérapeute de sa mère – constitue le risque d'un autoenfermement. La psychothérapie s'impose ici, à ce moment précis.

Mais ce qui me paraît le plus frappant dans l'engagement de cette psychothérapie, ainsi que dans son déroulement, c'est ce que j'appellerai la *créativité psychothérapeutique* des moments critiques survenant entre Hervé et moi. Sans doute, comme dans toute psychothérapie, on peut considérer ces moments critiques comme d'autant plus féconds qu'ils incitent l'analyste à de nouveaux *insights,* en prise directe sur *l'événement psychopathologique qui se manifeste dans la parole ou dans le comportement du patient*. Tout se passe alors comme si la déformation que subit une représentation, au moment où celle-ci est en train de s'installer, plaçait l'analyste au plus près d'une régression [3] qui produit un nouveau temps de communication interpsychique. J'ai insisté ailleurs [4] sur cette déformation et cette transformation régressive des formes dans la vie psychique de l'analyste : à l'instar du modèle de ce qui se passe dans le rêve, on dirait que prévaut instantanément et momentanément une activité hallucinatoire qui pourrait procéder de la « zone aveugle » de l'analyste – ce qu'on pourrait désigner ici comme la *ressource psychopathologique du travail analytique*. Le fonctionnement psychique de l'analyste dans la psychothérapie de patients déprimés permet à celui-ci d'apprécier la nature de sa dépression et celui de ses *insights* d'interprétation qui en découlent. Il faudrait alors se demander pourquoi de tels *insights* paraissent d'une rare intensité dans les mots qui viennent et pourquoi

3. Cf. P. Fédida, *Par où commence le corps humain – Retour sur la régression, op. cit.*

4. Cf. P. Fédida, *Crise et contre-transfert, op. cit.*

ils sont si proches du matériau psychique et corporel du patient.

La seconde séquence clinique que je veux ici rapporter concerne une femme de quarante et un ans, dont la psychothérapie commencée un an auparavant (à raison de deux séances hebdomadaires) m'avait placé, au tout début, devant la nécessité de mettre en place un dispositif de soins psychiatriques, comme préalable à l'instauration d'une situation analytique. Les deux premiers rendez-vous avec la patiente m'avaient donné l'opportunité de voir un état déprimé dans une crise aiguë : la première fois, Tatiana était accompagnée et, durant le temps de l'entretien, elle était apparue dans une grande difficulté à parler et à me raconter ce qui lui arrivait. La seconde fois, arrivée dans mon bureau, elle s'était affaissée et il m'avait fallu l'aider à se relever et à l'asseoir dans le fauteuil en face de moi. À l'issue de ce rendez-vous, j'avais pris contact avec un collègue psychiatre qui pouvait la recevoir le jour même. Elle fut d'accord pour être hospitalisée ce même jour et un traitement par antidépresseur commença aussitôt en clinique. Il fut de même convenu qu'elle serait accompagnée à ses séances de psychothérapie, dès que possible, durant son hospitalisation. Je souhaitais qu'elle commençât ses séances sans plus tarder, même si leurs horaires pouvaient être irréguliers. Les conditions d'épuisement psychique et physique dans lesquelles est arrivée Tatiana, après un long séjour dans un service de médecine générale où elle était hospitalisée *à la suite* d'un état anorexique grave, me donnaient tout au moins à voir à quelles limites peut parvenir la dépression et mettre en danger le sujet. Ou bien encore : l'état déprimé – dans sa composante hystérique – porte très loin (à la limite) la préservation défensive de la vie, grâce à une identification à la mort [5].

5. Voir *supra*, notamment chapitres III, V et VI : « Dépressivité du fantasme – Deuil et dépression », « Morts inaperçues », « Le rêve et l'œuvre de sépulture ».

J'appris, au cours de ces deux entretiens, que son état actuel avait débuté à la suite d'une douloureuse rupture avec son ami, qui l'avait obligé à quitter la maison où ils vivaient ensemble. Mais après tout, qu'est-ce qu'une rupture douloureuse ? Trop d'expressions ainsi conçues passent pour explicatives de la survenue d'une dépression. Ce qui s'était rompu chez Tatiana, c'était le tissu de sa pensée : la déchirure de la pensée survient, lorsqu'il n'y a plus d'interlocuteur intime. Plus rien. Alors, toute la substance peut s'écouler comme la poche des eaux ! Il reste, pendant quelque temps, la douleur. Et puis, plus rien. Seulement une masse compacte éclairée par la conscience d'un état violemment vide.

Tatiana s'était d'abord enfermée dans une chambre d'hôtel, avant que ses amis ne lui conseillent de retourner habiter chez sa mère. Ce fut au cours du séjour chez sa mère qu'elle sombra dans une sorte de régression sauvage. Elle ne s'alimentait plus, prenait de plus en plus d'anxiolytiques et de somnifères qu'elle avait en réserve, et elle restait alitée tout le temps, enfoncée dans le vague. Refusant de se laisser hospitaliser, elle ne connaissait – dira-t-elle plus tard – que les expressions d'angoisse et de désarroi de sa mère âgée. Elle voyait ça de loin, de très loin. C'est, semble-t-il, seulement lorsque l'état devint extrêmement critique qu'une décision fut prise par le médecin généraliste de la faire hospitaliser dans un service de médecine interne où elle fut mise sous perfusion et reçut un traitement d'antidépresseurs qui, dans semblables conditions, n'apportèrent aucun résultat.

Lorsque je pris contact avec un collègue psychiatre pour qu'il la reçoive sur-le-champ, elle accepta sans hésiter. Je lui expliquai, en effet, que son état d'épuisement me paraissait lui faire courir le risque d'abîmer ses réserves cachées : une sensibilité et une intelligence vives, un charme qui transparaissait au travers de l'état d'extrême épuisement. Je lui dis aussi que *j'acceptais de m'occuper d'elle, mais que nous devions nous faire aider un peu au début* (j'insiste sur cette formulation comportant ce « nous »).

Durant les mois qui suivirent, Tatiana vint régulièrement – souvent très en avance – à ses rendez-vous. Le traitement chimiothérapique, bien supporté, avait très sensiblement amélioré son état déprimé. Mais elle se savait extrêmement fragile et il lui était tout à fait clair que l'amélioration de son état anticipait sur ses moyens réels de sortir de la dépression. Elle pressentait notamment que les antidépresseurs la réveillaient trop tôt, voire trop intensément. Elle avait besoin de prendre le temps de se réveiller d'elle-même. Tandis qu'elle continuait de ressentir une « tristesse au fond » et un engourdissement anesthésique continu, elle se donnait à elle-même l'impression de ne pas être dans ses vrais sentiments. Certes accomplissait-elle plus aisément certaines tâches quotidiennes, elle pouvait aussi retrouver des contacts sociaux, mais, pour elle, ce n'était pas ainsi qu'elle aimait se ressentir. D'ailleurs, l'amélioration restait fort instable et il s'en fallait de peu – malgré le suivi psychiatrique qui se poursuivait – que ne surviennent tout à coup de très violents moments de détresse. De tels moments, lorsqu'ils se produisaient sans s'annoncer, lui permettaient cependant de me téléphoner – ce qui fut un vrai progrès pour elle, qui ne pouvait pas imaginer demander quoi que ce soit à qui que ce soit.

Une violente crise de détresse l'avait profondément secouée un samedi après-midi – la séance du vendredi ayant été entièrement occupée à l'évocation d'une longue conversation téléphonique avec sa mère, qui l'avait traitée d'hystérique et l'avait mise en demeure d'arrêter sa psychothérapie, sous peine d'être privée de certains subsides financiers qu'elle lui accordait mensuellement. Sa mère, disait-elle, était une sorte d'insecte, forme tentaculaire dont elle voulait se défaire, mais dont elle ne pouvait pas se passer, comme si cette forme la pénétrait et la tenaillait. Et la haine que lui inspirait parfois l'emprise de sa mère sur sa propre vie psychique et sexuelle lui faisait courir le risque d'un retournement contre elle-même de sa propre destructivité. La haine est ainsi faite qu'elle cherche à arracher de soi l'objet qu'elle vise.

C'est le dimanche matin que Tatiana me téléphone pour me demander de venir parler. Elle me dit avoir vécu un enfer, durant toute la nuit. Elle est restée sans dormir. Je lui propose de la recevoir. « Quand j'étais très jeune enfant, je m'en souviens, j'ai appris à tuer au-dedans de moi les émotions trop vivantes, trop fortement vivantes. Ça marchait. Comme pour m'endormir, lorsque je fermais tout mon corps et je ne respirais plus. Je suis plus tranquille. Mes émotions ne m'envahissent pas. Elles coulent toutes seules. Mais hier, je n'ai jamais vécu ça. Je tapais, et je tapais dur, sur tout ce qui était vivant au-dedans de moi, qui ne parvenait pas à mourir. *C'était l'agonie*. L'agonie, c'est de ne pas pouvoir mourir. Moi, j'étais l'agonie. Je ne pouvais pas me faire mourir. » Elle revient encore sur cette capacité qu'elle avait, enfant, de fermer tout son corps et de ne plus respirer, pour pouvoir s'endormir. « J'étais excitée par la présence de ma mère, elle était sublime et cruelle. Je savais que j'étais sa poupée – une poupée qu'on peut rendre vivante et une poupée qui doit aussi faire la morte. Je savais très bien passer d'un état à un autre. Je ne risquais pas de la perdre, puisqu'elle avait un besoin vital de moi. » Mais ce qui s'est passé la veille équivaut à l'anéantissement de la poupée : elle a vu monter en elle les images monstrueuses d'elle vivante, et c'était intolérable. « Autrefois, me dit-elle, lorsque je sentais venir la dépression, je devenais aussitôt très active. J'étais en mouvement. Il ne fallait pas que je m'arrête. Si je m'arrêtais, je me sentais devenir énorme, difforme et complètement exposée. Alors, toujours agir jusqu'à l'exténuation physique, ça me réussissait. C'est seulement avec les hommes, si j'avais le dessus, que je pouvais me laisser aller aux sensations. »

La désignation de ce que peut être l'agonie – être psychiquement impuissante à « se faire mourir » – m'est apparue d'autant plus remarquable que son être de poupée était anéanti : la poupée était le complément psychique de la mère, capable de se mouler dans les états changeants de celle-ci. Tatiana dira qu'elle – qui sait, vis-à-vis de sa propre fille, ce que peut être une mère – connaissait et comprenait tout des changements les plus discrets survenant chez sa mère. « Je ne simulais pas, mais j'étais sa doublure. » Elle a longtemps pensé que c'était même cela être la fille d'une mère : tout observer et tout comprendre, à tout instant, avoir le pouvoir magique de la poupée qui ressent tout de ce qu'elle voit, comme si cela venait d'elle-même. Il ne fait pas de doute que la psychothérapie – à laquelle la mère est résolument hostile – la prive peu à peu de cet être-poupée et la contraint ainsi à être débordée par des états vivants qu'elle ne reconnaît pas, ne les connaissant pas. Et l'agonie est sans doute ce qu'elle a dit, mais c'est aussi ne plus avoir de consistance d'être vivant, parce que trop vivant. Dans la psychothérapie des états déprimés, il est de la plus grande importance de prendre le temps de la reconnaissance – de la dénomination et de la nomination – des affects et de leur tonalité sous-jacents à l'état déprimé. L'émergence progressive des sentiments, des émotions, des sensations, voire même seulement d'impressions, apporte en même temps une perception intérieure des temps de la vie psychique. Certes cela passe-t-il par une dépendance souvent très intense au thérapeute. La confiance des échanges comporte corrélativement une réciprocité. L'analyste a à se départir de certains de ses comportements interprétatifs convenus : il doit lui-même être en mesure de ressentir le plaisir des émotions qu'il éprouve au contact avec le patient. Tatiana me dit qu'elle se sentait légère et joyeuse en venant à sa séance, car elle a le sentiment d'être plus libre et d'aller mieux de jour en jour. Tout à coup, il lui est venu l'idée que ce n'était pas la même chose pour moi et que je préférerais sans doute faire autre chose que de l'attendre pour son rendez-vous. Je ressens à ce moment-là une vive émotion dont je ne lui dis rien, mais que je laisse sans doute percevoir. Je pourrais me dire, à cet instant, que je suis heureux qu'elle soit ici présente. Sans chercher plus à savoir, elle me dit alors : « J'aurais tellement voulu que ma mère ressente sincèrement du plaisir avec moi. Si je n'étais pas sa poupée, on aurait dit que mon existence ne lui donnait aucun plaisir. »

Il ne suffirait pas de prétendre ici que le thérapeute doit disposer de la sincérité de ce qu'il éprouve avec son patient. Et le terme d'empathie est déjà trop savant pour désigner un « partage » des affects. Souvent, l'analyste éprouve en présence de son patient un mélange d'amour et de haine, dans lequel il a peine à reconnaître ce qu'il ressent *personnellement*. Ce mélange est d'abord celui que le déprimé suscite chez ses proches et qui commande de leur part des comportements convenus. C'est seulement lorsque l'attention se donne la tranquillité silencieuse des résonances que le patient déprimé peut s'apaiser et se réapproprier des sentiments humains.

Le choix de ces deux séquences – mises en correspondance – répond au souci de marquer le *processus de subjectivation* qui entraîne, chaque fois, selon des modalités différentes (car chaque fois une telle subjectivation est singulière), la connaissance de l'autre le plus familier et le plus proche comme *étranger*. Dans le rappel assez constant que Freud fait de la croyance animiste, il est question de l'identification par inférence, accordant à l'autre les mêmes sentiments et les mêmes pensées que l'on connaît à partir de soi-même. Comme je l'ai exprimé, la croyance animiste consiste en une maîtrise des mouvements d'autrui, qui protège contre toute agressivité meurtrière dont autrui pourrait être la source. Or la *connaissance psychopathologique* intervient comme un processus de subjectivation de l'étrangeté, dès lors que l'autre-familier est propre à révéler des émotions, des sentiments, des comportements et des pensées qui ne deviennent inférables par identification que sous la condition que l'on ait pu en intérioriser l'étrangèreté. La croyance animiste (et l'analyste ne saurait abandonner cette croyance) ne s'embarrasse pas d'une théorie philosophique de l'intersubjectivité. En écoutant les patients déprimés, on se place dans cette situation où ce qui est éprouvé indique que le patient n'est pas encore en mesure de ressentir les émotions diverses que la dépression a figées. En un sens, la dépression est l'étouffement d'une discordance : l'autre est incapable de la tonalité qui correspondrait à la reconstitution d'un miroir sonore de soi. Dans la psychothérapie, l'analyste n'est jamais sûr d'y parvenir. Et il n'y a aucune technique qui puisse aider à trouver l'accord. Aussi puissante que soit la demande affective du déprimé, ce que celui-ci recherche ne serait pas autre chose que la résonance tonale grâce à laquelle il commence à se reconnaître. Ce n'est pas grand-chose et c'est pourtant l'essentiel.

J'ai, ailleurs, longuement commenté le *pathei mathos* de l'*Agamemnon* d'Eschyle [6] qui donne cette pleine dimension à l'épreuve de subjectivation du psychique dans sa manifestation malade. La constitution du vécu en expérience (ou encore : ce qu'enseigne le vécu), à laquelle la psychanalyse confère une valeur d'historicisation de soi, donne tout son sens à la psychopathologie. C'est bien lorsque l'autre rompt avec la familiarité (qu'il réclame d'une alliance avec sa maladie) que se décide – chez Hervé comme chez Tatiana – ce moment de *l'observation psychopathologique du plus familier qui menace de le faire disparaître*. Car rien n'est plus pernicieux, en effet, que cette inclusion enfermante dans le familier.

Dans un article très subtil, Aline Petitier, partant d'un texte de Joseph Conrad, met l'accent sur la survenue de l'étranger chez l'analyste dans la cure [7] : l'interprétation ne surviendrait-elle pas au moment le plus critique de cette mise à découvert de l'étranger en soi-même, depuis une parole souvent anodine ou banale du patient ? C'est précisément à l'éveil inattendu du dissemblable ressemblant que se joue la plus grande force de l'observation de l'autre et de l'interprétation [8]. Pourquoi, dans ces conditions, ne pas avancer l'hypothèse que « psychopathologique » signifie exactement cela : l'impossible maintien d'une empathie, en ce moment où survient notre propre folie, qui est seule capable de voir le désordre de l'autre – de *voir l'autre comme chaos* ?

6. Notamment dans *Crise et contre-transfert*, *op. cit.*

7. A. Petitier, « L'interprète issu de son meurtre », in « L'idée de meurtre », *L'Inactuel* (nouvelle série), n° 2, printemps 1999.

8. Communication privée avec Aline Petitier, à l'occasion de la présentation de son texte à l'Association psychanalytique de France.

Mais n'est-ce pas déjà revenir sur la conception la plus communément admise du contre-transfert ?

Dans la perspective où je me situe ici aujourd'hui, il me paraîtrait plus utile de récapituler les propositions suivantes :

1° – À l'origine du contre-transfert, on pourrait parler de l'expérience que fait l'enfant – à partir d'un vécu traumatique – du *psychique de l'autre comme violence* d'une nécessité de division du moi : l'enjeu de cette nécessité est celui de pouvoir interpréter l'énigmatique des passions qui agitent le parent ou les parents entre eux. Cette division du moi implique que celui qui est immobilisé par la violence psychique doit être aussi celui qui déchiffre les signes et leur donne signification. *L'action du psychique sur le psychique*, qui est au principe de la pratique psychothérapique, suppose donc l'expérience d'une mobilité indispensable aux fonctions de projection et d'identification.

2° – S'agissant d'*identification aux processus et mouvements psychiques de l'autre*, on sait que cette identification est moins identification à des rôles ou à des personnages qu'à des figures que l'autre présentifie. Dans son texte sur « Personnages psychopathiques sur la scène », Freud fait clairement entendre sous quelles conditions une présentification des figures rend possibles les identifications du spectateur. Alors qu'il est possible de s'identifier aux motivations et aux actions d'un fou meurtrier, cela devient beaucoup plus difficile dans le cas de malades handicapés ou gravement atteints somatiquement. Le roman comme le théâtre constituent un support indispensable à ces mouvements d'identification/désidentification : de tels mouvements supposent la coexistence de deux modalités – l'une *pathique* (ou lyrique) et l'autre *héroïque* (ou épique), l'une n'allant pas sans l'autre dans la psychopathologie. Comme le faisait remarquer E. Staiger dans *Grundbegriffe der Poetik*, le récit héroïque que le sujet se donne à lui-même de ce qui lui arrive dispose de cette réceptivité pathique des affects démesurés dont l'autre est le siège.

3° – Ce que je désigne par *dépressivité* pourrait bénéficier, dès lors, d'une nouvelle précision. Car les dispositions pathiques à l'identification/désidentification de l'autre, dans ses mouvements passionnels et émotionnels violents, supposent que l'expérience constituée chez l'enfant, à partir de ses propres vécus, comporte un *clivage* créatif : l'enfant est soumis à des vécus contradictoires ; il peut les observer en se protégeant, s'il se donne les moyens psychiques de les reconnaître à partir des violences dont il est lui-même capable. La dépressivité le met en contact avec soi au travers de ses objets et espaces transitionnels.

4° – L'expérience personnelle que le psychothérapeute a de sa propre analyse lui a sans doute fait découvrir les *zones obscures* de sa vie psychique, sur lesquelles est venu se heurter – et donc s'exprimer – le contre-transfert de son analyste. Ces zones obscures (que l'on peut assimiler à la compulsion de répétition) seront généralement maintenues intactes, au sens où elles pourront être désignées comme « la part de l'inanalysable ». Mais n'est-ce pas cela qui fait, dans la pratique psychothérapique, le choix des patients que nous prenons en charge et qui nous entraîne à cette poursuite de l'analyse avec ces patients ? J'ai rappelé comment, dans son *Journal clinique*, Ferenczi reproche à Freud d'avoir voulu le priver de ce *soi* thérapeutique où se logeait cette monstruosité pathologique de lui-même – son fameux « tératome »[9]. On sait la fortune dont a bénéficié cette idée chez Winnicott, chez Margaret Little, chez Searles : l'« analyse mutuelle » n'est-elle pas l'espoir en cette croyance que le patient devient le mieux à même de pouvoir guérir le thérapeute, là où celui-ci échoue à guérir son malade ? Et, en un sens, l'analyse mutuelle constitue la mise en acte fictive d'un contre-transfert qui serait en exacte symétrie du transfert, le contre-transfert ainsi conçu serait la supervision « auto » du transfert. Retenons seulement cette idée que *le psychopathologique – reconnu et rendu plus aigu par le transfert du patient – est l'expérience au contact de laquelle le psychothérapeute trouve les conditions d'une angoisse de guérison.*

9. Voir *supra*, chapitre VII : « Il faut être deux pour guérir. »

La critique que j'ai avancée à l'encontre d'une tendance de la psychanalyse à faire reposer l'action psychothérapeutique sur une théorie « phénoménologique » de la communication intersubjective (ce que j'ai ici appelé « une pragmatique intersubjectiviste ») pourrait être renforcée par l'argument que cette tendance fait bien peu de cas du rôle que joue le symptôme dans le processus thérapeutique et, tout d'abord, dans la *transformation du psychothérapeute*. Certes le thème issu de l'« analyse mutuelle » comporte-t-il cette idée de la guérison du thérapeute par le patient ou encore celle de rechercher avec le thérapeute une « alliance » qui renforce les conditions favorables au travail psychique engagé. Mais il est assez significatif que peu de travaux, hormis ceux de D. Widlöcher, prêtent attention à la fonction du symptôme dans l'avancée du processus thérapeutique lui-même. Serait-ce l'un de ces signes que j'ai relevés du risque de disparition de la psychopathologie comme référentiel de la pratique psychothérapeutique ?

Les propositions que je souhaite résumer ici prennent donc principalement appui sur les idées suivantes :

– la « formation de symptôme » *(Symptombildung)* est un processus singulier entrant dans la constitution de la névrose individuelle ;

– le symptôme est la forme que prend l'appareil psychique au cours du processus d'individuation ;

– de même que le rêve et le transfert (qui peuvent être tenus pour « symptômes »), le symptôme comporte une mémoire onto- et phylogénétique de formes ancestrales incompréhensibles au sujet lui-même ; le symptôme emprunte des expressions énigmatiques pour le moi, auquel il est étranger ;

– tandis que le symptôme médical, renvoyant à une séméiologie de la lecture des indices [10], appelle précisément le plan de la thérapeutique (la conduite à tenir), le symptôme psychiatrique appartient, pourrait-on dire, à la

10. Cf. M. Foucault, *Naissance de la clinique*, Paris, Presses universitaires de France, 1963.

« raison classificatoire » (P. Tort) et, plus précisément, à la déroute des normes de représentation d'un processus. Il est important de rappeler, à cet égard, que toute remédicalisation de la psychiatrie (par exemple, les signes de la dépression ou de la confusion sénile) entraîne une perte de la psychopathologie au sens où je l'entends ;

– si Freud a pris soin de recueillir la tradition de la symptomatologie psychiatrique, c'est bien dans l'esprit de pouvoir en faire « le point de départ de l'observation » psychopathologique. Mais le symptôme tel que l'analyste l'observe n'est déjà certainement plus le symptôme décrit par les traités de psychiatrie. D'abord, parce qu'il s'est déjà modifié dans le transfert, fût-ce pour être devenu un défi à la guérison et l'expression d'une méfiance à l'encontre du risque d'influence. Et aussi, parce que sa condensation et sa capacité de déplacement signifient que les « formes plastiques » qu'il emprunte, y compris dans le langage (le symptôme hystérique, « voie royale » du traitement, selon Freud), renvoient aux capacités de déformation et aux conditions de figurabilité dans la parole associative du transfert.

J'ai dit combien la psychopathologie phénoménologique – sans doute trop prompte à critiquer un supposé usage médical du symptôme par la psychanalyse – avait, précisément à propos de la dépression, privilégié la phénoménalité. En somme, la dépression serait un *phénomène* renvoyant à l'existence du sujet et ce *phénomène* ne se laisserait pas réduire à un ensemble de symptômes. Ce qui mériterait d'être retenu dans des vues comme celle de Tatossian, c'est non seulement le hors-symptomatique du phénomène de la dépression, mais c'est aussi le changement de point de vue qu'il impose dans l'approche clinique et thérapeutique. Parler du *phénomène d'être-déprimé,* c'est se placer au plus près des expressions qui participent, dans la réception de la rencontre, à des directions de *sens*, c'est-à-dire à des structures d'existence. Ce que la phénoménologie nous restitue – au travers d'une description du phénomène –, c'est la potentialité du sens d'être-déprimé.

Mais nous sommes aussi rapprochés de cette bivalence hystérique/obsessionnelle du symptôme. Pour simplifier, on dirait sans doute volontiers que *l'impressionnant impact du symptôme hystérique* emprunte la forme de l'image plastique du rêve, tandis que *le symptôme obsessionnel – s'intriquant, comme dit Freud, à des raisonnements de pensée qui nous sont familiers – relève plutôt d'une forme « dialectale »*. Le dialecte obsessionnel (symptômes de pensée) n'est pas dépourvu de figurabilité, mais il ne dispose pas du caractère figuratif *corporel* du symptôme hystérique. La « névrose de contrainte » a aussi ceci de particulier que, dans le traitement psychanalytique, elle sollicite constamment des modes de *représentation consciente* et que c'est même la conscience surajoutée qui fait symptôme [11]. C'est de cette bivalence qu'il faudrait encore repartir pour mieux comprendre comment le symptôme transforme le psychothérapeute, et comment, dans la clinique de la dépression, cette transformation intervient par destruction de la capacité du thérapeute de se déprimer.

Lors du premier entretien avec un patient – et cela est encore plus net, lorsqu'il s'agit d'un jeune enfant – il est vrai que le symptôme vient au premier plan de notre perception. Cela peut être la manifestation symptomatique d'un état dépressif, d'un état anxieux, voire d'une évolution mélancolique ou délirante : il serait aisé de décrire les caractéristiques « psychiatriques » des symptômes. Dans la consultation à vocation psychothérapeutique, les symptômes, tels qu'ils apparaissent d'emblée, ont pour première fonction d'informer le praticien de l'état quotidien du patient et, surtout, de désocialiser le cadre de l'entretien, en sollicitant aussitôt la disposition psychique requise pour la mise en œuvre d'une *construction*. Certes le regard sur le patient n'est-il pas ici celui du psychiatre auprès de qui sera demandée une attitude prescriptive. On sait, par ailleurs, que dans une consultation psychothérapique, il arrive assez souvent que l'expression du symptôme se

11. Cf. « Dialogue sur le symptôme » entre G. Didi-Huberman et P. Lacoste, paru dans *L'Inactuel*, n° 3, 1995.

modifie rapidement (par exemple, les pleurs qui surviennent en parlant étaient inattendus du patient, dont l'expression n'est alors déjà plus la même qu'au début de l'entretien) : les modifications survenant ainsi au cours du premier rendez-vous ou déjà entre les deux premiers rendez-vous ne remettent pas en cause ce que la première observation a donné à voir et à imaginer, mais elles témoignent de la plasticité dont le symptôme est capable, dans l'engagement du transfert.

On pourrait revenir à cette simple proposition que *l'engagement d'un travail psychothérapique consiste, de la part du thérapeute, à se laisser modifier et transformer* (dans ses propres représentations) *par l'œuvre du symptôme.* On le dirait encore autrement en avançant cette idée très freudienne qu'en butant sur l'obstacle de la névrose obsessionnelle, les analystes n'ont pas pris le temps de découvrir et d'apprendre le « dialecte » dont chaque patient est en quelque sorte l'inventeur. Ne pas prendre le temps de cette découverte, c'est aussi bien sur-isoler le symptôme obsessionnel comme un signe représenté (sorte de geste fermé du langage) que se laisser capturer par l'identité de raisonnement dont serait capable notre pensée, en raison de l'illusion de l'apparente familiarité des langages. Car c'est là le propre de ce dialecte du symptôme – notamment lorsqu'il concerne la pensée – que de passer pour un langage commun, alors que les formes autochtones sont, pour ainsi dire, cryptées. Dans la psychothérapie avec le patient déprimé, certes les symptômes jouent-ils le rôle que je viens de rappeler, toutefois, j'y insiste, le phénomène de la dépression relève plus du *tact* et du *contact* et donc d'intuitions contre-transférentielles. Il est, par exemple, très remarquable que l'attention aux symptômes vienne à s'estomper, alors que le phénomène de la dépression se maintient comme régulateur de la distance avec le patient, des attitudes affectives et des interventions. Tout se passerait comme si – par analogie avec le refoulement – l'appareil psychique de l'analyste se réglait sur la phénoménalité du contact pour éviter de comprendre trop activement, de s'exprimer de façon trop émotionnelle, d'intervenir par une parole trop intense. C'est donc dire que la *psychothérapie* se situe ici très exactement au niveau de l'émergence du sens dans la communication – juste là où trop d'excitations internes de pensée ou d'attention reproduisent, chez le patient, la chute dans l'état déprimé, c'est-à-dire l'impossibilité de se maintenir dans la dépressivité.

Georges Bataille – ai-je dit – parlait d'être « regardé par le symptôme ». Curieuse et très féconde inversion du regard clinique à la Charcot, pour qui la forme observée du symptôme doit venir remplir la forme gestuelle du tableau. *Être regardé par le symptôme* rejoint – comme le fait remarquer G. Didi-Huberman – le modèle de la contagion visuelle qui, pour Bataille, est connaissance de l'efficacité psychique d'une forme déformante et transformante et, de là, connaissance de l'action du psychique, à partir de ce dont la manifestation visible ou représentable serait le vecteur. Ne serait-ce pas cela le symptôme dans le traitement psychothérapique – l'extraordinaire pouvoir accordé à une manifestation formée tout au cours d'une vie, au point de s'identifier à l'individu lui-même *(l'individu, c'est le symptôme)* et capable de défaire chez l'autre (le thérapeute) l'idéologie moïque de ses propres représentations ? Il reste beaucoup à faire pour comprendre comment, dans chaque cure, le patient tend à reconstituer transférentiellement chez nous-mêmes cette surface neutre d'inscriptions et à exiger de nous que nous prenions le temps de voir et de savoir comment nous sommes modifiés. Après tout, chacun pourrait se demander, au terme d'une cure, comment il n'est plus le même.

La communication psychothérapeutique passe certainement par là. Et il nous faudrait ici mieux connaître comment tout symptôme est à la fois une *théorie du psychique* et un *transfert sur des objets inconnus*. On comprend d'autant mieux que le transfert « sur » le thérapeute est bien loin de pouvoir être « choisi » en lieu et place du symptôme.

Il s'agit donc moins d'opposer psychothérapie et psychanalyse que – *en désignant la psychothérapie dans la psychanalyse* – de reconnaître qu'une psychothérapie touche aux formations archaïques de la vie psychique et sollicite ainsi un soin extrêmement précis et continu (quelle que soit la durée) qui engage, de façon intensément active, l'analyste dans sa propre vie psychique. Qu'il s'agisse de psychothérapie de psychotiques, d'états-limites, de patients présentant une pathologie addictive, voire de malades somatiques, etc., on ne peut qu'être frappé par le maillage extrêmement serré dans lequel se présente la technique. Ce que je dis là vaut, de même, pour le travail psychothérapique avec les enfants.

Si l'on peut admettre que, peu avant 1900, une théorie de l'action psychothérapique [12] est déjà au point dans son élaboration achevée, c'est que survient alors chez Freud cette évidence de l'échec dont il saura plus tard qu'il est imputable à une méconnaissance du contre-transfert et à la toute-puissance thérapeutique associée à cette méconnaissance. *Le rêve de l'injection faite à Irma* – auquel j'ai fait allusion [13] – est un rêve à l'origine de la psychanalyse, ou encore rêve de l'originaire dans l'angoisse de régression du moi. Le rêve de Freud est le rêve de l'éclatement du moi. Et la solution thérapeutique est dans cette capacité de régression de l'analyste dans son rêve, là où son angoisse lui fait « voir la chair » (Lacan), *l'informe. Autrement dit, la solution thérapeutique de la psychanalyse est dans cette appropriation régressive par l'analyste des échecs thérapeutiques mettant gravement en danger la vie d'Irma.* De là, on serait tenté, en effet, de dire qu'une psychothérapie met si près au contact de l'informe primitif – l'archaïque de soi – que c'est *depuis cette vision* que se voit ce qu'il y a de plus originaire dans les formations psychiques du patient. C'est sans doute là que l'analyse kleinienne a encore beaucoup à nous apprendre dans notre travail analytique de psychothérapeute [14].

---

12. M. Wolf, *Théorie de l'action psychothérapique*, Paris, Presses universitaires de France, 1995.

13. Voir *supra*, chapitre VIII : « La psychothérapie dans la psychanalyse aujourd'hui. »

14. Cf. P. Fédida, *Par où commence le corps humain – Retour sur la régression*, *op. cit.*

Quel que soit l'intérêt de concevoir la psychothérapie en relation avec le symptôme, il est aujourd'hui difficile d'en rester là. Peut-être sommes-nous d'ailleurs restés quelque peu prisonniers de certaines formulations freudiennes issues du « traitement de l'hystérie », dans l'étroit voisinage de Charcot. Certes convient-il de renforcer ce « regard » du symptôme sur le thérapeute : c'est même la condition psychopathologique de la disposition à engager une psychothérapie. Mais aller au-delà, c'est en effet entrer dans la compréhension de processus psychiques dont le symptôme est la clé de voûte chargée de maintenir une identité et une intégrité à l'appareil psychique et donc à l'individu. C'est pourquoi la pratique psychothérapique ne saurait se satisfaire de cette idée de l'« effacement » ou du « recouvrement » du symptôme.

Dans un entretien accordé à une revue brésilienne, en 1971, Michel Foucault relève la très faible scientificité dont témoignait la psychopathologie au XVIIe et au XVIIIe siècle – et même au XIXe siècle, jusqu'à Freud. Il insiste à plusieurs reprises sur cette « faiblesse de l'appareil scientifique », comparativement à ce qui se passait en physique ou en géométrie, puis en anatomo- et en physiopathologie (qualifiées de « véritables sciences ») et compte tenu du contexte économique et social environnant (au XIXe siècle). Ce que Michel Foucault appelle « faiblesse de l'appareil scientifique » concerne tout autant l'indigence des concepts issus généralement de la médecine, mais se voulant émancipés par rapport à elle, que l'absence de cohérence épistémologique, dans une discipline se voulant un ensemble de connaissances sur l'esprit malade. La condamnation est certes sévère, et elle l'est encore plus à l'égard de la psychiatrie, la psychanalyse étant, aux yeux de Foucault, automaintenue dans une position ambivalente, car ne parvenant pas à rompre vraiment avec la psychiatrie et occuper l'espace de celle-ci.

J'ai soutenu ici l'idée qu'une psychothérapie s'engage au regard du symptôme, mais touche aux formations les plus archaïques de la vie psychique. Et, en ce sens, la compréhen-

sion psychopathologique est inhérente à la régression nécessaire au thérapeute pour travailler avec son patient. Il est vrai que selon cette acception, la psychopathologie ne peut s'entendre que dans son concept psychanalytique.

Références bibliographiques

ABRAHAM K., « Préliminaires à l'investigation et au traitement psychanalytique de la folie maniaco-dépressive et des états voisins » (1912), *in Œuvres complètes*, t. 1, Paris, Payot, 2000.

ABRAHAM K., « Examen de l'étape prégénitale la plus précoce du développement de la libido » (1916), *in Œuvres complètes*, t. 2, Paris, Payot, 2000.

ABRAHAM K., « Esquisse d'une histoire du développement de la libido fondée sur la psychanalyse des troubles mentaux » (1924), *in Œuvres complètes*, t. 2, Paris, Payot, 2000.

ANZIEU D., *L'auto-analyse de Freud et la découverte de la psychanalyse*, Paris, Presses universitaires de France, 1959.

BALINT M., *Le défaut fondamental – Aspects thérapeutiques de la régression*, Paris, Payot, 1971.

BALINT M., *Amour primaire et technique psychanalytique*, Paris, Payot, 1972.

BECKETT S., *Quad*, Paris, Minuit, 1992 (trad. E. Fournier), suivi de *L'Épuisé* par G. Deleuze.

BELLAK L., *Maniac-Depressive Psychosis and Allied Conditions*, New York, Grune & Stratton, 1952.

BERGERET J., *La dépression et les états-limites. Points de vue théorique, clinique et thérapeutique*, Paris, Payot, 1975.

BERGERET J., *Freud, la violence et la dépression*, Paris, Presses universitaires de France, 1995.

BIBRING E., « The Mechanisms of Depression », *in Affective Disorders*, P. Greenacre (éd.), New York, International Universities Press, 1953.

BINSWANGER L., « De la psychothérapie » (1935), *Introduction à l'analyse existentielle*, Paris, Minuit, 1971.

BINSWANGER L., *Henrik Ibsen und das Problem der Selbstrealisation in der Kunst,* Heidelberg, Lambert Schneider, 1949. Traduction française par M. Dupuis, sous le titre *Henrik Ibsen et le problème de l'autoréalisation dans l'art*, Bruxelles, De Boeck, 1996.

BINSWANGER L., *Melancholie und Manie : Phänomenologische Studien,* Pfullingen, G. Neske, 1960. *Mélancolie et manie : études phénoménologiques,* Paris, Presses universitaires de France, 1987.

BONNEFOY Y., « Les tombeaux de Ravenne », *in L'Improbable*, Paris, Mercure de France, 1959.

BOWLBY J., *Attachement et perte* (vol. 3) – *La perte : tristesse et dépression*, Paris, Presses universitaires de France, 1984.

BOYER L. B., *The Regressed Patient*, New York, Jason Aronson, 1983.

BRACONNIER A., SIPOS J., « Le bébé et les interactions précoces » – *Monographies de psychopathologie*, Paris, Presses universitaires de France, 1998.

BUCI-GLUCKSMANN C., *La folie du voir. De l'esthétique baroque*, Paris, Galilée, 1986.

COTTET S., « Quelques idées directrices pour un congrès sur la dépression », *in La Lettre mensuelle – École de la Cause freudienne,* mai 1996, n° 149, p. 3-6.

COTTET S., « Gai savoir et triste vérité », *in Silhouettes du déprimé – La Cause freudienne*, février 1997, n° 35, p. 33-36.

CYRULNIK B., *Nourritures affectives,* Paris, Odile Jacob, 1993.

CYRULNIK B., *Un merveilleux malheur,* Paris, Odile Jacob, 1999.

DAGOGNET F., *La Raison et les remèdes*, Paris, Presses universitaires de France, 1964.

DERRIDA J., « La pharmacie de Platon », texte repris dans le volume de la nouvelle traduction du *Phèdre* par Luc Brisson, Paris, Flammarion, 1989.

DEUTSCH H., « États mélancoliques et dépressifs » (1930), *in La Psychanalyse des névroses et autres essais*, Paris, Payot, 1970.

DEUTSCH H., « La psychologie des états maniaco-dépressifs avec référence particulière à l'hypomanie chronique » (1933), *in La Psychanalyse des névroses et autres essais*, Paris, Payot, 1970.

DIDI-HUBERMAN G., *L'invention de l'hystérie. Charcot et l'iconographie photographique de la Salpêtrière*, Paris, Macula, 1982.

DIDI-HUBERMAN G., *Les Démoniaques dans l'art*, Paris, Macula, 1984.

DIDI-HUBERMAN G., Lacoste P., « Dialogue sur le symptôme », *in L'Inactuel,* n° 3, 1995.

DIDI-HUBERMAN G., *Phasmes – Essais sur l'apparition*, Paris, Minuit, 1998.

DIDI-HUBERMAN G., « Viscosités et survivances. L'histoire de l'art à l'épreuve du matériau », *in Critique*, n° 611, avril 1998.

DIDI-HUBERMAN G., « Image, organe, temps – Approche de l'ex-voto », « Les organes », *Le Fait de l'analyse*, n° 5, septembre 1998.

EHRENBERG A., *La Fatigue d'être soi*, Paris, Odile Jacob, 1998.

ENGELMAN E., *La Maison de Freud, Berggasse 19, Vienne*, Paris, Seuil, 1979.

FÉDIDA P., « Le corps et les fondements de l'intersubjectivité », *in Corps du vide et espace de séance*, Paris, Jean-Pierre Delarge, 1977.

FÉDIDA P., Lacoste P., « Psychopathologie/métapsychologie. La fonction des points de vue », *in Revue internationale de psychopathologie*, n° 8, 1992.

FÉDIDA P., *Crise et contre-transfert*, Paris, Presses universitaires de France, 1992.

FÉDIDA P., « L'addiction d'absence », *in Cliniques méditerranéennes*, n° 47/48, 1995.

FÉDIDA P., « L'hypocondriaque médecin », *in* M. Aisenstein, A. Fine, G. Pragier, *L'hypocondrie, Monographies de la* Revue française de psychanalyse, Paris, Presses universitaires de France, 1995.

FÉDIDA P., *Le site de l'étranger – La situation psychanalytique*, Paris, Presses universitaires de France, 1995.

FÉDIDA P., « Par où commence le corps humain ? », *in* « Les organes », *Le Fait de l'analyse*, n° 5, 1998.

FÉDIDA P., *Par où commence le corps humain ? – Retour sur la régression*, Paris, Presses universitaires de France, 2000.

FÉDIDA P., « L'auto-érotisme du transfert et la sexualité infantile », *in* Widlöcher D. (sous la direction de), *Amour primaire et sexualité infantile*, Paris, Presses universitaires de France, 2000.

FENICHEL O., *La Théorie psychanalytique des névroses*, Paris, Presses universitaires de France, 1979.

FERENCZI S., *Thalassa, essai sur la théorie de la génitalité* (1924), *in Psychanalyse 3, Œuvres complètes*, t. III, Paris, Payot, 1974.

FERENCZI S., « Élasticité de la technique psychanalytique » (1928), *in Psychanalyse 4, Œuvres complètes*, t. IV, Paris, Payot, 1982.

FERENCZI S., « Confusion de langue entre les adultes et l'enfant. Le langage de la tendresse et de la passion » (1933), *in* Psychanalyse 4, *Œuvres complètes*, t. IV, Paris, Payot, 1982.

FERENCZI S., *Journal clinique*, trad. fr. par l'équipe du Coq Héron, Paris, Payot, 1985.

FOUCAULT M., *Naissance de la clinique*, Paris, Presses universitaires de France, 1963.

FREUD S., *La Naissance de la psychanalyse*, Paris, Presses universitaires de France, 1986.

FREUD S., « Traitement psychique (traitement d'âme) » (1890), *in Résultats, idées, problèmes*, t. I, Paris, Presses universitaires de France, 1984.

FREUD S., « De la psychothérapie » (1904), *in La Technique psychanalytique*, Paris, Presses universitaires de France, 1953.

FREUD S., *Délire et rêves dans la* Gradiva *de Jensen* (1907), Paris, Gallimard, 1949.

FREUD S., « L'inconscient » (1915), *in Métapsychologie*, Paris, Gallimard, 1968.

FREUD S., « Deuil et mélancolie » (1915), *in Métapsychologie*, Paris, Gallimard, 1968.

FREUD S., « Notre rapport à la mort », *in* « Actuelles sur la guerre et la mort » (1915), *Œuvres complètes, Psychanalyse*, vol. XIII (1914-1915), Paris, Presses universitaires de France, 1994.

FREUD S., « Vue d'ensemble des névroses de transfert » (1915), *Œuvres complètes, Psychanalyse*, vol. XIII (1914-1915), Paris, Presses universitaires de France, 1994.

FREUD S., « Les voies de la thérapie psychanalytique » (1918), *Œuvres complètes, Psychanalyse*, volume XV (1916-1920), Paris, Presses universitaires de France, 1996.

FREUD S., « L'inquiétante étrangeté » (1919), *in L'Inquiétante étrangeté et autres essais*, Paris, Gallimard, 1985.

FREUD S., *La Question de l'analyse profane* (1926), Paris, Gallimard, 1985.

FREUD S., « Constructions dans l'analyse » (1937), *in Résultats, idées, problèmes*, t. II, Paris, Presses universitaires de France, 1985.

FREUD S., « L'analyse avec fin et l'analyse sans fin » (1937), *in Résultats, idées, problèmes*, t. II, Paris, Presses universitaires de France, 1985.

FUSS D. et Sanders J., « Home work » (essay) ; Work by John Lindell, in J. Sanders (éd.), *Stud, Architectures of Masculinity*, New York, Princeton Architectural Press, 1996.

GAMWELL L., Wells R. (éd.), *Sigmund Freud and Art : His Personal Collection of Antiquities*, Londres, Thames and Hudson, 1989.

GAYLIN W. (éd.), *Psychodynamic Understanding of Depression : The Meaning of Despair*, Northvale (NJ), Jason Aronson, 1994.

GEBSATTEL V. E. von, « Zeitbezogenes Zwangsdenken in der Melancholia », cité par A. Tatossian *in* « Phénoménologie de la dépression », Communication présentée aux VIIIe Journées d'information psychiatrique, Marseille, mars 1974.

GLOWINSKI J., « Le cerveau, matière à penser » (Débat avec Alain Berthoz), *Le Monde des débats*, n° 13, avril 2000.

GORI R., *La preuve par la parole. Sur la causalité en psychanalyse*, Paris, Presses universitaires de France, 1996.

GREENSON R. R., « Phobia, Anxiety and Depression », *J. Amer. Psychoanal. Assn.*, 1959, 7, 663-674.

GROS F., Jacob F., Royer P., *Sciences de la vie et société*, Paris, La Documentation française, 1979.

GUYOTAT J. et coll. (dir.), *Psychothérapies médicales, aspects théoriques, techniques et de formation*, Paris, Masson, 1978.

GUYOTAT J., *Études cliniques d'anthropologie psychiatrique*, Paris, Masson, coll. « Médecine et psychothérapie », 1991.

HAYNAL A., *Dépression et créativité : le sens du désespoir*, Lyon, Césura, 1987.

HOFFMANN E.T.A., « L'homme au sable » (« Der Sandmann ») (1817), *Contes fantastiques*, vol. 2, Paris, Garnier-Flammarion, 1980.

IBSEN H., *Solness le constructeur*, Paris, Gallimard, 1991.

JACOBSON E., *Depression. Comparative Studies of Normal, Neurotic, and Psychotic Conditions*, New York, International Universities Press, 1971.

JACOBSON E., *Les dépressions : étude comparée d'états normaux, névrotiques et psychotiques*, Paris, Payot, 1985.

JOUVENT R. et coll., « La clinique polydimensionnelle de l'humeur dépressive. Nouvelle version de l'échelle EHD », *in Psychiatrie et psychobiologie*, 3, 1988, 245-253.

KERNBERG O., *Les troubles graves de la personnalité : stratégies psychothérapiques*, Paris, Presses universitaires de France, 1989.

KERNBERG O., *Les Troubles limites de la personnalité* (1975), Paris, Dunod, 1997.

Klein M., « Contribution à l'étude de la psychogenèse des états maniaco-dépressifs » (1934), *in Essais de psychanalyse*, Paris, Payot, 1972.

KLEIN M., « Le deuil et ses rapports avec les états maniaco-dépressifs » (1940), *in Essais de psychanalyse*, Paris, Payot, 1972.

KOHUT H., *Analyse et guérison* (1984), Paris, Presses universitaires de France, 1991.

KRISTEVA J., *Soleil noir : dépression et mélancolie*, Paris, Gallimard, 1987.

KUHN R., « Clinique et expérimentation en psychopharmacologie », *in Psychanalyse à l'université*, t. 11, n° 41, 1986.

KUHN R., « Psychopharmacologie et analyse existentielle », *in Revue internationale de psychopathologie*, 1990, n° 1.

KUHN R., « Wissenschaft und Kunst in der Seelenheilkunde – Nach 40 Jahren », 1998 (texte communiqué par l'auteur).

LACAN J., *Les Complexes familiaux dans la formation de l'individu. Essai d'analyse d'une fonction en psychologie* (1938), Paris, Navarin, 1984.

LACAN J., *Le Moi dans la théorie de Freud et dans la technique de la psychanalyse – Le Séminaire,* Livre II (1954-1955), Paris, Seuil, 1978.

LACAN J., *Les Quatre Concepts fondamentaux de la psychanalyse – Le Séminaire,* Livre XI (1964) – Paris, Seuil, 1973.

LACOSTE P., « Destins de la transmission », *in* S. Freud, *Vue d'ensemble des névroses de transfert* (trad. P. Lacoste), trad. nouvelles, Paris, Gallimard 1986.

LACOSTE P., *Contraintes de pensée, contraintes à penser – La magie lente*, Paris, Presses universitaires de France, 1992.

LACOSTE P., « Sur les théories freudiennes de l'évolution », *Les Évolutions, phylogenèse de l'individuation – Colloque de la* Revue internationale de psychopathologie, Paris, Presses universitaires de France, 1994.

La Dépression est-elle passée de mode ? Paris, Presses universitaires de France, coll. « Forum Diderot », 2000.

LAGACHE D., « Fantaisie, Réalité, Vérité », *in La Psychanalyse*, n° 8, 1964.

LAPLANCHE J., *Vie et mort en psychanalyse* (1970), Paris, Flammarion, 1989.

LAURENT E., « La lutte de la psychanalyse contre la dépression et l'ennui », *in Silhouettes du déprimé – La Cause freudienne*, février 1997, n° 35, p. 108-112.

LE POULICHET S., *Toxicomanies et psychanalyse – Les narcoses du désir,* Paris, Presses universitaires de France, 1987.

LÉVI-STRAUSS C., « L'efficacité symbolique » – initialement paru dans *Revue de l'histoire des religions,* 1949, t. 135, *in Anthropologie structurale*, Paris, Plon, 1958.

« L'idée de guérison », *Nouvelle Revue de psychanalyse*, n° 17, Paris, Gallimard, 1978.

LITTLE M., *Des états-limites : L'alliance thérapeutique* (1981), Paris, Des Femmes, 1991.

LÔO H., Olié J.-P., Gay C., *Le Déprimé et son lithium*, Paris, Masson, 1989.

LÔO H., Gallarda T., *La Maladie dépressive*, Paris, Flammarion, 1997.

LÔO H., *Le stress permanent : réaction-adaptation de l'organisme aux aléas existentiels*, Paris, Masson, 1999.

LUBIN B., Levitt E. E., *Depression – Concepts, Controversies, and Some New Facts,* New York, Springer, 1975.

MAHLER M., « Notes on the Development of Basic Mood : The Depressive Affect in Psychoanalysis », *in Psychoanalysis. A General Psychology,* éd. R. M. Loewenstein, L. M. Newman, M. Schur, A. J. Solnit, New York, International Universities Press, 1966.

MALDINEY H., « Postface » *in* Binswanger L., *Henrik Ibsen et le problème de l'autoréalisation dans l'art*, Bruxelles, De Boeck, 1996.

MÉNARD A., « Dépression et entrée en analyse », *in* « Les affects et l'angoisse dans l'expérience analytique », *Actes de l'ECF,* n° 10, 1986, p. 59-62.

MÉNARD A., « Dépression et fin d'analyse », *in La Lettre mensuelle – École de la Cause freudienne*, n° 53, novembre 1986, p. 7-12.

MICHAUD P.-A., *Aby Warburg et l'image en mouvement*, Préface de G. Didi-Huberman, Paris, Macula, 1998.

MINKOWSKI E., *Étude sur la structure des états de dépression : les dépressions ambivalentes*, Paris, Éd. du Nouvel Objet, 1993.

MINKOWSKI E., *Le Temps vécu*, Paris, Presses universitaires de France, 1995.

MINKOWSKI E., *Traité de psychopathologie* (1966), Paris, Sanofi-Synthélabo, 1999.

Moscovici M., *L'ombre de l'objet. Sur l'inactualité de la psychanalyse,* Paris, Seuil, 1990.

M'UZAN M. DE, *De l'art à la mort, itinéraire psychanalytique* (1972), Paris, Gallimard, 1977.

NAOURI A., *Le Couple et l'enfant*, Paris, Odile Jacob, 1995.

NAOURI A., *Les Filles et leurs mères*, Paris, Odile Jacob, 1998.

PANOFSKY E., *La sculpture funéraire : de l'ancienne Égypte au Bernin*, Paris, Flammarion, 1995.

PELLION F., *Mélancolie et vérité*, Paris, Presses universitaires de France, 2000.

PETITIER A., « L'interprète issu de son meurtre », *in* « L'idée de meurtre », *L'Inactuel* (nouvelle série), n° 2, printemps 1999.

PIGNARRE P., *Qu'est ce qu'un médicament ? – Un objet étrange, entre science, marché et société*, Paris, La Découverte, 1997.

PIGNARRE P., *Puissance des psychotropes, pouvoir des patients*, Paris, Presses universitaires de France, 1999.

PIGNARRE P., « Comment passer de la "dépression" à la "société" ? », *in La Dépression est-elle passée de mode ?* Paris, Presses universitaires de France, coll. « Forum Diderot », 2000.

PUJOL R., « Approche théorique du fantasme », *in La Psychanalyse*, n° 8, 1964.

Qu'est-ce qui guérit dans la psychothérapie ? Paris, Presses universitaires de France, coll. « Forum Diderot », 2001.

RAFFAITIN F. (sous la direction de), *Le Livre blanc de la dépression*, préface de H. Lôo, Toulouse, Privat, 1997.

REY J.-M., *Des mots à l'œuvre*, Paris, Aubier-Montaigne, 1979.

RICHARD F., *Psychothérapie des dépressions narcissiques*, Paris, Presses universitaires de France, 1989.

RIVTO L. B., *L'Ascendant de Darwin sur Freud* (préface de P. Lacoste, « Les deux humiliations »), Paris, Gallimard, coll. « Connaissance de l'inconscient », 1992.

ROSOLATO G., « L'axe narcissique des dépressions », *in* « Figures du vide », *Nouvelle Revue de psychanalyse* n° 11, Paris, Gallimard, 1975.

ROSSET C., *Route de nuit – Épisodes cliniques*, Paris, Gallimard, L'Infini, 1999.

ROUDINESCO E., *Pourquoi la psychanalyse ?* Paris, Fayard, 1999.

ROUSTANG F., *La Fin de la plainte*, Paris, Odile Jacob, 1999.

Science, 1994, 5, 34.

SEARLES H., *Le Contre-Transfert* (1979), Paris, Gallimard, 1981.

SEARLES H., *Mon expérience des états-limites* (1986), Paris, Gallimard, 1994.

SÉCHEHAYE M. A., « La réalisation symbolique », *Revue suisse de psychologie et de psychologie appliquée*, 1947.

Silhouettes du déprimé, *La Cause freudienne*, février 1997, n° 35.

SISSA G., *Le plaisir et le mal – Philosophie de la drogue*, Paris, Odile Jacob, 1997.

STAIGER E., *Grundbegriffe der Poetik*, Zürich, Atlantis Verlag, 1946.

STRAUS E., *Psychologie der Menschlichen Welt – Gesammelte Schriften*, Berlin, Springer, 1960.

TATOSSIAN A., « Phénoménologie de la dépression », Communication présentée aux VIIIe Journées d'information psychiatrique, Marseille, mars 1974.

TELLENBACH H., *La Mélancolie*, Paris, Presses universitaires de France, 1979.

TRIANDAFILLIDIS A., *La dépression et son inquiétante familiarité. Esquisse d'une théorie de la dépression dans le négatif de l'œuvre freudienne*, Paris, Éditions universitaires, 1991.

TROBAS G., « Dépression et aliénation », *in Silhouettes du déprimé*, *La Cause freudienne*, février 1997, n° 35, p. 99-103.

VIGANO C., « Dépression et psychopharmacologie », *in La Lettre mensuelle – École de la Cause freudienne*, 1997, n° 158, p. 28-31.

WARBURG A., *Essais florentins*, traduit par S. Muller, Paris, Klincksieck, 1990.

WEIZSÄCKER V. von, « Körpergeschehen und Neurose », *in Internationale Zeitschrift für Psychoanalyse*, 1933, t. XIX, p. 16-116. Réédité en 1947 sous forme d'ouvrage, Stuttgart, Klett.

WEIZSÄCKER V. von, *Natur und Geist : Erinnerungen eines Arztes*, 2e édition, Göttingen, Vandenhoeck und Ruprecht, 1955.

WEIZSÄCKER V. von, *Le Cycle de la structure* (trad. M. Foucault), Paris, Desclée de Brouwer, 1958.

WIDLÖCHER D., *Les Logiques de la dépression*, Paris, Fayard, 1983.

WIDLÖCHER D. (sous la direction de), *Le Ralentissement dépressif*, Paris, Presses universitaires de France, 1983.

WIDLÖCHER D., Hardy M.-C., *La Dépression, une maladie*, Paris, Hermann, 1989.

WIDLÖCHER D., *Les Psychotropes, une manière de penser le psychisme ?* Paris, Les Empêcheurs de penser en rond, 1990.

WIDLÖCHER D. (sous la direction de), *Amour primaire et sexualité infantile*, Paris, Presses universitaires de France, 2000.

WINNICOTT D. W., « La défense maniaque » (1935), *in De la pédiatrie à la psychanalyse*, Paris, Payot, 1971.

WINNICOTT D. W., « La réparation en fonction de la défense maternelle organisée contre la dépression » (1948), *in De la pédiatrie à la psychanalyse*, Paris, Payot, 1971.

WINNICOTT D. W., « La capacité d'être seul » (1958), *in De la pédiatrie à la psychanalyse*, Paris, Payot, 1971.

WINNICOTT D. W., « De la régression considérée comme thérapie » (1963), *in De la pédiatrie à la psychanalyse*, Paris, Payot, 1971.

WOLF M., « Nosographie, observation et théorisation. À propos de l'échange entre S. Freud et V. von Weizsäcker », *in Revue internationale de psychopathologie*, n° 2, 1990.

WOLF M., *Théorie de l'action psychothérapique*, Paris, Presses universitaires de France, 1995.

ZAFIROPOULOS M., « Position de l'inconscient dans le traitement médical des "sujets déprimés" », *Mental*, n° 2, mars 1996, p. 121-132.

ZARIFIAN E., *Des paradis plein la tête*, Paris, Odile Jacob, 1994.

ZARIFIAN E., *Les Jardiniers de la folie*, Paris, Odile Jacob, 1988.

ZARIFIAN E., *Le Prix du bien-être*, Paris, Odile Jacob, 1996.

ZARIFIAN E., *La Force de guérir*, Paris, Odile Jacob, 1999.

ZENONI A., « Mots et molécules », *in La Lettre mensuelle – École de la Cause freudienne*, septembre-octobre 1996, n° 152, p. 15-17.

Sources

Certains chapitres sont le développement d'articles précédemment parus :

« La présomption dépressive » est le développement d'un article déjà paru dans *L'Inactuel*, n° 5, nouvelle série, 2000.

« Morts inaperçues » est paru dans *Le Fait de l'analyse*, n° 7, octobre 1999.

« Modernité de la dépression » est paru dans *La Dépression est-elle passée de mode ?* Paris, Presses universitaires de France, coll. « Forum Diderot », 2000.

Remerciements

Je remercie Claire NAHON pour sa collaboration.

Je remercie Stéphanie FRANÇOIS pour son aide secrétariale.

Mes remerciements s'adressent aussi à Marie-Lorraine COLAS des Éditions Odile Jacob pour l'aide éditoriale qu'elle m'a apportée dans la mise au point de cet ouvrage.

Table

Avant-propos 7

Chapitre I : UNE MALADIE DE L'HUMAIN 17

Chapitre II : UN AFFECT GLACIAIRE ET SES GUÉRISONS CRITIQUES 34

Chapitre III : DÉPRESSIVITÉ DU FANTASME – DEUIL ET DÉPRESSION 56

Chapitre IV : DE LA PRÉSOMPTION DÉPRESSIVE 84

Chapitre V : MORTS INAPERÇUES 95

Chapitre VI : LE RÊVE ET L'ŒUVRE DE SÉPULTURE 108

Chapitre VII : IL FAUT ÊTRE DEUX POUR GUÉRIR 121

Chapitre VIII : LA PSYCHOTHÉRAPIE DANS LA PSYCHANALYSE AUJOURD'HUI 157

Chapitre IX : UNE CONJONCTURE SANS PRÉCÉDENT 178

Chapitre X : MODERNITÉ DE LA DÉPRESSION 202

Chapitre XI : DE L'IMPORTANCE DE LA PSYCHOPATHOLOGIE POUR LA PSYCHOTHÉRAPIE 217

Références bibliographiques 243

Sources 252

Remerciements 252

Ouvrage proposé par Édouard Zarifian

Imprimé en France sur Presse Offset par

CPI

Brodard & Taupin

La Flèche (Sarthe) - le 16-10-2008

N° d'impression : 49722
N° d'édition : 7381-1244-2
Dépôt légal : février 2003